汉韵细品

笠翁对韵

陈泓　李海洁　编著

图书在版编目（CIP）数据

汉韵细品．笠翁对韵精读 / 陈泓，李海洁编著．-- 重庆:重庆出版社，2017.12（2019.5重印）

ISBN 978-7-229-12628-5

Ⅰ．①汉… Ⅱ．①陈… ②李… Ⅲ．①诗词格律－中国－启蒙读物 Ⅳ．①H194.1②I207.21

中国版本图书馆CIP数据核字(2017)第214539号

汉韵细品·笠翁对韵精读

HANYUNXIPIN · LIWENGDUIYUNJINGDU

陈　泓　李海洁　编著

责任编辑：郭玉洁
李云伟

文字统筹：王艺桦

责任校对：杨　婧

封面设计：韩　青

重庆出版集团
重庆出版社　出版

重庆市南岸区南滨路162号1幢　邮政编码：400061　http://www.cqph.com

重庆豪森印务有限公司印刷

重庆出版集团图书发行有限公司发行

E-MAIL:fxchu@cqph.com　邮购电话：023-61520646

全国新华书店经销

开本：710mm×1000mm　1/16　印张：21　字数：250千

2017年12月第1版　2019年5月第2次印刷

ISBN 978-7-229-12628-5

定价：48.00元

如有印装质量问题，请向本集团图书发行有限公司调换：023-61520678

序　言

《笠翁对韵》原著者李渔，字谪凡，号笠翁，明末清初文学家、戏剧家、美学家。精通韵律，才艺超人，自组戏班，到各地演出。创作有大量诗、词、曲、联和剧本，留给后世的书文达 500 多万字。被誉为“东方莎士比亚”，“世界喜剧大师”。

中国的诗、词、歌、赋讲究声韵格律，律诗是押平声韵的。李渔精通此道，他从《平水韵》中抽出平声三十韵，上平十五韵，下平十五韵，写出雅俗共赏、老少皆爱的不朽之作《笠翁对韵》。他将每个韵部采用单字对、双字对、三字对、五字对、七字对、十一字对的方式编写，声调平仄交替，联联对仗对偶，音韵和谐优美，节奏明快上口，读起来如同唱歌一般，长期以来，被列为儿童必读的国学教材，也得到诗词爱好者和戏曲编唱人士的青睐。

李渔知识渊博，纵横古今，他将自己丰厚的诗词积淀，挥洒泼墨到每个韵部的“对句”中，内容涉及天文地理、山川景物、历史经典、神话故事、农耕稼穑、花木珠宝等诸多方面，其语言多源于古代的诗、词、文、赋，有的是引用原话，有的是化用句意，往往形成以诗组诗、以诗组联，或者以故事对故事、以经典对经典，内涵寓意丰富而又新鲜深邃。如果没有很详细的注释，读者较难理解其真实含义，因此，编者把注释侧重在对原书每句话的探源解意上，用相当长的时间徜徉在文山书海之中，找寻每个词、句、典故的来源出处，解密每句话背后的美诗美文和有趣的历史故事，一

层层掰开，向读者展现小韵书背后的文化大天地，达到读书不枯燥，读出经典，读出学问，读出智慧，读出创作源泉。本书的注文均是从古代文人的名篇佳句中遴选出来的，也吸纳了先贤的研究成果，但都重新作了检验，认定其是否正确。

2014 年与王润安合著出版《声律启蒙与笠翁对韵探源精解》后，我广泛听取了专家和读者的建议，本着普及、提高、推广、应用、学术、兴趣相结合的原则，邀请青年教师李海洁与我一起，重新择本编写。为方便各层次读者对原著的理解和领会，采用比照的方法，在本书中增加了对原著的译文；为方便诗词爱好者写诗词对韵查字，本书在每个韵部后增加了同韵代表字；同时，增加了各个韵部的格律诗例选；增加了读写诗词的基本常识。加写这四个方面的内容，目的是有益于对平水韵的全面掌握和运用，将平水韵推向大众化。对于想写格律诗词想写楹联的读者，只要这一册书在手，不管是模仿写还是独立创作，都会从中得到相关知识。

本书编写过程中，注重语言通俗易懂，兼顾大小读者。倾力于小韵书，大视野；小辞典，大源泉。无论是少儿、学生、教师、家长还是播音主持等专业人士，均可从中各取所需。儿童读来不觉深，教授读来不觉浅，就是本书的写作宗旨，也是本书的特色。

书中对原文加注了汉语拼音，尊重旧读，有的字仍按古音拼出，属一字多音的，由“音随意定，韵依音归”而定。鉴于青少年读者对入声字很生疏，所以对原文中的入声字未加标出，只在“读写诗词常识”一栏里对入声字逐个列出。

中国汉语是世界最美语言，美就美在音韵上，而诗词韵律则是美中之大美。《笠翁对韵》是平水韵“对对子”的集大成，又是实用性强的韵书普及本，细细诵读细细品味，汉语音韵之美会渐渐潜入到每个人的说与写之中，不仅出口有韵，话语灵秀，提高语言品质，而且素被认为高雅的诗词、楹联也会自然地脱口而出，随手写出。

年过七旬，历经数载，仿佛穿越时空，经常坐在笠翁先生对面，聆听先生为传承普及音韵之美，博采华夏经典融入韵书之中的神笔感悟。写作过程是我学习的过程，也是享受大美汉语的过程。

由于才疏学浅，书中难免有错，敬请同道指正。

陈泓　2017 秋夜

目　录

目 录

上卷（上平声）

一　东

tiān duì dì　yǔ duì fēng　dà lù duì cháng
天对地，雨对风，大陆对长

kōng　shān huā duì hǎi shù　chì rì duì cāng qióng
空[1]。山花对海树[2]，赤日对苍穹[3]。

léi yǐn yǐn　wù méng méng　rì xià duì tiān zhōng
雷隐隐[4]，雾蒙蒙[5]，日下对天中[6]。

fēng gāo qiū yuè bái　yǔ jì wǎn xiá hóng　niú nǚ
风高秋月白[7]，雨霁晚霞红[8]。牛女

èr xīng hé zuǒ yòu　shēn shāng liǎng yào dǒu xī dōng
二星河左右[9]，参商两曜斗西东[10]。

shí yuè sài biān　sà sà hán shuāng jīng shù lǚ　sān
十月塞边，飒飒寒霜惊戍旅[11]；三

dōng jiāng shàng　màn màn shuò xuě lěng yú wēng
冬江上，漫漫朔雪冷渔翁[12]。

hé duì hàn　lǜ duì hóng　yǔ bó duì léi
河对汉[13]，绿对红，雨伯对雷

gōng　yān lóu duì xuě dòng　yuè diàn duì tiān gōng
公[14]。烟楼对雪洞[15]，月殿对天宫[16]。

yún ài dài　rì tóng méng　là jī duì yú péng
云叆叇[17]，日曈曚[18]，蜡屐对渔篷[19]。

guò tiān xīng sì jiàn　tǔ pò yuè rú gōng　yì lǚ
过天星似箭[20]，吐魄月如弓[21]。驿旅

kè féng méi zi yǔ　chí tíng rén yì ǒu huā fēng
客逢梅子雨[22]，池亭人挹藕花风[23]。
máo diàn cūn qián　hào yuè zhuì lín jī chàng yùn　bǎn
茅店村前，浩月坠林鸡唱韵；板
qiáo lù shàng　qīng shuāng suǒ dào mǎ xíng zōng
桥路上，青霜锁道马行踪[24]。
shān duì hǎi　huà duì sōng　sì yuè duì sān
山对海，华对嵩[25]，四岳对三
gōng　gōng huā duì jìn liǔ　sài yàn duì jiāng lóng
公[26]。宫花对禁柳[27]，塞雁对江龙[28]。
qīng shǔ diàn　guǎng hán gōng　shí cuì duì tí hóng
清暑殿[29]，广寒宫[30]，拾翠对题红[31]。
zhuāng zhōu mèng huà dié　lǚ wàng zhào fēi xióng　běi yǒu
庄周梦化蝶[32]，吕望兆飞熊[33]。北牖
dāng fēng tíng xià shàn　nán yán pù rì shěng dōng hōng
当风停夏扇，南檐曝日省冬烘[34]。
hè wǔ lóu tóu　yù dí nòng cán xiān zǐ yuè　fèng
鹤舞楼头，玉笛弄残仙子月[35]；凤
xiáng tái shàng　zǐ xiāo chuī duàn měi rén fēng
翔台上，紫箫吹断美人风[36]。

天对地，雨对风，陆地对长空。山上的花对海边的树，红日对天穹。雷隐隐，雾蒙蒙，傍晚对正午。秋天风高月亮最明，雨后放晴晚霞最红。牛郎星织

女星隔着银河相望，参星和商星分别在北斗星的西和东。十月塞外风飒飒，严霜冷风惊扰着守边将士的美梦；严冬江上雪漫漫，雪中垂钓的渔翁也感到十分寒冷。

黄河对汉水，翠绿对红艳，雨神对雷公。云雾高楼对洁白的屋，月中宫殿对天上皇宫。浓云蔽日，红日初露，涂蜡木屐对渔船乌篷。夜空流星似箭，月牙弯弯如弓。驿站旅客遇上黄梅雨，池亭闲客享尽荷花风。明月坠林，茅店村里雄鸡高唱；风霜锁道，板桥路上仍有马的行踪。

高山对大海，华山对嵩山，四岳对三公。宫中的花对禁城的柳，边塞的大雁对江中的龙。南京清暑殿，天上广寒宫，春天采鲜花碧草对宫女幽思题红。庄周梦自己羽化成蝶，文王遇姜子牙获霸王之辅。夏日北窗风凉停用扇，冬日南窗晒暖不用炉。黄鹤楼头，仙人吹玉笛乘云驾鹤飞去；凤凰台上，萧史弄玉夫妻共吹紫箫鸾凤鸣。

探源 解意

①**大陆**：广大的陆地。**长空**：辽阔的天空。[宋]辛弃疾《太常引·建康中秋夜为吕叔潜赋》词曰："蜀志乘风好去，长空万里，直下看山河。"

②**山花**：山间野花。[唐]杜甫《早花》诗云："腊日巴江曲，山花已自开。"**海树**：一指海边树木。[唐]陈子昂《感遇》诗云："朔风（北风）吹海树，萧条边已秋。"二指海底生长的珊瑚。唐代诗人秦韬玉在《燕子》诗中描写珊瑚是："绛树（红珊瑚）无花叶，非石亦非琼（美玉）。"

③**赤日**：红日。[唐]杜甫《题玄武禅师屋壁》诗云："赤日石林气，青天江海流。"《水浒传》云："赤日炎炎似火烧，野田禾稻半枯焦。"**苍穹**：青天。[唐]杜甫《冬狩行》诗云："禽兽已毙十七八，杀声落日回苍穹。"[唐]李白《门有车马客行》诗云："大运且如此，苍穹宁匪仁。"

④**雷隐隐**：雷声隐隐约约。[汉]司马相如《长门赋》云："雷隐隐而响起兮，象（像）君主之车音。"《后汉书·天文志上》云："须臾有声，隐隐如雷。"

⑤**雾蒙蒙**：雾气迷茫模糊。[元]邵亨贞《六州歌头·雨中望鄰墙桃花》词曰："春冉冉，花可可，雾蒙蒙。"

⑥**日下**：傍晚；指京都。封建社会以帝王比日，故以帝王所在之地为日下。[唐]钱起《送薛判官赴蜀》诗云："边陲劳帝念，日下降人杰。"**天中**：天的正中。古以北斗星所在为天中，众星拱卫。《晋书·天文志》云："北斗七星，……运乎天中，而临制四方，以建四时而均五行也。"

⑦**风高秋月白**：这是唐代诗人白居易《琵琶行》中"唯见江心秋月白"和宋朝诗人欧阳修《沧浪亭》中"风高月白最宜夜"诗句的化用。风高：高处之风，即秋风。

⑧**雨霁晚霞红**：这是宋朝词人苏轼《江城子》中"凤凰山下雨初晴，水风清，晚霞明"和宋朝音乐家姜夔"夕阳西下晚霞红"名句的化用。**雨霁**：雨止天晴；**霁**：凡雨雪止、云雾散，皆谓之"霁"。**晚霞**：日落时出现的橙红色彩云。

⑨**牛女二星河左右**：**牛女**：指牛郎、织女二星。**河**：指银河。神话传说，织女是天上王母的孙女，她中断织锦，下到人间，自嫁牛郎为妻，生儿育女。王母大怒，拘拿织女回到天宫，牛郎与织女在天上只能隔着银河相望。被感动的乌鹊每年七月初七飞集于天河，相拥成桥，使牛郎、织女鹊桥相会。（见《风俗通·佚文十四》）

⑩**参商两曜斗西东**：参商两曜:指参星（水星）和商星（亦称"辰星"，"火星"）。参星居北斗星之西方；商星居北斗星之东方。两星此出彼没，永不相见。故以参商比喻彼此隔绝。神话传说，高辛氏（帝喾）有二子，长子叫阏伯，次子叫实沈，居于旷林，互斗不睦。阏伯被帝尧迁于商丘（今河南商丘），主祀辰星；实沈被迁于大夏（今山西太原），主祀参星。后以参商比喻兄弟不和睦。（见《左传·昭公元年》）[唐]杜甫《赠卫八处士》诗云："人生不相见，动如参与商。"

⑪**十月塞边，飒飒寒霜惊戍旅**：这是宋朝词人范仲淹《渔家傲》中"塞下秋来风景异(气候恶劣)……羌管悠悠霜满地（羌笛悲鸣，处境荒凉）。人不寐，将军白发征夫泪"词意的化用。反映卫边将士处境的恶劣。**戍旅**:守卫

边疆的将士。

⑫**三冬江上，漫漫朔雪冷渔翁**：这是唐代诗人柳宗元《江雪》中“孤舟蓑笠翁，独钓寒江雪”诗意的化用，表现捕鱼笠翁作业的艰苦。三冬：指深冬。朔雪:北方的风雪。

⑬**河、汉**：通常指黄河与汉水。又特指天上之银河。[宋]苏轼《洞仙歌》云：“庭户无声，时见疏星渡河汉。”

⑭**雨伯、雷公**：司雨之神和司雷之神。雨伯，雨神、雨师。[战国楚]屈原《楚辞·远游》云：“左雨师使径侍兮，右雷公以为卫。”[明]何景明《忧旱赋》云：“云师逝而安徵乎，怨雨伯之无功。”

⑮**烟楼**：耸入云雾的高楼。[唐]李峤《奉和幸韦嗣立山庄侍宴应制》诗云：“石磴(石头台阶)平黄陆，烟楼半紫虚(天空)。”**雪洞**：华丽洁净的屋宇。战国时期，赵武灵王在河北邯郸建筑“丛台”，上有天桥、雪洞、妆阁、花苑诸景，结构奇特，装饰美妙，名扬列国。古人曾用“天桥接汉若长虹，雪洞迷离如银海”的诗句来描写丛台的壮观。[清]石玉昆《三侠五义》云：“好体面屋子，雪洞儿似的，俺就是住不起。”

⑯**月殿、天宫**：均为神话传说或宗教所指天神居住的宫殿。传说唐明皇李隆基，曾由方士陪同梦游月宫。[唐]李咸用《雪》诗云：“高楼四望吟魂敛，却忆明皇月殿归。”（参见《广寒清虚之府》）《宋书·诃罗陀国传》记载：天上“台殿罗列，状若众山，庄严微妙，犹如天宫”。

⑰**云叆叇**：形容浓云蔽日的景观。[宋]黄庭坚《醉蓬莱》词云：“朝云叆叇，暮雨霏微，乱峰相依。”

⑱**日曈曚**：红日初露的景观。[唐]纥干俞《登天坛山望海日初出赋》：“浩渺无涯，曈曚在望。”

⑲**蜡屐**：往木屐上涂蜡。晋代阮孚（遥集）很爱穿木屐，并爱涂蜡维护。[唐]刘禹锡《送裴处士应制举诗》诗，“登山雨中试蜡屐，入洞夏里披貂裘。”**渔篷**：打鱼船上遮蔽风雨的篷盖。[宋]贺铸《留别黄材昆仲》诗云：“渔篷衔尾来，愧尔故人情。”

⑳**过天星似箭**：流星降落快似箭。过天星：“流星（陨星）”。《新编

五代史平话·汉史》云："走马似逐电追风，放箭若流星赶月。"

㉑**吐魄月如弓**：初生月亮形如弓。古人以为月里有只蟾蜍，月出月没是蟾蜍反复吞吐造成的。吐魄月就是刚被吐出的月牙，似弯弓。[唐]高适《塞下曲》云："日轮驻霜戈，月魄悬雕弓。"

㉒**驿旅客逢梅子雨**：驿站传书客路逢梅子雨。**驿旅客**：住在驿舍的旅客。**梅子雨**：我国南方五六月份雨水充沛，正是梅子成熟的时节，故称为梅子雨或黄梅雨。[唐]李中《宿临江驿》诗云："候馆寥寥辍棹过，酒醒无奈旅愁何。雨昏郊郭行人少，苇暗汀洲宿雁多。"

㉓**池亭人挹藕花风**：池亭赏花人享尽藕花风。**挹**：牵引；汲取。**藕花风**：荷花开放时带有香气的凉风。这是宋朝诗人韩维《范公新池》中"便欲与君从此适，藕花风外一披襟"诗句的化用。

㉔**茅店村前，浩月坠林鸡唱韵；板桥路上，青霜锁道马行踪**：这两句是唐代诗人温庭筠《商山早行》中"鸡声茅店月，人迹板桥霜"诗意的化用。浩月：明月。

㉕**华、嵩**：指西岳华山和中岳嵩山。[唐]权德舆《大言》诗云："华嵩为佩河为带，南交北朔跬步内。"

㉖**四岳、三公**：**四岳**：古时分掌四时、方岳的官名。方岳，即四方之山岳。古指东岳泰山、西岳华山、南岳衡山、北岳恒山。《集解》云："郑玄曰：'四岳，四时官，主方岳之事。'"**三公**：古代辅助国君掌握军政大权的最高官员。周朝称太师、太傅、太保为三公；西汉称大司马、大司徒、大司空为三公；东汉称太尉、司徒、司空为三公。

㉗**宫花**：宫苑中的花木。[唐]王建《故行宫》诗云："寥落故行宫，宫花寂寞红。"**禁柳**：宫廷中的杨柳。**禁**：禁宫，古代皇宫禁止百姓出入，故称禁宫。[唐]罗隐《寒食日早春城东》诗云："禁柳疏风细，墙花拆露鲜。"

㉘**塞雁**：塞北之雁。亦作"塞鸿"。[唐]杜甫《登舟将适汉阳》诗云："塞雁与时集，樯乌终岁飞。"雁是候鸟，秋季南来，春季北去。所以诗人常用"塞雁"或"塞鸿"作比，怀念从军边塞的亲人。[五代南唐]李煜《长

相思》词云："塞雁高飞人未还，一帘风月闲。"江龙："混江龙"。我国古代的一种水雷。明朝科学家宋应星在《天工开物·火器》中说："混江龙：漆固皮囊裹炮沉于水底，岸上带索引机。囊中悬吊火石、火镰，索机一动，其中自发。敌舟行过，遇之则败。"也叫"水龙"，指水军的战船。三国吴地有童谣曰："不畏岸上虎，但畏水中龙。"

㉙**清暑殿**：清暑殿在今南京市鸡鸣山南，晋孝武帝司马曜太元二十一年建造。"殿前重楼复道，通华林园，爽垲奇丽，天下无比；虽暑月，常有清风，故以为名。"（见王琦《景定建康志》）

㉚**广寒宫**：神话传说，唐明皇李隆基八月十五日受道人罗公远引导，梦游月宫，"见一大宫府，榜曰'广寒清虚之府'"，故称月亮为"广寒宫"。（见柳宗元《明皇梦游广寒宫》）[明]司守谦《训蒙骈句》云："清暑殿，广寒宫。"

㉛**拾翠**：拾找像翡翠一样的羽毛当头饰。[三国魏]曹植《洛神赋》云："或采明珠，或拾翠羽。"后来把青年妇女春日采集鲜花野草也称作拾翠。[唐]杜甫《秋兴》诗云："佳人拾翠春相问，仙侣同舟晚更移。"**题红**：旧时，幽闭于深宫的御妃婢女，常题诗红叶，借御沟向外寄托情思。唐僖宗时，于佑在御沟拾一红叶，上题诗句曰："流水何太急，深宫尽日闲。殷勤谢红叶，好去到人间。"于佑亦题诗于其上云："曾闻叶上题红怨，叶上题诗寄阿谁？"将红叶置于上流，流入宫内，为宫女韩氏所得。后二人结为夫妇，韩亦题诗云："一联佳句随流水，十载幽思满素怀。今日却成鸾凤友，方知红叶是良媒。"（见[宋]刘斧《流红记》）

㉜**庄周梦化蝶**：《庄子·齐物论》载：庄周（庄子）梦见自己化为蝴蝶，在空中快乐自在地飞翔，醒来之后心神恍惚，不知道是自己梦中变成了蝴蝶，还是蝴蝶在梦里变成了自己。[唐]李白《古风》诗云："庄周梦蝴蝶，蝴蝶为庄周。"

㉝**吕望兆飞熊**：飞熊：非熊。飞：通"非"，指吕望（亦作吕尚）。《宋书·符瑞志》云："[周文王]将畋（打猎），史遍卜之，曰：'将大获，非熊非罴，天遗汝师以佐昌（姬昌，即周文王）。'"文王果然得吕望于渭水之阳。

《史记·齐太公世家》作“[文王]所获非龙非螭，非虎非罴（熊的一种，也叫马熊或人熊），所获霸王之辅”。

㉞**北牖当风停夏扇，南檐曝日省冬烘**：夏天从北窗刮进的风凉爽，扇凉用的夏扇可以停用；冬天从南檐射来的光温暖，取暖用的冬炉可以省去。这是适应季节变化的必然举措。然而生活中常有做“夏进炉，冬送扇”之蠢事的。[汉]王充《论衡·逢遇》云：“作无益之能，纳无补之说，以夏进炉，以冬奏扇，为所不欲得之事，献所不欲闻之语，其不遇祸，幸矣。”

㉟**鹤舞楼头，玉笛弄残仙子月**：神话传说。从前，一位身材魁伟、衣着褴褛的仙人，来到武汉蛇山辛氏酒店，想讨一杯酒喝。辛氏急忙盛了一大杯酒奉上。如此半年，仙人告诉辛氏说：我欠你酒债这么多，没钱给你，赠你一张画吧。于是从篮子里拿出橘子皮，在墙上画了一只黄鹤，接着以手打拍，一边唱歌，墙上的黄鹤也随着歌声、节拍，蹁跹起舞。从此辛氏酒店宾客盈门，生意兴隆。又过了十年，衣着褴褛的仙人又来到辛氏酒店喝酒，“忽取笛吹数弄（吹了几首曲子）”，不一会儿，白云自天而降，墙上的画鹤也随云飞到仙人跟前，仙人便驾鹤乘云升天而去。辛氏为纪念这位帮她致富的仙人，便把酒店扩建为楼，取名“黄鹤楼”。（见《极恩录》）[唐]崔颢《黄鹤楼》诗云：“昔人已乘黄鹤去，此地空余黄鹤楼。黄鹤一去不复返，白云千载空悠悠。”[唐]李白《与史郎中钦听黄鹤楼上吹笛》诗云：“黄鹤楼中吹玉笛，江城（今武汉市）五月落梅花（“梅花落”曲）。”

㊱**凤翔台上，紫箫吹断美人风**：春秋时期，秦穆公之女弄玉，爱吹箫，穆公把她嫁给了吹箫名人萧史，并为他们筑了一所凤台。萧史教弄玉学吹鸾凤鸣，凤凰竟聚止其屋。数十年后，萧史乘龙，弄玉跨凤，升仙而去。（见[汉]刘向《列仙传》）[唐]李白《凤台曲》诗云：“尝闻秦帝女，传得凤凰声。……曲在身不返，空余弄玉名。”

东韵部代表字

东 同 童 僮 铜 桐 峒 筒 瞳 中 衷 忠
虫 冲 终 忡 崇 嵩 戎 狨 弓 躬 宫 融
雄 熊 穹 穷 冯 风 枫 丰 酆 充 隆 空
公 功 工 攻 蒙 朦 濛 幪 笼 胧 龍 昽
聋 栊 洪 红 虹 鸿 丛 翁 忽 葱 聪 骢
通 棕 蓬

东韵律诗例选

江南春

[唐]杜 牧

千里莺啼绿映红，水村山郭酒旗风。
南朝四百八十寺，多少楼台烟雨中。

广　韵

中国汉字由声、韵、调组成，“韵”大致等于现今汉语拼音中的韵母，写诗词讲押韵，韵是诗词格律的基本要素之一。 自魏晋南北朝以来，中国民间已有韵书出现，但大都亡佚。现在能看到的是隋代陆法言等八人所撰的《切韵》残卷，全书分为193个韵部，最早确立了汉语音韵的规则标准。传至唐代，出现以《切韵》为基础由孙愐修改刊定的《唐韵》，然而原书也亡佚。北宋初年，陈彭年、邱雍等人奉诏对《切韵》、《唐韵》等韵书进行完善增订，于宋真宗大中祥符元年（1008）完成，更名《大宋重修广韵》，简称《广韵》。这是我国第一部官修的韵书。全书206韵，平声57韵（上平28韵，下平29韵），上声55韵，去声60韵，入声34韵。之所以比《切韵》多13韵，是因记录了从南北朝到唐末的语言系统，兼收了方言之音，在分韵中更加细致严格。《广韵》一直流传至今，是后人考证汉语上古音、中古音、近代音字音字义的重要依据，《广韵》乃中华音韵宝典。

二冬

chén duì wǔ xià duì dōng xià xiǎng duì gāo
晨对午，夏对冬，下饷对高

chōng qīngchūn duì bái zhòu gǔ bǎi duì cāngsōng
舂[1]。青春对白昼[2]，古柏对苍松[3]。

chuídiào kè hè chúwēng xiān hè duì shén lóng
垂钓客[4]，荷锄翁[5]，仙鹤对神龙[6]。

fèngguān zhū shǎnshuò chī dài yù líng lóng sān yuán
凤冠珠闪烁[7]，螭带玉玲珑[8]。三元

jí dì cái qiān qǐng yī pǐn dāngcháo lù wànzhōng
及第才千顷[9]，一品当朝禄万钟[10]。

huā è lóu jiān xiān lǐ pán gēn tiáo guó mài chén
花萼楼间，仙李盘根调国脉[11]；沉

xiāngtíng pàn jiāoyángshànchǒng qǐ biān fēng
香亭畔，娇杨擅宠起边风[12]。

qīng duì dàn bó duì nóng mù gǔ duì chén
清对淡，薄对浓，暮鼓对晨

zhōng shānchá duì shí jú yān suǒ duì yún fēng
钟[13]。山茶对石菊[14]，烟锁对云封[15]。

jīn hàn dàn yù fú róng lǜ qǐ duì qīng fēng
金菡萏[16]，玉芙蓉[17]，绿绮对青锋[18]。

zǎo tāng xiān sù jiǔ wǎn shí jì zhāo yōng táng kù
早汤先宿酒，晚食继朝饔[19]。唐库

jīn qián néng huà dié　yán jīn bǎo jiàn huì chéng lóng
金钱能化蝶[20]，延津宝剑会成龙[21]。
wū xiá làng chuán　yún yǔ huāng táng shén nǚ miào　dài
巫峡浪传，云雨荒唐神女庙[22]；岱
zōng yáo wàng　ér sūn luó liè zhàng rén fēng
宗遥望，儿孙罗列丈人峰[23]。
fán duì jiǎn　dié duì chóng　yì lǎn duì xīn
繁对简，叠对重，意懒对心
yōng　xiān wēng duì shì bàn　dào fàn duì rú zōng
慵[24]。仙翁对释伴[25]，道范对儒宗[26]。
huā zhuó zhuó　cǎo róng róng　làng dié duì kuáng fēng
花灼灼[27]，草茸茸[28]，浪蝶对狂蜂[29]。
shù gān jūn zǐ zhú　wǔ shù dà fū sōng　gāo huáng
数竿君子竹[30]，五树大夫松[31]。高皇
miè xiàng píng sān jié　yú dì chéng yáo jí sì xiōng
灭项凭三杰[32]，虞帝承尧殛四凶[33]。
nèi yuàn jiā rén　mǎn dì fēng guāng chóu bú jìn　biān
内苑佳人，满地风光愁不尽[34]；边
guān guò kè　lián tiān yān cǎo hàn wú qióng
关过客，连天烟草憾无穷[35]。

译文

晨对午，夏对冬，午后对傍晚。青绿的春天对亮丽的白天，古柏对苍松。严光垂钓，陶潜农耕，仙鹤对神龙。凤冠上珠宝闪耀，螭带上玉饰晶莹。三元

及第奖赏地千顷，当朝一品宰相俸禄到万钟。花萼楼尊奉老子圣祖，唐李王朝盘根错节掌管国家命运；沉香亭畔，贵妃娇宠玄宗昏庸导致安禄山起兵叛乱。

清对淡，薄对浓，傍晚的鼓声对早晨的钟声。山茶对石菊，烟雾浓对云层厚。金饰荷花，玉雕芙蓉，绿绮古琴对宝剑青锋。前日晚上喝了酒，次日早上先喝粥，晚餐继在午餐后。唐库的金钱飞出化成蝶，雷焕的宝剑入水变蛟龙。巫峡流言，楚王神女庙约会巫山之女纯属荒唐事；遥望泰山，群山众小如儿孙围坐在丈人峰的四周。

繁多对简单，叠加对重合，意懒对困倦。神仙对佛徒，道家规范对儒家经典。花盛开，草细软，飞舞的蝴蝶对采蜜忙的蜜蜂。竹有君子之德，宁折不弯，泰山松为始皇遮雨，被封“五大夫”。刘邦灭项羽靠军中三杰，舜继位流放不服管制的四部落首领。宫内佳人，纵有满园风光也哀愁不尽；戍边将士，尸骨草埋荒野终憾无穷。

探源 解意

①**下饷**：中午十二时以后。**饷**：通“晌”，正午。[唐]戴叔伦《女耕田行》诗云：“无人无牛不及犁，持刀斫地翻作泥……日正南冈下饷归，可怜朝雉扰惊飞。”**高舂**：傍晚时分。《淮南子·天文》云：“日出于阳谷（即“旸谷”，古代神话传说是日出日浴的地方）……至于渊虞（申时，下午三至五时），是谓高舂。至于连石（西北山，即日落天黑），是谓下舂。”

②**青春**：春季草木茂盛，其色青绿，故称“青春”。[唐]杜甫《闻官军收河南河北》诗云：“白日放歌须纵酒，青春作伴好还乡。”**白昼**：白日；白天。[唐]杜甫《夔州歌》诗云：“长年三老长歌里，白昼摊钱高浪中。”

③**古柏、苍松**：年深古老的松柏。[明]冯梦龙《醒世恒言·汪大尹火烧宝莲寺》云：“苍松古柏，荫遮曲槛回栏。”

④**垂钓客**：东汉严光，字子陵，会稽余姚人。少与光武帝刘秀同学，有高名。刘秀称帝，严光改姓名隐遁。刘秀召光到京，授谏议大夫，不受，退隐于浙江富春山农耕、钓鱼自乐。后人名其垂钓处为“严陵濑”，亦称“严滩”。（见《后汉书·隐逸传》）又一说意指周文王发现起用垂钓隐人姜子

牙成就大业的典故。

⑤**荷锄翁**：东晋诗人陶潜（渊明）辞去彭泽县令后，隐姓埋名，归故里种菊农耕，过隐居生活。其《归园田居》诗作中有“晨兴理荒秽，戴月荷锄归”；《羁旅去旧乡》诗作中有“虽有荷锄倦，浊酒聊自适”的自娱句。“荷锄翁”也泛指隐士农耕之人。

⑥**仙鹤**：神话传说中仙人骑乘和饲养的鹤。[唐]王勃《还冀州别洛下知己序》云：“宾鸿逐暖，孤飞万里之中；仙鹤随云，直去千年之后。”《古今小说·张古老种瓜娶文女》云：“[张公]道罢，用手一招，叫两只仙鹤。申公与张古老各乘白鹤，腾空而去。”[唐]李白《江上吟》诗云：“仙人有待乘黄鹤，海客无心随白鸥。”**神龙**：旧时以龙为神物，变化莫测，称龙为神龙。《史记·三皇纪》云：“有娲氏之女，为少典妃，感神龙而生炎帝。”[唐]玄奘《大唐西域记·乌仗那国》云：“我所仗剑，神龙见授，以诛后伏，以斩不臣。”

⑦**凤冠珠闪烁**：凤冠上的宝珠光耀闪烁。**凤冠**：古代贵妇所戴用贵金属和宝石等做成的有凤凰形的礼冠。[元]孟汉卿《磨合罗》曲云：“我与你曲弯弯画翠眉，宽绰绰穿绛衣，明晃晃凤冠霞帔。”

⑧**螭带玉玲珑**：螭带上的玉饰洁白晶莹。**螭**：传说中的无角龙。**螭带**：带扣上雕有无角龙纹的玉带。[唐]白居易《筝》诗云：“甲(套在指上弹筝的假指甲)鸣银玓瓅，柱触玉玲珑（此指响声清脆）。”

⑨**三元及第才千顷**：旧时参加科举考试，乡试第一名称解元、会试第一名称会元、殿试第一名称状元，连中三个第一名的称为三元及第。三元及第俸禄赐千顷（一百亩地为一顷）。

⑩**一品当朝禄万钟**：自三国以后，官分九品，最高者为一品，当朝宰相为一品官爵。一品官俸禄最高，为万钟（钟，容量单位，六斛四斗为一钟）。[宋]陆游《五更读书示子》诗云：“吾儿虽憨素业存，颇能伴翁饱菜根。万钟一品不足论，时来出手苏元元（帮平民百姓过好生活）。”

⑪**花萼楼间，仙李盘根调国脉**：本句反映唐玄宗开元盛世年间，于花萼楼尊奉“圣祖”老子的活动。调国脉：掌握国家命脉。据《老子内传》

云：老子是其母七十二岁时于陈（今河南鹿邑）涡水李树下剖左腋而生，故姓李，名耳，字伯阳，世称“太上老君”，呼“仙李”，是道教鼻祖，著有《道德经》。《史记》未把老子载于“世家”。唐高宗尊老子为“玄元皇帝”。开元二十一年，唐玄宗亲注《道德经》令学者研习，二十三年诏升老子、庄子为史书“列传”之首，居伯夷之上。[唐]杜甫在《冬日洛城北谒玄元皇帝庙》中写道：“仙李盘根大（唐帝奉李耳为圣祖，故言李氏家族根深叶茂），猗兰（汉武帝生于猗兰殿）奕叶光。世家遗旧史（《史记》未把老子载于世家），道德付今王（唐玄宗注《道德经》，尊崇老子）。”

⑫**沉香亭畔，娇杨擅宠起边风**：唐禁苑中牡丹花开，唐明皇李隆基和杨贵妃在沉香亭赏花，心有感触，明皇叫杨贵妃捧砚，命李白作《清平调》三章，由梨园弟子抚丝竹，明皇调玉笛伴奏，李龟年歌唱，盛赞贵妃与牡丹之美。第三章词是：“名花倾国两相欢，长得君王带笑看。解释春风无限恨，沉香亭北倚阑杆。”玄宗沉醉于花艳女色，不理国政，朝中日益腐败，藩镇割据势力相继而起。天宝十四年，突厥族出身的节度使安禄山和同乡史思明，以诛杨国忠为名起兵叛乱。（见《唐诗纪事·李白》、《新唐书·安禄山传》）

⑬**暮鼓、晨钟**：亦作晨钟暮鼓，佛寺早撞钟、暮击鼓以报时，形容僧尼孤寂单调的生活。[宋]陆游《短歌行》诗云：“百年鼎鼎世共悲，晨钟暮鼓无休时。”[元]无名氏《来生债》诗云：“我愁的是更筹漏箭（古代滴漏计时器），我怕的是暮鼓晨钟。”

⑭**山茶**：著名常绿观赏植物。冬春开花，花可入药，籽可榨油。[宋]张耒《病起》诗云：“多少山茶梅子树，未开齐待主人来。”也指山间产的茶叶。[宋]沈与求《见内相叶公以诗为别》诗云：“野店山茶亦可口，试歊(热气上升）松火煮石泉。”**石菊**：石竹，别名中国石竹、洛阳石竹、石菊等。宋朝诗人史铸的《石菊》诗云：“花美虽堪写团扇，艳妖未必入东篱。纪名何取它山物，偏问园官总不知。”福建山上产有一种带苦味的“石菊茶”，喝一小口也会让人感觉到苦，但很快这苦味就转化成一种淡淡的甜。再后，就是喝白开水也会感到甜。

⑮**烟锁、云封**：或作云迷雾锁，云雾浓厚，看不清景物。广州白云山景

泰寺有一副古联：“烟锁断桥留客立，云封古寺待僧归。”[元]无名氏《朱砂担》曲云：“巴的到绿杨渡口，早则是云迷雾锁黄昏后。”

⑯**金菡萏**：用金属雕成的荷花。菡萏：荷花的别名，又称莲花。荷花未开的花苞古称“菡萏”。[明]杨慎《初寒拥炉欣而成咏》诗云：“焰腾金菡萏，灰聚玉麒麟。”

⑰**玉芙蓉**：用玉石雕成的荷花。**芙蓉**：荷花的别名。[唐]王建《宫词》云：“金殿当头紫阁重，仙人掌上玉芙蓉。”

⑱**绿绮**：古琴名。[晋]傅玄《琴赋序》云：“楚庄王有鸣琴曰绕梁，司马相如有琴曰绿绮，蔡邕有琴曰焦尾，皆名器也。”[唐]徐铉《赋得有所思》诗云：“忘情好醉青田酒，寄恨宜调绿绮琴。”**青锋**：锋利宝剑名，剑身寒光闪烁，锋芒毕露，故称。[明]沈采《千金记·遇仙》诗云：“青锋剑可磨，古史书堪读。”

⑲**早汤先宿酒；晚食继朝饔**：早晨喝汤可解昨晚醉酒的余醉；午饭之后吃晚餐。这两句，反映人处盛世，酒足饭饱，生活安逸。**早汤**：早点。**宿酒**：“宿醉”，酒后隔夜犹存的余醉。**朝饔**：早饭。[唐]白居易《洛桥寒食作》诗云：“宿醉头仍重，晨游眼乍明。”《孟子·滕文公上》云：“贤者与民并耕而食，饔飧而治。”《注》云：“朝曰饔，夕曰飧。”

⑳**唐库金钱能化蝶**：唐穆宗时，殿前种千株牡丹，开放时香气袭人。穆宗夜宴，有无数黄白蝴蝶飞集花间，天明即飞去。人们张网捕捉数百只，天明都变成了金玉。后来打开宝橱，发现蝴蝶皆库中金银所化。(见《杜阳杂编》)

㉑**延津宝剑会成龙**：古代传说，晋代雷焕在豫章丰城监狱的屋基挖出龙泉、泰阿两把宝剑，一把赠张华，一把留自用。后来，张华被诛，剑也失踪。雷焕死后，其子佩着父剑过延平津（今福建南平市东南）时，宝剑忽从腰间跃出坠入水中。入水寻时，见龙泉、泰阿两剑化为二龙。（见《晋书·张华传》）

㉒**巫峡浪传，云雨荒唐神女庙**：这是诗圣杜甫《咏怀古迹五首》中“江山故宅空文藻，云雨荒台岂梦思”诗意的化用。浪传：谬传。传说赤帝

之女瑶姬，未行（出嫁）而死，葬于巫山之阳。楚怀王（一说是楚襄王）游高唐云梦台馆，梦与“巫山之女”相遇，二人“旦为朝云，暮为行雨”于阳台之下。楚王并于巫山南置“朝云观”作神女庙。（见楚国宋玉《高唐赋》）后世附会其事，建“神女庙”以祀之。

㉓**岱宗遥望，儿孙罗列丈人峰**：这是诗圣杜甫《望岳》中“诸峰罗列似儿孙”诗句的化用。岱宗是五岳独尊的泰山的别称。丈人峰是泰山最高处的山峰名，因其形状像伛偻老人，故名。杜甫在咏泰山《望岳》中写道：“会当凌绝顶，一览众山小。”是说在丈人峰遥望群山，皆很矮小。他在咏华山《望岳》中直说：“西岳崚嶒（高峻叠出）竦（高耸）处尊，诸峰罗列似儿孙。”

㉔**意懒、心慵**：心慵意懒，精神萎靡不振。**慵**：困倦；懒。[明]沈采《千金记》云：“出乎无奈，每日做生活，做得心慵意懒。”[唐]白居易《白云期》诗云：“年长识命分，心慵少营为（作为）。”

㉕**仙翁**：男神仙。是对道家长官的敬称。[明]屠隆《彩毫记·仙翁指教》云：“仙翁拜揖，念小生与仙翁素乏平生，何以见顾？”泛指神仙老寿星。[宋]何薳《春渚纪闻·郑魁铭研诗》云：“仙翁种玉芝，耕得紫玻璃。”**释伴**：犹释侣，同修一道的伙伴。[宋]朱熹《夏日》诗云：“望山怀释侣，盥（洗）手阅仙经。”

㉖**道范**：道家典范。[明]无名氏《鸣凤记·献首祭告》诗云：“自违道范信音稀，为传旌久淹蛮地。”**儒宗**：儒家宗师。《史记·刘敬叔孙通列传》云：“叔孙通希世度务，制礼进退，与时变化，卒为汉家儒宗。”

㉗**花灼灼**：鲜花盛开。《诗经·周南·桃夭》云：“桃之夭夭，灼灼其华。”[宋]许当《小桃溪》云：“桃溪一何清，想像武陵水。所爱春风时，灼灼花数里。”

㉘**草茸茸**：嫩草纤细柔软貌。[唐]韩翃《宴杨驸马山池》诗云：“垂杨拂岸草茸茸，绣户帘前花影重。”[唐]白居易《天津桥》诗云：“柳丝袅袅风缫出，草缕茸茸雨剪齐。”

㉙**浪蝶、狂蜂**：上下飞舞的蝴蝶和蜜蜂。[明]梁辰鱼《浣纱记·效

鞶》云："风景晴和，翩翩浪蝶狂蜂，阵阵游丝飞絮。"亦比喻寻花问柳的浪荡子弟。《西湖佳话·雷峰怪迹》云："心猿意马驰千里，浪蝶狂蜂闹五更。"

㉚**数竿君子竹**：东晋黄门侍郎王徽之（王羲之之子），字子猷，今山东临沂人。性爱竹，以竹为友。他曾暂寄人空宅住，便令种竹，说："何可一日无此君！"唐代诗人宋之问在《琴曲歌辞·绿竹引》诗作中也说："妙年秉愿逃俗纷，归卧嵩山弄白云。含情傲睨慰心目，何可一日无此君！"

㉛**五树大夫松**：秦始皇登泰山，立石、祠祀。下山，至五棵松树时，"风雨暴至，休于树下，因封其树为五大夫。"（见《史记·秦始皇本纪》）

㉜**高皇灭项凭三杰**：汉高祖刘邦在楚汉战争中，依靠萧何、韩信、张良三位杰出政治家、军事家的辅佐，灭了西楚霸王项羽的争权势力，建立了西汉王朝。（见《史记·高祖本纪》）

㉝**虞帝承尧殛四凶**：传说唐尧禅位于虞舜以后，浑敦、穷奇、梼杌、饕餮四个部族首领，不服从舜的控制，皆被舜流放。（见《左传·文公十八年》）据《尚书·舜典》载，"[舜]流共工于幽州，放驩兜于崇山，窜三苗于三危，殛鲧于羽山，四罪（被治罪）而天下咸服。"与《左传》记载有别。但有人认为，浑敦即驩兜，穷奇即共工，饕餮即三苗，梼杌即鲧。

㉞**内苑佳人，满地风光愁不尽**：封建时代，帝王宫内园庭风光满地，被囚禁于内的佳人却愁思满怀，盼归人间的故事很多。唐玄宗时，顾况于苑中流水上捡一梧桐叶，上题诗云："一入深宫里，年年不见春。聊题一片叶，寄与有情人。"顾况也于叶上题诗和之。（见唐孟棨《本事诗》）文人称其为"红叶题诗"。宫外人拾得，因而与题诗佳人结为夫妻的有之。

㉟**边关过客，连天烟草憾无穷**：戍边将士冻死战死沙场，留下无穷遗憾。[唐]张泌《边上》诗云："戍楼吹角起征鸿，猎猎寒旌背晚风。千里暮烟愁不尽，一川（平川）秋草恨无穷。"

冬韵部代表字

冬 彤 农 宗 钟 锺 龙 舂 松 冲 容 溶
庸 蓉 封 胸 凶 汹 兇 匈 雍 浓 重 从
逢 缝 峰 锋 丰 蜂 烽 纵 踪 茸 邛 筇
慵 供 恭

伤 春

[宋]陈与义

庙堂无策可平戎，坐使甘泉照夕烽。
初怪上都闻战马，岂知穷海看飞龙？
孤臣霜发三千丈，每岁烟花一万重。
稍喜长沙向延阁，疲兵敢犯犬羊锋。

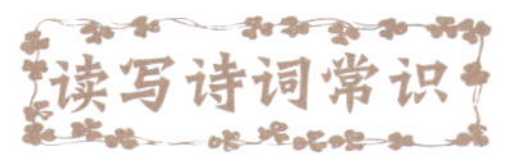

平水韵

平水韵一词出现在宋末。山西平水县（今山西临汾）分管图书的官员、金人王文郁在《广韵》的基础上，根据当时汉语的发展流变，著《平水新刊韵略》，将同用的韵合并为106部；同时期山西平水籍人刘渊著《壬子新刊礼部韵略》，将韵并为107部。两位平水人所撰的韵部系统后都被称之为“平水韵”；清康熙年间，官修辞典《佩文韵府》明确刊印平水韵106部，从此，平水韵在社会上广为流传，成为清代的官韵。平水韵不是只讲“平”声韵，而是平、上、去、入四声的韵部都有，仍属古韵。平声韵30部，因平声字多，故分上平15部，下平15部；上声韵29部；去声韵30部；入声韵17部，共106韵部。每一个韵部包含若干同韵汉字，以供创作人员写律诗绝句参照。其实，平水韵就是由《广韵》而来，是《广韵》的略本。

格律诗是押平水韵里的“平声韵”的，并且每首诗的韵脚必须出自同一韵部，不能混用，这是科举应试以来一直遵循的文风规则。需要说明的是：平声三十韵中有的字今音相同，用现在的汉语拼音，其韵母一样，却分属不同韵部，比如“东”、“冬”二韵，各自均有所属同韵的若干字。这是为什么？因为“东”、“冬”的古音是不同的。现保留并延续，是为了适应创作格律诗的规范要求。

清朝车万育和李渔分别著的《声律启蒙》和《笠翁对韵》，就是将平水韵中的平声三十韵抽出，采用对韵的手法，赋予每个词韵以生动的内容，加强了“韵”的艺术魅力；特别是独具一格的由单字对到多字对的层层对句，读者念起来朗朗上口，容易记忆。《声律启蒙》和《笠翁对韵》在普及平水韵，助力国人创作格律诗词，以及让大美汉语口语更加抑扬动听等方面起到的潜移默化作用是不可小视的。

需要说明的是：平水韵属于古韵，与新声韵截然不同，新韵是以普通话为读音的依据，以《新华字典》的注音为读音的依据，将汉语拼音的35个韵母，划分合并为14个韵部，比旧韵要简单、宽泛得多，且容量大，比较好掌握，对于繁荣诗歌创作是有促进作用的。但在一首诗中，平水韵与新韵不得混用，若用新韵一定要加以注明。

三　江

jī duì ǒu　zhī duì shuāng　dà hǎi duì cháng

奇对偶，只对双，大海对长

jiāng　jīn pán duì yù zhǎn　bǎo zhú duì yín gāng

江[1]。金盘对玉盏[2]，宝烛对银釭[3]。

zhū qī jiàn　bì shā chuāng　wǔ diào duì gē qiāng

朱漆槛[4]，碧纱窗[5]，舞调对歌腔。

xīng hàn tuī mǎ wǔ　jiàn xià zhù lóng páng　sì shōu

兴汉推马武[6]，谏夏著龙逄[7]。四收

liè guó qún wáng fú　sān zhù gāo chéng zhòng dí xiáng

列国群王伏[8]，三筑高城众敌降[9]。

kuà fèng dēng tái　xiāo sǎ xiān jī qín nòng yù　zhǎn

跨凤登台，潇洒仙姬秦弄玉[10]；斩

shé dāng dào　yīng xióng tiān zǐ hàn liú bāng

蛇当道，英雄天子汉刘邦[11]。

yán duì mào　xiàng duì páng　bù niǎn duì tú

颜对貌，像对庞，步辇对徒

gāng　tíng zhēn duì gē bǐ　yì lǎn duì xīn xiáng

杠[12]。停针对搁笔[13]，意懒对心降[14]。

dēng shǎn shǎn　yuè chuáng chuáng　lǎn pèi duì fēi shuāng

灯闪闪[15]，月幢幢[16]，揽辔对飞艭[17]。

liǔ dī chí jùn mǎ　huā yuàn fèi cūn máng　jiǔ liàng

柳堤驰骏马[18]，花院吠村尨[19]。酒量

wēi hānqióngxìng jiá　xiāngchénqiǎn yìn yù lián shuāng

微酣琼杏颊[20]，香尘浅印玉莲蹤[21]。

shī xiě dān fēng　hán nǚ yōu huái liú yù shuǐ　lèi

诗写丹枫，韩女幽怀流御水[22]；泪

tán bān zhú　shùn fēi yí hàn jī xiāngjiāng

弹斑竹，舜妃遗憾积湘江[23]。

译文

单数对双数，一只对一双，大海对长江。金盘子对玉酒杯，蜡烛对银灯。红栏杆，绿纱窗，舞曲对歌腔。后汉再兴功劳最大是马武，敢谏桀王不怕死当数关龙逢。北宋大将曹彬帮太祖收灭四国，唐将张仁愿北建三座受降城稳定边疆。凤凰登台，潇洒仙女秦弄玉跨凤而去；大蛇挡道，英雄刘邦挥剑斩之汉兴秦亡。

容颜对相貌，面像对脸庞，轿车对木桥。停针线对放下笔，意志消沉对情绪安祥。灯光闪，月晃动，飞跑的马车对快驶的小船。柳堤上骏马奔驰，农家院长毛狗吠。酒量微酣脸桃红，女子花鞋小脚印香尘。红叶题诗，韩女御河流水向外寄情思；泪洒斑竹，舜帝二妃竟日哭泣投湘水。

探源 解意

①**大海、长江**：**大海**：广阔的海洋。**长江**：泛指长的河流，我国专称的水名叫“长江”。[宋]曾巩《道山亭记》云：“福州治侯官……其地于闽为最平以广，四出之山皆远，而长江在其南，大海在其东。”

②**金盘**：此指金属制成的盘子。[汉]辛延年《羽林郎》诗云：“就我求珍肴，金盘脍鲤鱼。”亦比喻日月。[元]萨都剌《织女图》诗云：“西楼月落金盘倾，暖霞拂地海棠晓。”**玉盏**：玉制酒杯。[宋]晏殊《玉楼春》词

云："画堂元（原）是降生辰，玉盏更斟长命酒。"

③**宝烛**：蜡烛的美称。[明]吴承恩《西游记》云："金鼻白毛老鼠精，因偷香花宝烛，改名唤做半截观音。"[宋]朱子厚《谒金门》词云："浓缭水沉燃宝烛。鬟长相对绿。"**银钉**：银灯。[南朝]梁元帝《草名》诗云："金钱买含笑，银钉影梳头。"[唐]白居易《卧听法曲霓裳》诗云："起尝残酌听余曲，斜背银缸（通'钉'）半下帷。"

④**朱漆槛**：红漆栏杆。[唐]白居易《白花亭》诗云："朱槛在空虚，凉风八月初。"

⑤**碧纱窗**：绿色纱窗。[前蜀]李珣《酒泉子》词云："秋月婵娟，皎洁碧纱窗外照。"

⑥**兴汉推马武**：东汉马武，字子张，今河南唐河县人。王莽新朝末年，参加绿林起义军。后归顺刘秀，击败河北尤来、五幡等部，为东汉的建立奠定了基础。刘秀即位后，任侍中、骑都尉，与虎牙将军盖延等合力，击败刘永等割据势力，屡建奇功，巩固了刘秀政权，后封杨虚侯。（见《后汉书·马武传》）

⑦**谏夏著龙逄**：夏朝末帝夏桀王荒淫无道，大臣关龙逄力谏桀王说："今君用财若无穷，杀人若不胜（没完没了），民心已去，天命不佑（保佑）。"桀王说："吾有天下，犹如天上有日，日亡吾亡。"遂杀死龙逄。（见王凤洲《纲鉴合纂》）

⑧**四收列国群王伏**：北宋初年大将曹彬，字国华，真定灵寿人。他先后灭北汉、后蜀，开宝八年（975）攻破金陵，生俘南唐后主李煜，南唐灭亡。曹军所到之处，严禁乱烧乱杀，群王降伏。（见《宋史·曹彬传》）

⑨**三筑高城众敌降**：唐神龙三年，中宗李显令大将军张仁愿在黄河以北，筑中、东、西三座受降城，以拂云祠（山西包头西北五原）为东城，以榆林县为中城，以丰州北（乌加河北岸）为西城，相距各四百里左右。置烽候（烽火台）一千八百所，首尾相应，巩固了唐王朝北部边疆。（见《旧唐书·张仁愿传》）

⑩**跨凤登台，潇洒仙姬秦弄玉**："吹箫引凤"之典。（参见本卷"东韵"注

㊱）

⑪斩蛇当道，英雄天子汉刘邦：传说汉高祖刘邦为亭长时，送劳工去骊山筑秦始皇墓，饮酒而醉，路经大泽乡泽中，有大蛇当道，前行人劝回避。刘邦醉曰："壮士行，何畏！"拔剑斩之。后有一老妇哭诉说，大蛇乃其子秦之白帝子所化，被赤帝子斩杀。后人附会为汉将代秦而兴之兆。（见《史记·高祖本纪》）

⑫步辇：辇：本为载物车，秦朝，去轮为舆，改为人抬，称步辇，类轿子，乃皇帝、皇后乘坐。[三国魏]曹丕《校猎赋》云："步辇西园，闲坐玉堂。"**徒杠**：只可步行通过的木桥。《孟子·离娄下》云："岁十一月，徒杠成。"

⑬停针：停穿针。唐宋时期，中国妇女在社日（祭祀土神的日子，分春秋两次，一般在立春、立秋后的第五个戊日）有不动针线的风俗，故曰"停针"。[唐]张籍《吴楚歌》诗云："今朝社日停针线，起向朱樱树下（村邻们带着牲酒到樱桃树下祭神）行。"[唐]朱绛《春女怨》诗云："欲知无限伤春意，尽在停针不语时。"**搁笔**：放下笔。[宋]毕仲游《回范十七承奉书》云："旧诗数百首悉焚去，搁笔不复论诗。"[宋]卢梅坡《雪梅》诗云："梅雪争春未肯降，骚人搁笔费评章。"

⑭意懒：意志消沉。[清]文康《儿女英雄传》云："经了这场宦海风波，益发心灰意懒。"**心降**：情绪安稳。《诗经·召南·草虫》云："未见君子，忧心忡忡（心神不宁）；亦既见止（见到他。止，同"之"），亦既觏之（与他相会），我心则降（放下心来）。"

⑮灯闪闪：灯光下的影子在摇晃。宋朝王安石老年罢相后，到晋朝谢安（字安石）在江宁（今南京）城北居住过的谢公墩山（半山腰）隐居，并请木匠鲁慧为他设计了一所宅院"半山园"。王安石看了图纸，在上面写了四句诗："借阑干东君去也，霎时间红日西沉。灯闪闪人儿不见，闷悠悠少个知心（指谢安）。"暗示后花园应再开一道门。

⑯月幢幢：月影在晃动。《声律和对韵汇编·十六唐(阳平)》诗云："月影幢幢扁柏，风声飒飒修篁。"

⑰**揽辔**：掌控马缰。**辔**：驭马的缰绳。[晋]刘琨《扶风歌》诗云："揽辔命徒侣，吟啸绝岩中。"**飞艘**：快速小船。[明]司守谦《训蒙骈句·三江》联云："北苑春回，一路花香随着屐；西湖水满，六桥柳影照飞艘。"

⑱**柳堤驰骏马**：**骏马**：良马；千里马。[唐]温庭筠《赠知音》诗云："景阳宫里钟初动，不语垂鞭上柳堤。"[唐]严武《寄题杜拾遗锦江野亭》诗云："兴发会能驰骏马，应须直到使君滩。"

⑲**花院吠村尨**：**村尨**：农家长毛狗。[元]曹伯启《九日省舅氏郭西独行因书所见》诗云："田家桑梓碧幢幢，过客鞭声引吠尨。"

⑳**酒量微酣琼杏颊**：**酒酣**：酒喝到不醒不醉，尽兴畅快。**杏颊**：杏脸桃腮，杏花白，桃花红，形容女子白里透红的脸。这句是宋朝杨泽民《蝶恋花》中"杏脸桃腮匀着酒，青红相映如携手"的化用。

㉑**香尘浅印玉莲蹤**：香尘：芳香的尘土。**玉莲蹤**：小脚美女的花鞋。这是明朝谢谠《四喜记·花亭佳偶》中"花径（花间小路）尘芳（芳香），浅印花鞋小"和元朝王实甫《西厢记》中"若不是衬残红芳径软，怎显得步香尘底样儿浅"句意的化用。[晋]王嘉《拾遗记·晋时事》云："[石崇]又屑沉水之香如尘末，布象床上，使所爱者践之。"

㉒**诗写丹枫，韩女幽怀流御水**：（参见本卷"东韵"注㉛）

㉓**泪弹斑竹，舜妃遗憾积湘江**：舜帝南巡而死，葬于苍梧之野。舜之娥皇、女英二妃追之不及，眼望苍梧竟日哭泣，泪洒竹上，致竹成斑，称为斑竹。之后，二妃投湘水而死，故称湘妃。（见南朝任昉《述异记》）

江 缸 窗 邦 降 双 泷 庞 舡 撞

沧浪静吟

[宋]苏舜钦

独绕虚亭步石矼，静中情味世无双。
山蝉带响穿疏户，野蔓盘青入破窗。
二子逢时犹死饿，三闾遭逐便沉江。
我今饱食高眠外，唯恨澄醪不满缸。

押　韵

韵是诗词格律的基本要素之一。从古代《诗经》到当代诗词，都讲究用韵，叫做押韵。所谓韵，简单点说，就是指每个汉字的韵母是否相同，韵母相同便是同韵字，同韵字出现在同一首诗每句的末尾字上，便是押韵了。末尾字韵叫“韵脚”。比如：

枫桥夜泊

[唐]张　继

月落乌啼霜满天，(tiān)
江枫渔火对愁眠。(mián)
姑苏城外寒山寺，
夜半钟声到客船。(chuán)

“天”、“眠”、“船”的韵母都是an，韵母相同，三个字同属平水韵中的[先]韵，出现在一、二、四句韵脚上，读起来乐音回环，优美动听。

同韵字不要求声母相同，只要求韵母相同。古诗里今音别于古音，以古音为准，否则就不押韵了。比如“斜”应读xiá，不能读xié。

格律诗是按平水韵中的平声韵押韵的。

四支

quán duì shí gàn duì zhī chuī zhú duì tán
泉对石，干对枝，吹竹对弹
sī shān tíng duì shuǐ xiè yīng wǔ duì lú cí
丝[1]。山亭对水榭[2]，鹦鹉对鸬鹚[3]。
wǔ sè bǐ shí xiāng cí pō mò duì chuán zhī
五色笔[4]，十香词[5]，泼墨对传卮[6]。
shén qí hán gān huà xióng hún lǐ líng shī jǐ chù
神奇韩干画[7]，雄浑李陵诗[8]。几处
huā jiē xīn duó jǐn yǒu rén xiāng jìng dàn níng zhī
花街新夺锦[9]，有人香径淡凝脂[10]。
wàn lǐ fēng yān zhàn shì biān tóu zhēng bǎo sài yì
万里烽烟，战士边头争保塞[11]；一
lí gāo yǔ nóng fū cūn wài jìn chéng shí
犁膏雨，农夫村外尽乘时[12]。

zū duì hǎi fù duì shī diǎn qī duì miáo
菹对醢[13]，赋对诗，点漆对描
zhī fán zān duì zhū lǚ jiàn kè duì qín shī
脂[14]。璠簪对珠履[15]，剑客对琴师[16]。
gū jiǔ jià mǎi shān zī guó sè duì xiān zī
沽酒价[17]，买山资[18]，国色对仙姿[19]。
wǎn xiá míng sì jǐn chūn yǔ xì rú sī liǔ bàn
晚霞明似锦[20]，春雨细如丝[21]。柳绊

cháng dī qiān wàn shù huā héng yě sì liǎng sān zhī
长堤千万树[22]，花横野寺两三枝[23]。
zǐ gài huáng qí tiānxiàng yù zhānjiāng zuǒ dì qīng
紫盖黄旗，天象预占江左地[24]；青
páo bái mǎ tóng yáozhōngyìng shòuyáng ér
袍白马，童谣终应寿阳儿[25]。

zhēn duì zàn fǒu duì zhī yíng zhào duì cán
箴对赞[26]，缶对卮[27]，萤炤对蚕
sī qīng jū duì cháng xiù ruì cǎo duì líng zhī
丝[28]。轻裾对长袖[29]，瑞草对灵芝[30]。
liú tì cè duànchángshī hóu shé duì yāo zhī
流涕策[31]，断肠诗[32]，喉舌对腰肢[33]。
yúnzhōngxióng hǔ jiàng tiān shàngfèng lín ér yǔ miào
云中熊虎将[34]，天上凤麟儿[35]。禹庙
qiān nián chuí jú yòu yáo jiē sān chǐ fù máo cí
千年垂橘柚[36]，尧阶三尺覆茅茨[37]。
xiāng zhú hán yān yāo xià qīng shā lǒng dài mào hǎi
湘竹含烟，腰下轻纱笼玳瑁[38]；海
táng jīng yǔ liǎn biānqīng lèi shī yān zhī
棠经雨，脸边清泪湿胭脂[39]。

zhēng duì ràng wàngduì sī yě gé duì shān
争对让，望对思，野葛对山
zhī xiānfēng duì dào gǔ tiān zào duì rén wéi
栀[40]。仙风对道骨[41]，天造对人为[42]。

zhuān zhū jiàn bó làng zhuī jīng wěi duì gān zhī
专诸剑，博浪椎，经纬对干支。[43][44][45]

wèi zūn mín wù zhǔ dé zhòng dì wáng shī wàng qiè
位尊民物主，德重帝王师。望切[46][47]

bù fáng rén qù yuǎn xīn máng wú nài mǎ xíng chí
不妨人去远，心忙无奈马行迟。[48][49]

jīn wū bì lái fù qǐ mào líng tí zhù bǐ yù
金屋闭来，赋乞茂陵题柱笔；玉[50]

lóu chéng hòu jì xū chāng gǔ fù náng cí
楼成后，记须昌谷负囊词。[51]

泉水对石头，树干对枝杈，吹竹管对弹丝弦。山上亭子对水中楼台，鹦鹉对鸬鹚。江淹失五色笔诗才尽，萧后被冤“十香词”自缢，泼墨作画对饮酒传杯。韩干画马人称奇，雄浑悲怆李陵诗。几处歌院赛诗夺魁，花香路上美女皮肤细白如凝脂。万里传烽烟，边关将士时时刻刻保边陲；一场好春雨，农夫抓住时机在田里辛勤耕耘。

菹对醢（酷刑），赋对诗，眼如点漆对面如凝脂。美玉做的簪子对珠宝装饰的鞋，剑客对琴师。饮酒钱，买山银，倾国之色对仙女之姿。晚霞像锦缎一样明丽，春雨如丝般细润。长堤柳树千万棵，野寺花剩两三枝。紫气东来，王者之气来自江左地；童谣传唱“青袍白马寿阳儿”，应验了寿阳侯景反叛梁武帝。

箴言对赞扬，酒缶对酒卮，萤火虫对蚕吐丝。衣前襟对衣长袖，瑞草对灵芝。贾谊流涕策，淑真断肠诗，喉舌对腰肢。北方魏尚熊虎将，天生聪明凤麟儿。千年禹庙荒庭垂橘柚，尧帝身居土阶三尺茅草屋。玳瑁色的纱裙环腰，犹如烟雾围绕着斑竹；脸上泪流湿了胭脂，就像春雨打湿了海棠。

争夺对谦让，远望对相思，野葛对山栀。仙风对道骨，天造对人为。专诸剑，博浪椎，经纬对干支。地位尊贵乃万物之主，德高望重乃帝王之师。操心惦念挡不住人已去远，心慌着急无奈马行太慢。汉武帝不来金屋，失宠阿娇请才子司马相如作《长门赋》；玉楼建成后，昌谷人李贺骑驴出游背负锦囊，有佳句便投入其中。

探源 解意

①**吹竹、弹丝**：吹奏管乐，弹奏弦丝。[南朝陈]江总《宴乐修堂应令》诗云："弹丝命琴瑟，吹竹动笙簧。"

②**山亭、水榭**：**山亭**：建在山上有顶无墙的游憩楼台。[元]程文海《扫花游·寄赠西·赴台都事》曲云："倚山亭、黯然平楚。"**水榭**：建在水边或水上的游憩楼台。[唐]崔湜《侍宴长宁公主东庄应制》云："水榭宜时陟（登），山楼向晚（天将黑）看。"

③**鹦鹉**：鸟名，上嘴呈钩状，舌柔软，经训练能效人发音。《礼记·曲礼上》云："鹦鹉能言，不离飞鸟。"**鸬鹚**：水鸟名，颔下有小喉囊，嘴长，亦称鱼鹰，渔人常饲养用以捕鱼。[唐]杜甫《三绝句》诗云："门外鸬鹚久不来，沙头忽见眼相猜。"

④**五色笔**：南朝梁江淹，字文通，历任宋、齐、梁三代大臣，官至梁金紫光禄大夫。其诗文曾扬名天下。一日，他梦见一个叫郭璞的人对他说："我有笔在你处已经多年，应该还我了。"江淹探怀取五色笔授之。从此，江淹作诗绝无佳句。这就是"江郎才尽"典故的由来。（见《南史·江淹传》）

⑤**十香词**：辽国道宗耶律洪基之皇后萧观音，善于诗赋书法，尤爱作歌词弹琵琶。她经常召伶人赵惟一进宫，陪她演奏她创作的服侍和思念君王的词曲《回心院》。佞臣耶律乙辛为陷害萧观音，收买人作《十香淫词》，送给道宗，诬告萧观音与赵惟一私通。赵惟一被屈打成招，萧观音有冤难伸，悲愤交加，含泪写下一首绝命词，自缢而死。（见《辽史·萧皇后传》）

⑥**泼墨**：国画山水画的一种画法。画时用水墨挥洒于纸上，其势如

泼，故名。泼墨画法传说始于唐代王洽，《宣和画谱》载：“王洽不知何许人，能善泼墨成画，时人皆号为‘王泼墨’。……每欲作图画之时，……先以墨泼图障之上，乃因似其形像，或为山，或为石，或为林，或为泉者，自然天成，倏（迅疾）若造化，已而云霞卷舒，烟雨惨淡，不见其墨污之迹。”**传卮**：宴饮中传递酒杯劝酒。卮：古代酒杯。[唐]谢良辅《忆长安》诗云：“取酒虾蟆陵下，家家守岁传卮。”[唐]杜甫《九日》诗云：“旧日重阳日，传杯不放杯。”

⑦**神奇韩干画**：唐代画家韩干，长安人。初师曹霸，后独擅其能。善写人物，尤工鞍马，骨肉停匀，得其神气。传说，一天有人牵着患有足疾的马到马市就诊，巧遇韩干，韩干惊疑其马毛色骨相酷似自己所画之马。回家后，察其所画之马，脚上果有一处黑缺，方知是自己的马画通灵。（见《宣和画谱·畜兽》、唐段成式《酉阳杂俎续集卷二支诺皋》）。诗圣杜甫在《丹青引》诗中盛赞曹霸的同时，还写道：“弟子韩干早入室，亦能画马绝穷相。”

⑧**雄浑李陵诗**：西汉骑都尉李陵，字少卿，陇西成纪（今甘肃静宁西南）人，西汉名将李广之孙，善骑射。武帝时，率兵五千出击匈奴，被单于十万大军包围，血战到只剩百来人，终因矢尽援绝投降匈奴。汉武帝以“叛汉”罪，将李陵的老母、妻子、儿女全部杀死。他与苏武是好友，在其《答苏武书》中，畅叙他的悲伤情怀，说他之所以不死，本想效法“昔范蠡不殉会稽之耻，曹沫（曹刿）不死三败之辱，卒（最终）复勾践之仇，报鲁国之羞。[吾]区区之心，窃慕此（私下仰慕范曹作为）耳”。然而，“图志未立而怨（汉朝对李陵的怨恨）已成，计（李陵的计谋）未从而骨肉（李陵的亲人）受刑。此陵所以仰天椎心而泣血也。”情调悲凉雄浑，十分感人。李陵居匈奴二十余年病死。世传李陵《答苏武书》是后人伪作。

⑨**几处花街新夺锦**：**花街**：妓院聚集的地方。**夺锦**：竞赛中夺魁。武则天游洛阳龙门，令陪臣以“明堂火珠”为题赋诗，左史东方虬诗先成，武则天乃赐以锦袍。须臾，宋之问献诗，武则天看到宋诗有“不愁明月尽，自有夜光来”佳句，赞其词更妙，乃夺已赐给东方虬之锦袍赏与宋卿。后因称竞赛中获胜为“夺袍”，亦称“夺锦”。（见《新唐书·宋之问传》）

唐代诗圣杜甫在《寄李十二白二十韵》中写了龙舟赛夺冠："龙舟移棹晚，兽锦夺袍新。"

⑩**有人香径淡凝脂**：**淡凝脂**：比喻美女的皮肤细白润泽，薄施粉黛即显娇媚。[唐]武平一《杂曲歌辞·妾薄命》云："红脸如开莲，素肤若凝脂。"唐代诗人白居易在《长恨歌》诗中描写了杨贵妃的美貌："回眸一笑百媚生，六宫粉黛无颜色。春寒赐浴华清池，温泉水滑洗凝脂。"

⑪**万里烽烟，战士边头争保塞**：**烽烟**：亦作"烽燧"，古代边防报警的两种信号，白天放烟叫"烽"，夜间举火叫"燧"。**保塞**：保卫边疆。《史记·司马相如传》中《喻巴蜀檄》云："夫边郡之士闻烽举燧燔，皆摄弓而驰，荷兵（扛着兵器）而走（前奔）。"

⑫**一犁膏雨，农夫村外尽乘时**：**膏雨**：滋润作物的霖雨。**乘时**：乘机；趁势。[宋]朱淑贞《膏雨》诗云："一犁膏腴（肥沃）分春垄，只慰农桑望眼中。"

⑬**菹醢**：古代酷刑，把人剁成肉酱。[汉]李陵《重报苏武书》云："昔萧樊囚絷，韩彭菹醢，晁错受戮，周魏见辜。"

⑭**点漆、描脂**："凝脂点漆"，形容人的皮肤白嫩，眼睛明亮。[南朝]刘义庆《世说新语·容止》云："王右军（羲之）见杜弘治（乂），叹曰：'面如凝脂，眼如点漆，此神仙中人。'"

⑮**璠簪**：用美玉制成的簪。**璠**：美玉。旧时用来固定发髻或联结冠发的针形首饰。[唐]韩愈《送桂州严大夫》云："江作青罗带，山如碧玉簪。"**珠履**：用珠宝装饰的鞋。传说战国时楚公子春申君家有门客三千余人，为了向人夸富，他令其上客皆蹑珠履见赵国平原君的使者。赵使大惭。（见《史记·春申君列传》）亦借指有谋略的门客。[宋]陆游《题郭太尉金州第中至喜堂》诗云："帐前犀甲罗十万，幕下珠履逾三千。"

⑯**剑客**：精通剑术的人。《汉书·李广传附李陵》云："臣所将屯边者，皆荆楚勇士奇才剑客也。"武侠小说中把一些会剑术的侠士泛称剑客。刺客也称剑客。《后汉书·吕强传》云："上畏不测之难，下惧剑客之害。"**琴师**：以弹琴为业的艺人。[宋]韩维《览梅圣俞诗编》云："譬如巧

琴师，哀弹发丝桐。”

⑰**沽酒价**：晋代阮修，字宣子，阮籍之侄，竹林七贤之一。善清言，不求仕进，安居贫困，旷达不羁，年四十尚未娶妻。常步行，以百钱挂于杖头，至酒店，便独酣畅。（见《晋书·阮籍传附阮修》）

⑱**买山资**：传说晋代隐士支道林隐居余杭山，他托人找深公欲买邱山，深公说：“未闻巢由（古代隐士巢父与许由）买山而隐。”后以买山指归隐。（见《世说新语·排调》）[唐]顾况《送李山人还玉溪》诗云：“好鸟共鸣临水树，幽人独欠买山钱。”

⑲**国色**：姿容极其美丽的女子。《公羊传·僖公十年》云：“骊姬者，国色也。”**仙姿**：清丽的姿容。[唐]郑嵎《津阳门》云：“鸣鞭后骑何蹀躞（小步行走），宫妆禁袖皆仙姿。”

⑳**晚霞明似锦**：日落彩云似锦屏。**晚霞**：日落时出现的彩云。这是元代散曲家马致远《山市晴岚》中“晚霞明雨收天霁。四围山一竿残照里，锦屏风又添铺翠”曲意的化用。

㉑**春雨细如丝**：本句引自宋朝哲学家邵雍《春雨吟》中“春雨细如丝”原句。诗的全文是：“春雨细如丝，如丝霡霂时。如何一霶霈，万物尽熙熙。”

㉒**柳绊长堤千万树**：这是唐代诗人白居易《杨柳枝词》中“一树春风千万枝，嫩如金色软于丝”和宋朝诗人张道洽《梅花》中“试向园林千万树，何如篱落两三枝”诗句的化用。

㉓**花横野寺两三枝**：这是唐代诗人李端《春晚游鹤林寺寄使府诸公》中“野寺寻春花已迟，背岩惟有两三枝”诗句的化用。

㉔**紫盖黄旗，天象预占江左地**：**紫盖**、**黄旗**：均指云气，古人认为象征王者之气。**江左**：“江东”，指长江下游的苏浙皖地区，古属吴地。东吴郎中令陈化使魏，魏文帝在酒酣中，问陈化：“吴魏对立，谁将一平海内？”陈化说：“《易经》上说帝出于震（东方）。还听知天命的先哲们说，早就有说法，‘紫盖黄旗，运在东南（暗指在东南方的吴国）’。”

㉕**青袍白马，童谣终应寿阳儿**：南朝梁大将军侯景，原为北魏高官，

后向梁武帝萧衍请降被封河南王，驻守寿阳。梁武帝赐侯景以青布，侯景制为青袍，并骑白马，童谣曰：“青袍白马寿阳儿。”素知侯景性情的平西将军周弘正，不禁叹道：“乱事就在眼前了！”太清二年（548），侯景以朱异等乱政、兴师除奸为名，在寿阳举兵造反，把萧正德扶为皇帝，自任大丞相。梁武帝萧衍被监禁，扼其饮食，终被饿死。（见《南史·侯景传》）

㉖**箴**：劝诫。[南朝梁]刘勰《文心雕龙·铭箴》云：箴者，所以攻疾防患，喻针石也。”**赞**：颂扬。《世说新语·赏誉》云：“王公（王导）每发言，众竞赞之。”

㉗**缶**：盛酒或流质的瓦器。《易经·坎》云：“樽酒，簋贰，用缶。”**卮**：酒器，容量四升。《史记·项羽本纪》云：“项伯即入见沛公，沛公奉卮酒为寿。”

㉘**萤炤**：萤火虫腹部末端有发光器，夜间闪烁发光。晋代车胤家贫无油，夏日把萤火虫装入薄袋照书苦读。（见《晋书·车胤传》）**蚕丝**：吐丝桑蚕，即家蚕。吐之丝可织绸缎。[唐]李商隐《无题》诗：“春蚕到死丝方尽，蜡炬成灰泪始干。”

㉙**轻裾、长袖**：衣服的前后襟及长袖。[唐]韩愈《送李愿归盘谷序》云：“飘轻裾，翳（拖着）长袖，粉白黛绿者（比喻美人），列屋而闲居，妒宠而负恃，争妍而取怜（仗着自己的才貌，互相争宠斗妍）。”[三国魏]曹植《美女篇》云：“罗衣何飘飘，轻裾随风还（旋转）。”《韩非子·五蠹》云：“长袖善舞，多钱善贾（买卖）。”

㉚**瑞草、灵芝**：**瑞草**：古代认为吉祥之草，如灵芝、蓂荚之类。《晋书·歌宣帝》云：“神石吐瑞，灵芝自敷（开放）。”

㉛**流涕策**：西汉政论家、文学家贾谊，也称贾生，洛阳人。少有博学能文之誉，文帝召为博士，不久迁至太中大夫。他好议国家大事，曾多次忠言上疏，批评时政。他在《治安策一》中痛陈时弊，说这些是令人“可痛哭者”。他在其《陈政事疏》中写道：“臣窃惟事势，可为痛哭者一，可为流涕者二，可为长太息者六。”

㉜**断肠诗**：宋代女作家朱淑真，号幽栖居士，钱塘（今杭州）人。生于

仕宦家庭。能绘画，通音律，工诗词，多述幽怨感伤之情，著有诗集《断肠集》、词集《断肠词》。相传因对婚嫁不满，抑郁而终。

㉝**喉舌**：说话的器官，常比喻险要之地。《续资治通鉴·宋度宗咸淳六年》云："国家所恃者大江，襄樊其喉舌，议不容缓。"**腰肢**：腰与四肢。形容身段之美。[唐]李商隐《宫妓》诗云："珠箔轻明拂玉墀，披香新殿斗腰肢。"

㉞**云中熊虎将**：古时北方有云中郡，即今山西河北内蒙等地。西汉大将魏尚任云中太守，人称熊虎将，匈奴不敢进犯。《三国志·吴书·周瑜传》云："刘备以枭雄之姿，而有关羽、张飞熊虎之将，必非久屈为人用者。"

㉟**天上凤麟儿**：或作"天上麒麟儿"。这是诗圣杜甫《徐卿二子歌》中"孔子释氏亲抱送，并是天上麒麟儿"诗句的化用。凤凰、麒麟都是传说中的吉祥鸟兽，人们常称别人的孩子为天上麒麟和凤凰。南朝陈文学家徐陵，八岁能写文章，博览史籍。幼年时，家人带他去见有道上人宝志，宝志摸着徐陵的头说："此天上石麒麟也！"光宅惠云法师也叹称徐陵像孔子的得意弟子颜回。（见《陈书·徐陵传》）

㊱**禹庙千年垂橘柚**：四川忠州临江的山崖上有夏禹庙。唐代诗人杜甫在代宗永泰元年（765）离蜀东下，途经忠州，参谒了这座古庙，作《禹庙》诗一首，前四句是："禹庙空山里，秋风落日斜。荒庭垂橘柚，古屋画龙蛇。"

㊲**尧阶三尺覆茅茨**：尧帝统领了天下，仍居茅屋。《韩非子·五蠹》云："尧之王天下也，茅茨不剪，采椽不斲（砍）。"《大宋宣和遗事·亨》云："便如唐尧土阶三尺，茅茨不剪。"

㊳**湘竹含烟，腰下轻纱笼玳瑁**：玳瑁轻纱裙笼罩着的腰身，犹如烟雾环绕着的斑竹枝。**湘竹**：亦称"斑竹"，传说是舜帝二妃泪染青竹成斑。**玳瑁**：海龟科动物，背甲呈黄褐色，有黑斑，似斑竹。[宋]阮阅编《诗话总龟》云："筇枝健杖菖蒲节，笋栉（竹梳）高簪玳瑁斑。"

㊴**海棠经雨，脸边清泪湿胭脂**：脸边清泪水弄湿的胭脂，酷似春雨沐

浴后的海棠花。这是宋朝诗人宋祁《锦缠道·燕子呢喃》中“海棠经雨胭脂透”名句的化用。

㊵**野葛**：一年生有毒植物，俗称“断肠草”。人吃下后肠子会变黑粘连，人会腹痛不止而死。[汉]王充《论衡·言毒》云：“草木之中，有巴豆、野葛，食之凑懑，颇多杀人。”[唐]白居易《有木》云：“前后曾饮者，十人无一活，……试问识药人，始知名野葛。”**山栀**：常绿灌木，仲夏开白花，花甚芳香，果实可入药，亦可作黄色染料。昔日，富人高价买一鞭，色黄而有光泽，给柳宗元看。宗元烧汤洗鞭，色泽尽退，原形枯白，原来鞭之光泽，是用栀黄上蜡为之而欺世人。（见《本草纲目·栀子》、柳宗元《鞭贾》）

㊶**仙风、道骨**：形容人的风度、神采不同凡俗。[唐]李白《大鹏赋序》云：“余昔于江陵见天台司马子微（承祯），谓余有仙风道骨，可与神游八极之表，因著大鹏遇稀有鸟赋以自广。”

㊷**天造**：形容事物是自然生成。[唐]田颖《问道堂后园记》：“回思向所辟诸境，几若天造地设。”宋徽宗赵佶《艮岳记》：“真天造地设，神谋化力，非人力所能为者。”天造：亦作“天授”。[宋]李格非《洛阳名园记·水北胡氏园》云：“天授地设，不待人力而巧者，洛阳独有此园耳。”**人为**：靠人力所为，区别于自然生成。[明]高启《偃松行》诗云：“左伸右屈多异态，天自出巧非人为。”

㊸**专诸剑**：春秋时期，吴国公子光（阖闾）阴谋刺杀吴王僚而自立，伍子胥推荐专诸给公子光当刺客。公子光备办酒宴请僚，专诸置匕首于鱼腹中，乘进献时把吴王僚刺死。专诸也当场被僚的左右所杀。公子光遂自立为王。（见《史记·刺客列传》）

㊹**博浪椎**：秦始皇东巡至博浪沙（今河南原阳境），张良为替被秦国灭掉的韩国报仇，请大力士操铁锥狙击秦始皇，误中副车，秦皇幸免。（见《汉书·张良传》）

㊺**经纬**：本指织物上的纵线和横线。亦指纲纪、法度。《左传·昭公二十五年》云：“礼，上下之纪，天地之经纬也。”干支：古人用以纪年、

纪月、纪日的十天干和十二地支。干支相配，组成六十甲子。

㊻**位尊民物主**：民众之主宰，指帝王或官吏。《尚书·多方》云："天惟时求民主（民众之主国君），乃大降显休（光荣而美好的使命）命于（赐给）成汤（商汤王）。"《三国志·吴书·钟离牧传》云："仆为民主，当以法率下。"[宋]陆游《虎洞》诗云："方今上有明圣君，广爱民物怀深仁。推诚不但祝罗网，登用牧守需贤人。"

㊼**德重帝王师**：帝王之师，此指姜太公（吕尚）。[唐]李白《赠钱征君少阳》云："如逢渭水猎，犹可帝王师。"《宋书·符瑞志上》云："[周文王姬昌]将畋（打猎），史遍卜之曰：'[您]将大获，非熊非罴，天遗（馈赠）汝师以佐昌。'"文王果于渭水边遇到近八十岁的钓翁吕尚，遂拜为军师。《史记·齐太公世家》称"霸王之辅"："所获非龙非螭，非虎非罴，所获霸王之辅。"

㊽**望切不妨人去远**：人已远去，惦记再切也是白操心。[唐]何希尧《柳枝词》云："大堤杨柳雨沈沈，万缕千条惹恨深。飞絮满天人去远，东风无力系春心。"

㊾**心忙无奈马行迟**：马不快跑，归心再急也是干着急。[唐]李嘉佑《与从弟正字、从兄兵曹宴集林园》云："去路归程仍待月，垂缰不控马行迟。"

㊿**金屋闭来，赋乞茂陵题柱笔**：汉武帝刘彻娶表妹阿娇为妻，爱甚，以金屋藏之。后来，阿娇失宠，独居长门宫。她重金请茂陵才子司马相如作《长门赋》，以抒发她的孤愤之情，希望能感动皇上回心转意。（见汉班固《武帝故事》）**茂陵题柱**：司马相如曾居茂陵，未显达时，过成都北升仙桥，于桥柱题字曰："不乘高车驷马（指做高官），不过此桥！"

51**玉楼成后，记须昌谷负囊词**：传说，唐代诗人李贺，河南昌谷人。每骑驴出游，令奴僮背一古锦囊，得佳句即投入其中，后成李贺诗集《昌谷集》。李贺将死时，梦见一穿大红衣者，手持板书，对李贺说："上帝筑成白玉楼，命你去作记。"李贺以母老且病，哭泣不愿随往。但不久，气绝。（见李商隐《李贺小传》）

支韵部代表字

支 枝 移 为 垂 吹 陂 碑 奇 宜 仪 皮

儿 离 施 知 驰 池 规 危 夷 师 姿 迟

龟 眉 悲 之 芝 卮 螭 时 诗 棋 旗 辞

词 差 期 祠 基 疑 姬 丝 司 葵 医 帷

思 滋 持 随 痴 维 麾 墀 弥 慈 遗 肌

脂 雌 披 嬉 尸 狸 炊 湄 篱 兹 疲 茨

卑 亏 骑 歧 岐 谁 斯 私 窥 熙 欺 疵

赀 羁 彝 髭 颐 资 糜 饥 衰 锥 姨 伊

追 缁 箕 治 尼 而 推 縻 绥 羲 羸 其

淇 麒 祁 崎 骐 锤 罹 漓 鹂 璃 骊 猕

罴 貔 仳 琵 枇 屁 鳷 栀 匙 蚩 篪 绨

鸥 踟 嗤 隋 虽 睢 蕤 咨 淄 鹚 瓷 萎

惟 唯 厮 澌 缌 逶 迤 贻 裨 丕 嵋 蠡

氂 痍 猗 椅

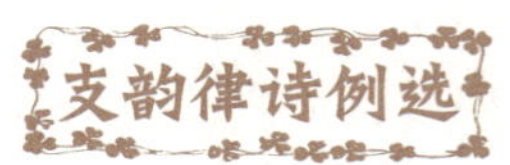

惠崇《春江晓景》

[宋]苏　轼

竹外桃花三两枝，春江水暖鸭先知。
蒌蒿满地芦芽短，正是河豚欲上时。

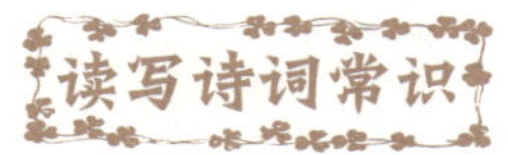

四　声

古代汉语有四个声调：平、上、去、入；今普通话也有四个声调：阴、阳、上、去。区别在于：古代平声到了清代基本完成了“平分阴阳”，即古代平声分化为阴平声和阳平声。“平水韵”中所说的平声包括今天的阴平声和阳平声。

“入声”的发音特点是声音短促，韵尾拖个喉塞音。入声在后代发展变化较大，韵尾脱落，喉塞音舒化。入声分化后分别进入平、上、去声中，这就是后来所称谓的“入派三声”。“入派三声”到了清代基本完成，当时的平声是包含着阴平声和阳平声的。现在，普通话和书面语言里均已没有入声，但在方言区里，比如：豫北西部、山西、江浙、福建、广东等地的口语中还保留着大量的入声。古代格律诗词是有入声的，所以现代人对入声要有一个基本的了解。

四声和韵的关系很密切，在格律诗中，不同声调的字不属同韵。辨别四声，是辨别平仄的基础。

入派三声示意图：

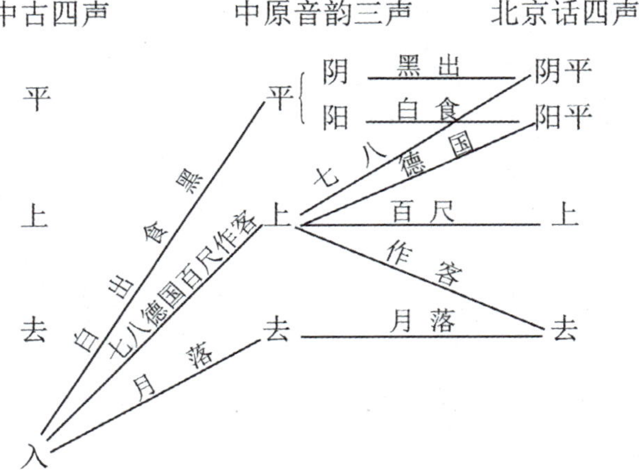

五 微

xián duì shèng shì duì fēi jué ào duì cān
贤对圣，是对非，觉奥对参
wēi yú shū duì yàn zì cǎo shè duì chái fēi
微[1]。鱼书对雁字[2]，草舍对柴扉[3]。
jī xiǎochàng zhì zhāo fēi hóngshòu duì lǜ féi
鸡晓唱[4]，雉朝飞[5]，红瘦对绿肥[6]。
jǔ bēi yāo yuè yǐn qí mǎ tà huā guī huáng gài
举杯邀月饮[7]，骑马踏花归[8]。黄盖
néng chéng chì bì jié chén píngshàn jiě bái dēng wēi
能成赤壁捷[9]，陈平善解白登危[10]。
tài bái shū táng pù quán chuí dì sān qiānzhàng kǒng
太白书堂，瀑泉垂地三千丈[11]；孔
míng sì miào gǔ bǎi cān tiān sì shí wéi
明祀庙，古柏参天四十围[12]。

gē duì jiǎ wò duì wéi dàngdàng duì wēi
戈对甲，幄对帏，荡荡对巍
wēi yán tān duì shào pǔ jìng jú duì yí wēi
巍[13]。严滩对邵圃[14]，靖菊对夷薇[15]。
zhān hóng jiàn bǔ fèng fēi hǔ bǎng duì lóng qí
占鸿渐[16]，卜凤飞[17]，虎榜对龙旂[18]。
xīn zhōng luó jǐn xiù kǒu nèi tǔ zhū jī kuān hóng
心中罗锦绣，口内吐珠玑[19]。宽宏

huò dá gāo huáng liàng chì zhà yīn wù bà wáng wēi
豁达高皇量[20]，叱咤喑哑霸王威[21]。

miè xiàng xīng liú jiǎo tù jìn shí zǒu gǒu sǐ lián
灭项兴刘，狡兔尽时走狗死[22]；连

wú jù wèi pí xiū tún chù wò lóng guī
吴拒魏，貔貅屯处卧龙归[23]。

shuāi duì shèng mì duì xī jì fú duì cháo
衰对盛，密对稀，祭服对朝

yī jī chuāng duì yàn tǎ qiū bǎng duì chūn wéi
衣[24]。鸡窗对雁塔[25]，秋榜对春闱[26]。

wū yī xiàng yàn zi jī jiǔ bié duì chū guī
乌衣巷[27]，燕子矶[28]，久别对初归[29]。

tiān zī zhēn yǎo tiǎo shèng dé shí guāng huī pán táo
天姿真窈窕[30]，圣德实光辉[31]。蟠桃

zǐ què lái jīn mǔ lǐng lì hóng chén jìn yù fēi
紫阙来金母[32]，岭荔红尘进玉妃[33]。

bà shàng jūn yíng yà fù dān xīn zhuàng yù dǒu cháng
灞上军营，亚父丹心撞玉斗[34]；长

ān jiǔ shì zhé xiān kuáng xìng huàn yín guī
安酒市，谪仙狂兴换银龟[35]。

译文

贤士对圣人，口是对心非，领悟深奥对检验细微。鱼书对雁信，茅屋对柴门。雄鸡打鸣，雉鸟相随，红花凋落对绿叶厚肥。举杯邀明月共饮，骑马踏花

而归。黄盖火攻曹营促赤壁之战大捷，陈平帮助刘邦解白登山之危。庐山李白书堂，可观飞瀑直下三千尺；孔明武侯祠，古柏参天根壮如磐石。

金戈对盔甲，帐幕对帷帐，荡荡对巍巍(高大)。严滩垂钓对邵平种瓜，陶渊明东篱采菊对伯夷叔齐食野薇。渐卦吉，女子嫁，虎榜进士对王侯龙旗。心中好文章，口吐好诗词。高祖刘邦气宇豁达，霸王项羽叱咤天下。韩信助刘邦灭项羽，功成反被杀；诸葛亮连吴抗曹，功成妙计还。

衰败对兴盛，稠密对稀少，祭祀服装对上朝礼服。书生小鸡窗对长安大雁塔，秋天乡试发榜对春季会试考场。乌衣巷，燕子矶，久别对刚回。天资聪慧美丽动人，圣人品德闪耀光辉。汉武帝紫阙宫迎王母娘娘赠蟠桃；岭南荔枝快马加鞭进宫送给杨贵妃。霸王军营，亚父恨项羽不杀刘邦而怒摔玉斗；长安酒市，诗仙李白银龟换酒喝得兴高发狂。

探源 解意

①**觉奥**：领悟深奥之理。[明]胡应麟《少室山房笔丛·九流绪论下》云："余初读尤漫然，载阅之觉其词颇质奥(朴实而深奥)。"亦作"悟奥"。**参微**：验证微妙之处。清代天文学、数学家梅文鼎，安徽宣州人，毕生从事研究工作，以布衣终身。他的著作对清代影响极大。康熙皇帝南巡时，在船上接见他，畅谈甚欢，并亲题"绩学参微"四字，嘉奖他在天文历算方面的成就。

②**鱼书、雁字**：前人把"鱼雁"一并来提，往往指"书信"。汉乐府《饮马长城窟行》诗云："客从远方来，遗我双鲤鱼。呼儿烹鲤鱼，中有尺素书。"**雁字**：本指鸿雁飞行时排成"人"字或"一"字形，称"雁字"。此处当指"雁书"，即书信。《汉书·苏武传》云："教使者谓单于，言天子射上林中，得雁，足有素帛书。"

③**草舍、柴扉**：用柴草、树枝等做成的门户。形容居处简陋，生活困苦。[元]无名氏《举案齐眉》曲云："住的是草舍茅庵，蓬户柴门。"[唐]王维《送别》诗云："山中相送罢，日暮掩柴扉。"

④**鸡晓唱**：战国时，齐国孟尝君家有许多食客，各有所能。孟尝君到秦国，秦王留之不许归。随客中有能学狗盗者，盗千金之狐白裘，献给秦王宠爱的妃子，宠妃请秦王放孟尝君，王从请，孟尝君乃归。转瞬间秦王反悔，令追。孟尝君已至关，关有规矩：鸡鸣而出关。随客中有能学鸡鸣者，一鸣而群鸡尽鸣，孟尝君骗得出关。（见《史记·孟尝君列传》）

⑤**雉朝飞**：东汉文学家蔡邕《琴操》云：齐国的牧犊子，年过七十还孤独无妻。在野外打柴时，见雌雄雉鸟相随而飞，意动心悲，慨叹穷人不如鸟。乃作《雉朝飞操》乐府曲，以自伤焉。它原来的歌辞是："雉朝飞兮鸣相和，雌雄群兮于山阿，我独伤兮未有室，时将暮兮可奈何？"

⑥**红瘦、绿肥**："绿肥红瘦"。形容春深时节花稀而叶茂。[宋]李清照《如梦令·春晚》词云："昨夜雨疏风骤，浓睡不消残酒。试问卷帘人，却道海棠依旧。知否？知否？应是绿肥红瘦。"

⑦**举杯邀月饮**：这是诗仙李白《月下独酌》中"举杯邀明月"诗句的化用。

⑧**骑马踏花归**：这是唐宋时期"踏花归去马蹄香"著名诗句的化用。一说是杜甫所写，一说是苏轼所作。

⑨**黄盖能成赤壁捷**：三国吴零陵泉陵人黄盖，字公覆，初随孙坚起义，为孙氏宿将。赤壁之战中，他建议火攻，并领满载薪草、灌有膏油的船只数十艘，投曹营诈降，乘机纵火，大破曹军，以功升任武锋中郎将。（见《三国志·吴书·黄盖传》）

⑩**陈平善解白登危**：西汉曲逆侯陈平，今河南原阳人。先随项羽，后从刘邦。他足智多谋，曾为刘邦六出奇计。汉高祖七年，匈奴冒顿单于大军围攻晋阳（今山西太原），高祖刘邦亲率军三十余万迎战，被围困于平城白登山（今大同东北），达七日之久。后用陈平计，重礼贿赂冒顿的皇后，始得突围。（见《史记·韩王信传》、《辞海》）

⑪**太白书堂，瀑泉垂地三千丈**：唐代诗人李白在江西庐山建有"太白书堂"。李白游香炉峰作《庐山香炉峰瀑布》诗云："日照香炉生紫烟，遥看瀑布挂前川。飞流直下三千尺，疑是银河落九天。"

⑫**孔明祀庙，古柏参天四十围**：唐大历元年杜甫谒夔州（今属重庆寺）武侯庙（诸葛亮庙）作《古柏行》云："孔明庙前有老柏，柯如青铜根如石。霜皮溜雨四十围，黛色参天二千尺。"

⑬**荡荡、巍巍**：伟大而崇高。《后汉书·皇后纪上》云："巍巍之业，可闻而不可及；荡荡之勋，可诵而不可名。"

⑭**严滩**：严光钓滩，亦称"严滩"。（见"冬韵"注②）**邵圃**：邵平瓜园，亦称"东陵瓜"。秦朝东陵侯邵平，秦亡以后成为平民，种瓜于长安城东青门外。其瓜味甜美，时人谓之东陵瓜。(见《三辅黄图》)[明]刘基《绝句漫兴》云："寒暑又随风日转，东陵谁种邵平瓜？"

⑮**靖菊**：晋代诗人陶潜（渊明），生性爱菊，弃官隐居故里，喜见老宅"三径就荒，松菊犹存"，留有"结庐在人境，而无车马喧……采菊东篱下，悠然见南山"著名诗句。(见陶渊明《饮酒》)。他死后，谥号"靖节先生"，故有"靖菊"之谓。**夷薇**：商末伯夷叔齐兄弟，因阻止武王伐纣不成，隐居首阳山，不食周粟，采薇（野菜）而食，故称"夷薇"。

⑯**占鸿渐**：占得"鸿渐"卦是吉祥将临。《周易·渐》云："渐，女归（女子出嫁）吉。"又云："鸿渐于磐（大雁徐徐集于磐石上），饮食衎衎（快乐），吉（吉祥）。"

⑰**卜凤飞**：春秋时期，陈国大夫懿氏，想把女儿嫁给陈厉公之子敬仲为妻，其妻卜了一卦，说："吉，是谓'凤凰于飞，和鸣锵锵'。"比喻夫妻和谐。（见《左传·庄公二十二年》）

⑱**虎榜**：科举考试进士榜称龙虎榜，简称"虎榜"。《新唐书·欧阳詹传》云："举进士，与韩愈李绛崔群王涯冯宿庾承宣联第，皆天下选，时称'龙虎榜'。"清朝，专指武科榜为"虎榜"。**龙旂**：有龙图纹的旗。古时王侯作仪卫用。《史记·礼书》云："龙旂（通'旗'）九斿（旌旗上的装饰物），所以养信也。"

⑲**心中罗锦绣，口内吐珠玑**：心中罗列有好文章，口吐珠玑般诗文。北宋著名文人陶谷，曾任北宋礼部尚书，又兼任刑部、户部二尚书。他博览经史，胸有文才，口有辩才，清廉刚正。《宋代宫闱史》载："[陶谷]是个胸

罗锦绣，腹隐珠玑的才子。”

⑳**宽宏豁达高皇量**：汉高祖刘邦本是一平民粗汉，但胸襟开阔，宽宏大量，故能兴汉。[西晋]潘岳《西征赋》云：“观夫汉高之兴也，非徒聪明神武，豁达大度而已也。”

㉑**叱咤喑哑霸王威**：西楚霸王项羽为楚将项燕之后，好逞发怒斥喝之威。《史记·淮阴侯列传》云：“项王喑恶叱咤（发怒呵斥），千人皆废。”

㉒**灭项兴刘，狡兔尽时走狗死**：春秋时期，吴吞越国。越王勾践在谋臣范蠡、文种辅佐下，卧薪尝胆，十年生聚，十年教养，终于复国灭吴。范蠡功成身退，乘舟浮海而隐，并写信给文种说“飞鸟尽，良弓藏；狡兔死，走狗烹”；越王其人“可与共患难，不可与共安乐。子何不去？”文种虽称病不朝，越王仍赐剑令文种自杀而亡。（见《史记·越王勾践世家》）汉高祖刘邦得大将韩信帮助，平定四海，建立汉朝之后，竟被刘邦擒杀。韩信说：“果如人（指范蠡）言：‘狡兔死，走狗烹；飞鸟尽，良弓藏；敌国破；谋臣亡。’天下已定，我固当烹。”(见《史记·淮阴侯列传》)

㉓**连吴拒魏，貔貅屯处卧龙归**：**貔貅**：一种豹类猛兽，比喻勇猛的将士。**貔貅屯处**：指东吴的文臣武将。**卧龙**：指诸葛亮。东汉末年，曹操挟天子以令诸侯，率师南下，欲灭孙权和刘备。刚被刘备三顾茅庐请出南阳不久的诸葛亮 ，赴东吴劝说孙权吴蜀联合抗魏。在号称曹操拥兵百万的威胁下，孙权的众臣中，文臣多主降曹，诸葛亮舌战群儒，智激周瑜，终于说服群臣与孙权，促成吴蜀联师抗魏。周瑜更劝诸葛亮留下共同辅佐孙权，诸葛亮不允。周瑜妒亮之才，屡屡设计杀害诸葛亮，诸葛亮施高谋破周瑜毒计，回到刘备身边。（见《三国演义》）

㉔**祭服**：祭祀时所穿的礼服。《礼记·曲礼下》云：“无田禄者，不设祭器；有田禄者，先为祭服。”**朝衣**：朝服，君臣朝会时所穿的礼服。

㉕**鸡窗**：晋代宋处宗有一只宠爱的长鸣鸡，鸡窝设在窗户上。鸡说人话，与处宗谈论，使处宗言谈技巧大增。后以“鸡窗”用作书房的代称。（见南朝宋刘义庆《幽明录》）**雁塔**：雁塔在陕西西安，有大雁塔、小雁塔之分。大雁塔在慈恩寺，建于唐高宗永徽四年，初名慈恩寺塔，是玄奘藏梵本佛经

的地方。圣教序碑在此塔下，是唐朝新科进士题名处。唐代韦肇及第后，偶于慈恩寺雁塔题名，后人皆效之，遂成为故事。（见宋张礼《游城南记》）

㉖**秋榜**：科举时代在地方为选拔举人于秋季所进行的乡试发榜。[明]唐寅《漫兴云》诗云：“秋榜才名标第一，春风弦管醉千场。”**春闱**：科举时代在京城为选拔进士于春季所进行的会试考试。闱：科举考场。[唐]姚合《别胡逸》云：“记得春闱同席试，逡巡（顷刻；转眼）何啻（止）十年余。”[明]吴承恩《贺阎双溪令翩登科障词》云：“秋榜高魁，行魁春榜，喜事自然连接。”

㉗**乌衣巷**：地名，位于今南京市东南。东晋时王导、谢安诸贵族多居此，故世称王谢子弟为“乌衣郎”。[唐]刘禹锡《乌衣巷》诗云：“朱雀桥边野草花，乌衣巷口夕阳斜。旧时王谢堂前燕，飞入寻常百姓家。”

㉘**燕子矶**：地名，位于江苏省南京市北的直渎山（观音山）上。前临长江，形如飞燕，故名。形势险要，有观音阁和三台洞等名胜。[明]朱元璋《咏燕子矶》云：“燕子矶兮一秤砣，长虹作竿又如何；天边弯月是持钩，称我江山有几多。”

㉙**久别、初归**：[唐]钱起《献岁归山》诗云：“欲知愚谷好，久别与春还。莺暖初归树，云晴却恋山。”

㉚**天姿真窈窕**：**天姿**：天生的姿色，形容女子容貌美丽。**窈窕**：形容女子文静而美好。《汉武帝内传》载：“[西王母]，视之可年三十许，修短得中，天姿掩蔼，容颜绝世。”《诗经·周南·关雎》云：“窈窕淑女，君子好逑（配偶）。”

㉛**圣德实光辉**：**圣德**：品德极高尚。传说古帝圣德，舜德最著。《史记·五帝本纪》云：“四海之内咸戴帝舜之功，于是禹乃兴《九招》（九韶）之乐（一说是尧帝命质所作），致异物凤凰来翔。天下明德皆自虞帝（舜）始。”

㉜**蟠桃紫阙来金母**：神话传说，七月七日，汉武帝在紫阙（帝王宫殿）迎金母（西王母）下凡。王母“乘紫云之辇，驾九色斑龙，别有五十天仙陪同，上殿东向坐，武帝跪拜毕，面南坐。王母命侍女以玉盘盛七蟠桃，以

四颗与帝，三颗自食。桃味甘美，口有盈味。帝食乃收其核，欲种之。王母说：‘此桃三千年一生实，中夏（中原地区）地薄，种之不生’”。（见班固《汉武内传》）

㉝**岭荔红尘进玉妃**：传说杨玉环（贵妃）爱吃鲜荔枝，唐玄宗命人从盛产荔枝的岭南，用七日快马送至长安，以悦贵妃，故亦称荔枝为“妃子笑”。[唐]杜牧《过华清宫》诗云：“长安回望绣成堆，山顶千门次第开。一骑红尘妃子笑，无人知是荔枝来。”

㉞**灞上军营，亚父丹心撞玉斗**：刘邦攻占秦都咸阳，欲称王关中，项羽决计破刘邦。刘邦亲临鸿门向项羽谢罪，项羽留刘邦宴饮。宴会上，项庄舞剑欲刺刘邦，刘邦借口去厕所逃走，并托张良代向项羽赠白璧一双，向亚父范增赠玉斗一双。项羽欣然受璧，置于座上；而亚父受玉斗，置之地上，拔剑撞而破之，愤怒地说：“夺项王天下者，必沛公（刘邦）也。”（见《史记·项羽本纪》）

㉟**长安酒市，谪仙狂兴换银龟**：这两句是说狂放的李白曾用银龟换酒。谪仙：指李白。银龟：唐代文人所佩的银饰龟袋。唐代大诗人贺知章很欣赏李白的气度和文风，称李白为“谪仙人”，并解金龟（金饰龟袋）换酒为乐。李白在《对酒忆贺监诗序》中云：“太子宾客贺公（贺知章），于长安紫极宫一见余，呼余为‘谪仙人’，因解金龟，换酒为乐。”

微韵部代表字

微 薇 晖 辉 徽 挥 韦 围 帏 违 闱 霏
菲 妃 飞 非 扉 肥 威 祈 旂 畿 机 几
稀 希 衣 依 归 苇 饥 矶 欷

池州翠微亭

[宋]岳　飞

经年尘土满征衣，特特寻芳上翠微。
好水好山看不足，马蹄催趁月明归。

平　仄

平为平坦意，仄为不平意，二字组词“平仄”成为诗词格律的专用名词，平代表平声，仄代表上、去、入声。

平仄在格律诗中是交错出现的：本句中交替出现；对句中对立出现。比如：

毛泽东的七律《长征》第五、六两句：

金沙水拍云崖暖，
大渡桥横铁索寒。

这两句诗的平仄是：

平平|仄仄|平平|仄，
仄仄|平平|仄仄|平。

第一句，平起句（看句中的第二字，是平声，叫平起），平平后跟着仄仄，仄仄后跟着平平，最后字仄。本句中平仄交替。

第二句，仄起句（看句中的第二字，是仄声，叫仄起），仄仄后跟着平平，平平后跟着仄仄，最后字平。本句中平仄交替。

这两句是对句，“金沙”对“大渡”，是平平对仄仄，“水拍”对“桥横”，是仄仄对平平，“云崖”对“铁索”，是平平对仄仄，“暖”对“寒”是仄对平。这是对句中的对立。

平仄转现在普通话四声里，阴平声、阳平声属于平声；上声、去声属于仄声。入声属于仄声，但普通话里没有入声，有入声的方言区里的人好辨认，没有入声的方言区里的人要辨认只能查字典或韵书，不过还是有规律可循的。“拍”就是入声，属于仄声。（后附有入声字表）

六 鱼

gēng duì fàn liǔ duì yú duǎn xiù duì cháng
羹对饭[1]，柳对榆，短袖对长
jū jī guān duì fèng wěi sháo yào duì fú qú
裾[2]。鸡冠对凤尾[3]，芍药对芙蕖[4]。
zhōu yǒu ruò hàn xiàng rú wáng wū duì kuāng lú
周有若[5]，汉相如[6]，王屋对匡庐[7]。
yuè míng shān sì yuǎn fēng xì shuǐ tíng xū zhuàng shì
月明山寺远[8]，风细水亭虚[9]。壮士
yāo jiān sān chǐ jiàn nán ér fù nèi wǔ chē shū
腰间三尺剑[10]，男儿腹内五车书[11]。
shū yǐng àn xiāng hé jìng gū shān méi ruǐ fàng qīng
疏影暗香，和靖孤山梅蕊放[12]；轻
yīn qīng zhòu yuān míng jiù zhái liǔ tiáo shū
阴清昼，渊明旧宅柳条舒[13]。

wú duì rǔ ěr duì yú xuǎn shòu duì shēng
吾对汝[14]，尔对余[15]，选授对升
chú shū xiāng duì yào guì lěi sì duì yōu chú
除[16]。书箱对药柜[17]，耒耜对耰锄[18]。
shēn suī lǔ huí bù yú fá yuè duì yán lǘ
参虽鲁[19]，回不愚[20]，阀阅对阎闾[21]。
zhū hóu qiān shèng guó mìng fù qī xiāng jū chuān yún
诸侯千乘国[22]，命妇七香车[23]。穿云

cǎi yào wén xiān nǚ　tà xuě xún méi cè jiǎn lǘ
采药闻仙女[24]，踏雪寻梅策蹇驴[25]。

yù tù jīn wū　èr qì jīng líng wéi rì yuè　luò
玉兔金乌，二气精灵为日月[26]；洛

guī hé mǎ　wǔ xíngshēng kè zài tú shū
龟河马，五行生克在图书[27]。

qī duìzhèng　mì duì shū　náng tuó duì bāo
攲对正，密对疏，囊橐对苞

jū　luó fú duì hú qiáo　shuǐ qū duì shān yū
苴[28]。罗浮对壶峤[29]，水曲对山纡[30]。

cān hè jià　shì luán yú　jié nì duì cháng jū
骖鹤驾[31]，侍鸾舆[32]，桀溺对长沮[33]。

bó hǔ biànzhuāng zǐ　dāng xióng féng jié yú　nán yáng
搏虎卞庄子[34]，当熊冯婕妤[35]。南阳

gāo shì yín liáng fǔ　xī shǔ cái rén fù zǐ xū
高士吟梁父[36]，西蜀才人赋子虚[37]。

sān jìng fēng guāng　bái shí huáng huā gōng zhàng lǚ　wǔ
三径风光，白石黄花供杖履[38]；五

hú yān jǐng　qīngshān lǜ shuǐ zài qiáo yú
湖烟景，青山绿水在樵渔[39]。

稀粥对米饭，柳树对榆树，短袖对长衫。鸡冠对凤尾，芍药对荷莲。周有若，汉相如，王屋山对庐山。山寺近明月，风吹水亭凉。壮士腰间三尺剑，

男儿腹内书万卷。西湖孤山暗香浮动，是和靖先生种的梅树开花了；清晨天刚亮，陶渊明宅院的柳树枝条已随风舒展。

我对你，你对我，选官对升迁。书箱对药柜，铁铲对锄头。曾参迟钝，颜回聪明，显贵对平民。千乘战车诸侯国，受封命妇可坐七香车。刘晨阮肇天台山采药遇到仙女，孟浩然踏雪寻梅骑个瘸驴。月亮太阳阴阳精华，天地万物均由阴阳二气变易而成；龙马神龟浮出黄河献河图洛书，金、木、水、火、土相生相克，万物互排互生。

斜对正，密对疏，囊袋对包蒲。罗浮山对壶峤山，水流弯曲对山路迂回。仙人乘坐鹤驾，天子乘坐銮驾，农耕隐士桀溺对长沮。勇敢斗虎卞庄子，挡熊护帝冯婕妤。诸葛高士好诵《梁父吟》，司马相如《子虚赋》讽刺王侯。田园风光好，拄杖老人闲游白石菊花小路上；太湖烟景美，羡慕樵夫渔翁常在青山绿水怀抱里。

探源 解意

①**羹**：熬出来的糊状食物。[唐]韩愈《山石》诗云："铺床拂席置羹饭，疏粝亦足饱我饥。"

②**短袖**：[宋]晁补之《赠送澶州监酒税刘铨殿直》云："丈夫有志固难量，短袖不足供倡佯。"**长裾**：长袖；长衣。**裾**：衣袖；衣襟。《汉书·邹阳传》云："[阳]饰固陋之心，则何王之门不可曳长裾乎？"

③**鸡冠**：雄鸡头上的肉冠。[三国魏]曹丕《与钟大理书》云："窃见玉书称美玉，白如截肪，黑譬纯漆，赤拟鸡冠，黄侔蒸栗。"**凤尾**：凤凰的尾羽。常比喻罗绮秀美的细纹。[唐]李商隐《无题》诗云："凤尾香罗薄几重，碧文圆顶夜深缝。"

④**芍药**：多年生草本植物。初夏开花，形似牡丹，有红、白、紫等色。古时人们离别时，常赠以芍药，故亦称"可离"。**芙蕖**：荷花的别名。《尔雅·释草》云："荷，芙蕖。……其华（花）菡萏，其实莲，其根藕，其中药（莲子）。"

⑤**周有若**：东周鲁国人有若，字子有，孔子的弟子。主张“礼之用，和为贵”；“孝弟也者，其为仁之本与”。（见《论语·学而》）

⑥**汉相如**：西汉词赋家司马相如，字长卿，成都人。其赋多写帝王苑囿之盛景、田猎之壮观，场面宏大，文辞富丽，于篇末则寄寓讽谏。代表作如《子虚赋》、《上林赋》，为武帝所赏识，因用为郎。（见《汉书·司马相如传》）

⑦**王屋**：山名，在山西垣曲县与河南济源县交界。一说“山有三重，其状如屋，故名”。一说“山中有洞，深不可入，洞中如王者之宫，故名曰王屋也”。王屋山洞是道教所谓神仙居住的名山胜境“十大洞天”中的第一洞天。**匡庐**：指江西庐山。**庐**：房屋。传说，商周之际，一个叫匡裕先生的人，受道于仙人，共游此山，寄崖岩为室，故时人谓其所止为神仙之庐，并以此名此山为“庐山”，也叫“匡山”。（见南朝宋释慧远《庐山记》）[唐]白居易《草堂记》云：“匡庐奇秀，甲天下山。”

⑧**月明山寺远**：山寺高远近明月。诗仙李白《夜宿山寺》诗云：“危楼高百尺，手可摘星辰。不敢高声语，恐惊天上人。”[唐]岑参《登总持阁》诗云：“高阁逼诸天，登临近日边。晴开万井树，愁看五陵烟。槛外低秦岭，窗中小渭川。早知清净理，常愿奉金仙。”

⑨**风细水亭虚**：水亭凌空吹凉风。**水亭**：亦作水阁、水榭，临水的亭阁台榭。**虚**：开敞的天空。[唐]刘禹锡《刘驸马水亭避暑》诗云：“千竿竹翠数莲红，水阁虚凉玉簟空。”[宋]朱淑真《夏日游水阁》：“淡红衫子透肌肤，夏日初长水阁虚。独自凭栏无个事，水风凉处读文书。”

⑩**壮士腰间三尺剑**：汉高祖刘邦，字季，沛县丰邑人。秦末任沛县泗水亭长时，送徒往骊山筑秦始皇陵墓，经大泽，前行人报告，有大蛇当道，请求绕行。高祖说：“壮士行，何畏！”拔剑斩蛇，道开。后，夜有老妇哭诉：“我子，白帝子，化蛇当道，被赤帝子斩杀。”暗指刘邦为赤帝，秦主为白帝。汉王刘邦十二年，刘邦战琼布时，被流矢（箭）击中，行军途上发病，甚重。吕后请良医医治，刘邦问医，医曰：“病可治。”刘邦骂曰：“吾以布衣提三尺剑取天下，此非天命乎？命乃在天，虽扁鹊（古代名医）何

益？”不使治病。（见《史记·高祖本纪》）

⑪**男儿腹内五车书**：战国时期宋国学者惠施，学识渊博。其好友庄子在《庄子·天下》中称：“惠施多方，其书五车。”[唐]杜甫《柏学士茅屋》云：“古人已用三冬足，年少今开万卷余……富贵必从勤苦得，男儿须读五车书。”后人以“五车书”比喻知识渊博。

⑫**疏影暗香，和靖孤山梅蕊放**：北宋隐士林逋，字君复，钱塘（今杭州）人。恬淡好古，工行书，喜作诗，隐居西湖孤山，二十年不入城市，终身不娶，以种梅养鹤自乐，世称“梅妻鹤子”。死后，谥号“和靖先生”。诗作多写隐居生活和淡泊心境，他的《山园小梅》诗写道：“众芳摇落独喧妍，占尽风情向小园。疏影横斜水清浅，暗香浮动月黄昏。”留有《和靖诗集》（见《宋史·林逋传》）

⑬**轻阴清昼，渊明旧宅柳条舒**：东晋诗人陶潜（渊明），字元亮，号五柳先生，浔阳柴桑（今江西九江）人。他不为“五斗米而折腰”，毅然辞去彭泽县令，隐姓埋名，归乡过隐居生活，著《五柳先生传》一文，自称“先生不知何许人也，亦不详其姓字，宅边有五柳树，因以为号焉。”（见陶渊明《五柳先生传》）

⑭**吾**：我。《论语·为政》云：“吾十有五（十五岁）而志于学，三十而立。”**汝**：你。《列子·汤问》云：“孰谓汝（指孔子）多知乎！”

⑮**尔**：你。[唐]白居易《重赋》诗云：“夺我身上暖，买尔眼前恩。”**余**：我。[唐]柳宗元《答韦中立论师道书》云：“仆往闻庸蜀之南，恒雨（老下雨）少日，日出则犬吠，余以为过言。”

⑯**选**：挑选；选择。《墨子·尚同上》云：“选天下之贤可者，立以为天子。”**授**：封官；授衔。《荀子·儒效》云：“谲德而定次，量能而授官。”**升**：升官；晋级。[唐]杜甫《寄岳州贾司马六丈巴州言八使君良阁老五十韵》云：“没觉升元辅，深期列大贤。”**除**：任命；授职。[宋]文天祥《指南录后序》云：“予除右丞相、兼枢密使，都督诸路军马。”

⑰**书箱**：亦作书橱。盛书的箱橱，比喻学问渊博。有时也用来讽刺一些读书多而不能应用的人为“书橱”或“书簏”。《南齐书·陆澄传》云：

"当世称为硕学，读《易》三年不解文义，欲撰《宋书》竟不成。王俭戏之曰：'陆公，书橱也。'"**药柜**：亦作药橱，盛药的橱柜。[宋]白玉蟾《万法归一歌》诗云："短褐包巾满廛市，寻草烧茅烹药柜。"[唐]杜牧《春景》诗云："烟起药厨晚，杵声松院深。"

⑱**耒耜**：上古翻土农具。**耒**：木制曲柄；**耜**：木石铁制起土部件。《孟子·滕文公上》云："陈良之徒陈相与其弟辛，负耒耜自宋之（去）滕（滕国）。"**耰锄**：古代平田松土的农具。[唐]唐孙华《送王涌侯之官成都》诗云："一官染指或暂试，归田便拟亲耰锄。"

⑲**参虽鲁**：孔子弟子曾参，字舆，春秋鲁国武城（今山东费县）人。曾点（孔子学生）之子。以孝著称，提出"吾日三省吾身"的修养方法。孔子说："柴（高柴）也愚（忠厚少聪明）；参（曾参）也鲁（鲁钝；迟钝）；师（颛孙）也辟（便辟，玩弄手腕）；由（仲由）也喭（粗鲁；勇猛）。"（见《论语·先进》）参虽鲁，但是，相传《大学》是他所著，又著《孝经》，以其学传子思，子思传孟子。后世尊曾参为"宗圣"。（见《史记·仲尼弟子列传》）

⑳**回不愚**：孔子弟子颜回，字子渊，春秋鲁人。天资聪慧。孔子说："回也如愚（表面看很愚钝）；退而省（反省）其私（私欲），亦足以发，回也不愚。"后世尊颜回为"复圣"。（见《史记·仲尼弟子列传》）

㉑**阀阅**：古代官宦人家门前左右两边树立的两根石柱，左曰"阀"，右曰"阅"。是功劳等级的标志。[宋]秦观《王俭论》云："自晋以阀阅用人，王谢（指东晋名相王导与谢安）二氏，最为望族。"[宋]陆九渊《赠汪坚老》云："又或寿老死篑（竹席），立阀阅，蒙爵谥，以厚累世。"**阎闾**：里巷。指平民的住地。《晋书·刘颂传》云："今阎闾少名士，官司无高能，其故何也？"

㉒**诸侯千乘国**：战国时期诸侯国，小者称"千乘"，大者称"万乘"。乘：战车，一车四马谓之"一乘"。《韩非子·孤愤》云："凡法术之难行也，不独万乘，千乘亦然。"

㉓**命妇七香车**：乘七香车的命妇。**命妇**：受有封号的大夫之妻。**七香车**：用多种香料涂抹的华贵车。魏武帝（曹操）《与杨彪书》云："今赠足

下四望通幰七香车二乘。”[唐]卢照邻《长安古意》诗云：“长安大道连狭斜，青牛白马七香车。”

㉔**穿云采药闻仙女**：神话传说，东汉永平年间，浙江剡县（今嵊县）人刘晨、阮肇到天台山采药迷路，遇到两个仙女，被仙女邀至家中成亲。半年后回家，子孙已过七代。后重入天台山访女，踪迹渺然。（见[南朝宋]刘义庆《幽冥录》）、《太平广记·卷六十一》）

㉕**踏雪寻梅策蹇驴**：唐代诗人孟浩然曾骑瘸驴冒雪到灞桥（在今陕西长安县东）寻梅吟诗。他说：“吾诗思在风雪中驴背上。”（见《韵府》）[唐]唐彦谦《忆孟浩然》诗云：“郊外凌兢（寒冷）西复东，雪晴驴背兴无穷。句搜明月梨花内，趣入春风柳絮中。”

㉖**玉兔金乌，二气精灵为日月**：古人称月亮为“玉兔”，称太阳为“金乌”。[晋]傅玄《拟问天》云：“月中何有？玉兔捣药。”[三国魏]孟康《咏日》云：“金乌升晓气，玉槛漾晨曦。”[唐]韩琮《春愁》诗云：“金乌长飞玉兔走，青鬓长青古无有。”**二气精灵**：古人认为，天地万物都是由阴阳二气变化而成的，日月则是二气的精华。

㉗**洛龟河马，五行生克在图书**：相传伏羲时，黄河浮出龙马，背负“河图”，伏羲氏根据河图画成了“八卦”。此为《易经》来源。又传说夏禹治水成功，有神龟从洛水出现，背上有九组不同点数组图，夏禹依图点排列其次第，划天下为九州，作《洪范九畴》，即制定治理国家的九章大法。“九畴”的第一章便是金、木、水、火、土五行相生相克之哲理。（见《尚书·洪范》）

㉘**囊橐**：盛物的袋子。大者称囊，小者称橐。《诗经·大雅·公刘》云：“乃裹糇粮，于橐于囊。”**苞苴**：包装馈赠礼物的蒲包。《庄子·列御寇》云：“小夫（世俗之人）之知（智），不离苞苴竿牍（书信）。”

㉙**罗浮壶峤**：四座仙山名。**罗浮**：为广东二名山，山上有洞，道教列为第七洞天。传说晋代葛洪于此得仙术。**壶峤**：为海上二仙山名。[唐]徐坚《初学记》云：“罗浮二山随风雨而合离，壶峤二山逐波涛而上下。”

㉚**水曲**：水岸随水势曲折，故称水畔为水曲。[汉]郑玄《周礼》注云：

“鸣和鸾，逐水曲。”**山纡**：山路迂回曲折。[明]徐弘祖《徐霞客游记·闽游日记后》云：“循山半而南，纡折（迂回曲折）翠微间。”

㉛**骖鹤驾**：陪侍太子车驾出行。传说骑鹤升天的王子乔，乃是周灵王太子晋，好吹笙，作凤凰鸣，游于伊洛之间。后遇道士浮丘公，接他上嵩高山，留三十余年。一天，太子晋在山上见到桓良，对良说：“告诉我家，七月七日候我于缑氏山。”届时，果见太子乘白鹤，停于山头，举手谢时人，数日而去。（见《列仙传》）后因称太子所乘之车为“鹤驾”。

㉜**侍鸾舆**：陪侍天子车驾出行。鸾舆：亦作“銮舆”、“銮驾”。天子之车驾，代指皇帝。[唐]杜甫《得家书》诗云：“二毛（发鬓斑白的老人）趋帐殿，一命（最低微的小官）侍鸾舆。”[清]纳兰性德《拟冬日景忠山应制》诗云：“岧峣铁凤锁琳宫，亲侍銮舆度碧空。”

㉝**桀溺、长沮**：两位春秋时期的农耕隐士。《论语·微子》云：“长沮桀溺耦而耕。孔子过之，使子路问津焉。”

㉞**搏虎卞庄子**：春秋时，鲁国卞邑大夫卞庄子，以勇力驰名，《论语·宪问》把卞庄子之勇和冉求之艺并称。《史记·陈轸传》记载，他曾搏杀双虎。《辞海》记载，他战争中奔敌杀七十人（一作十人）而死。

㉟**当熊冯婕妤**：汉元帝游虎圈斗兽，有熊出圈，攀槛欲登殿，众皆惊走，独冯婕妤直前当（同“挡”）熊而立。左右杀熊。帝问婕妤：“人皆惊惧，你何故向前挡熊？”冯婕妤说：“妾恐熊至御座，故以身挡之。”（见《汉书·外戚传》）

㊱**南阳高士吟梁父**：梁父是泰山下的一座小山名。《梁父吟》：亦作《梁甫吟》，乃乐府曲名。《梁父吟》言人死后葬于梁父山，故又称其为葬歌。今所传《梁父吟》古辞，是写齐相晏婴以二桃杀三士的故事，传说是诸葛亮隐居南阳隆中时所作。《三国志·诸葛亮传》云：“玄卒，亮躬耕陇亩，好为梁父吟。”

㊲**西蜀才人赋子虚**：西汉文学家司马相如（字长卿），蜀郡成都人，他假借子虚、乌有、亡是公三个人的相互问答，作《子虚赋》一篇，讽刺帝王的骄奢。蜀人杨得意把《子虚赋》送与汉武帝，帝读而善之，叹曰：“朕独不

得与此人同时哉！”遂召问相如。相如说：“子虚，虚言也；乌有，没有此事也；亡是公，无是人也。”（见《汉书·司马相如传》）

㊳**三径风光，白石黄花供杖履**：避世老人在有白石菊花的庭院扶杖漫游。这是写陶渊明辞官回乡后的隐居生活。**三径**：泛指隐士幽居的田园。**黄花**：秋菊。陶渊明在《归去来兮辞》中写道：“三径就荒，松菊犹存。……策扶老（拄着手杖）以流憩（流连休息），时矫首而遐观（抬头远望）。”

㊴**五湖烟景，青山绿水在樵渔**：樵夫渔翁在青山绿水的山野间过着清闲的隐居生活。**五湖**：五湖四海，泛指各地。唐代诗人崔涂，字礼山，今浙江建德人，是唐僖宗光启四年进士。他长年漂泊在外，足迹遍及巴、蜀、湘、鄂、秦、陇、豫等地。他思乡又不愿回乡，自称是“孤独异乡人”。他的羁旅离怨诗作，词情凄苦，佳句颇多。他的《春夕旅怀》诗作反映了他一生的羁旅生活：“故园书动经年绝，华发春唯满镜生。自是不归归便得，五湖烟景有谁争？”

鱼韵部代表字

鱼　渔　初　书　舒　居　裾　车　渠　余　予　誉
舆　馀　胥　狙　耡　疏　疎　蔬　梳　虚　嘘　徐
猪　闾　庐　驴　诸　除　如　墟　於　畬　淤　妤
蜍　储　苴　沮　菹　齬　据　玙　鶋　蕖　摅　茹
洳　歔　榈

归王官次年作

[唐] 司空图

乱后烧残数架书，峰前犹自恋吾庐。
忘机渐喜逢人少，览镜空怜待鹤疏。
孤屿池痕春涨满，小栏花韵午晴初。
酣歌自适逃名久，不必门多长者车。

古体诗

古体诗：是古代的一种半自由体的诗。凡是押韵但又不受格律束缚的诗，均属古体诗。古体诗亦称古诗或古风。有四言诗、五言诗、七言诗，《诗经》、大部分“乐府诗”属于古体诗，古体诗的平仄、句式、对仗等比较自由。如：

静夜思

[唐] 李　白

床前明月光，疑是地上霜。
举头望明月，低头思故乡。

悯　农

[唐] 李　绅

锄禾日当午，汗滴禾下土。
谁知盘中餐，粒粒皆辛苦。

古体诗中的五言四句、七言四句也叫五言古绝、七言古绝。上面两首就是五言古绝，特点：押韵而不严守平仄规则，可押平声韵，也可押仄声韵。杜甫的叙事诗《石壕吏》，李白的杂言诗《蜀道难》，乐府《木兰辞》等，句式、用韵、平仄、对仗自由，都属于古体诗。

七　虞

hóng duì bái　yǒu duì wú　bù gǔ duì tí

红对白，有对无，布谷对提

hú　máo zhuī duì yǔ shàn　tiān què duì huáng dū

壶[1]。毛锥对羽扇[2]，天阙对皇都[3]。

xiè hú dié　zhèng zhè gū　dǎo hǎi duì guī hú

谢蝴蝶[4]，郑鹧鸪[5]，蹈海对归湖[6]。

huā féi chūn yǔ rùn　zhú shòu wǎn fēng shū　mài fàn

花肥春雨润[7]，竹瘦晚风疏[8]。麦饭

dòu mí zhōng chuàng hàn　chún gēng lú kuài jìng guī wú

豆糜终创汉[9]，莼羹鲈脍竟归吴[10]。

qín diào qīng tán　yáng liǔ yuè zhōng qián qù tīng　jiǔ

琴调轻弹，杨柳月中潜去听[11]；酒

qí xié guà　xìng huā cūn lǐ gòng lái gū

旗斜挂，杏花村里共来沽[12]。

luó duì qǐ　míng duì shū　bǎi xiù duì sōng

罗对绮[13]，茗对蔬，柏秀对松

kū　zhōng yuán duì shàng sì　fǎn bì duì huán zhū

枯。中元对上巳[14]，返璧对还珠[15]。

yún mèng zé　dòng tíng hú　yù zhú duì bīng hú

云梦泽[16]，洞庭湖[17]，玉烛对冰壶[18]。

cāng tóu xī jiǎo dài　lǜ bìn xiàng yá shū　sōng yīn

苍头犀角带[19]，绿鬓象牙梳[20]。松阴

bái hè shēng xiāng yìng jìng lǐ qīng luán yǐng bù gū
白鹤声相应[21]，镜里青鸾影不孤[22]。
zhú hù bàn kāi duì yǒu bù zhī rén zài fǒu chái
竹户半开，对牖不知人在否[23]？柴
mén shēn bì tíng chē hái yǒu kè lái wú
门深闭，停车还有客来无[24]？

bīn duì zhǔ bì duì nú bǎo yā duì jīn
宾对主，婢对奴，宝鸭对金
fú shēng táng duì rù shì gǔ sè duì tóu hú
凫[25]。升堂对入室[26]，鼓瑟对投壶[27]。
chān hé bì sòng lián zhū tí wèng duì dāng lú
觇合璧，颂联珠[28]，提瓮对当垆[29]。
yǎng gāo hóng rì jìn wàng yuǎn bái yún gū xīn xiàng
仰高红日近[30]，望远白云孤[31]。歆向
mì shū kuī èr yǒu jī yún fāng yù dòng sān wú
秘书窥二酉[32]，机云芳誉动三吴[33]。
zǔ jiàn sān bēi lǎo qù cháng zhēn huā xià jiǔ huāng
祖饯三杯，老去常斟花下酒[34]；荒
tián wǔ mǔ guī lái dú hè yuè zhōng chú
田五亩，归来独荷月中锄[35]。

jūn duì fù wèi duì wú běi yuè duì xī
君对父，魏对吴[36]，北岳对西
hú cài shū duì chá chuǎn jù téng duì chāng pú
湖[37]。菜蔬对茶荈[38]，苣藤对菖蒲[39]。

méi huā shù zhú yè fú tíng yì duì shān hū
梅花数[40]，竹叶符[41]，廷议对山呼[42]。

liǎng dū bān gù fù bā zhènkǒng míng tú tián qìng
两都班固赋[43]，八阵孔明图[44]。田庆

zǐ jīngtáng xià mào wángpóu qīng bǎi mù qián kū
紫荆堂下茂[45]，王裒青柏墓前枯[46]。

chū sài zhōng láng dī yǒu rǔ shí guī hàn shì zhì
出塞中郎，羝有乳时归汉室[47]；质

qín tài zǐ mǎ shēng jiǎo rì fǎn yān dōu
秦太子，马生角日返燕都[48]。

红对白，有对无，布谷对鹈鹕。毛笔对羽扇，朝廷对皇城。谢逸蝴蝶诗，郑谷鹧鸪诗，投海自尽对归隐五湖。春雨润花重，晚风吹瘦竹。刘秀豆粥艰难终于建东汉，张翰念家乡莼羹鲈脍不做官。古琴声悠悠，月光柳下悄悄地听；杏花村酒旗斜挂，共来买酒喝个痛快。

罗缎对丝绸，茗茶对果蔬，秀柏对枯松。中元节对上巳节，完璧归赵对合浦还珠。云梦泽，洞庭湖，吉祥玉烛对冰清玉壶。白发人腰佩犀牛带，乌鬓男使用象牙梳。松阴下白鹤声声相应，青鸾在镜里互看影不孤。竹门半开，从窗眼里看家里人在吗；闭门谢客，有停车难道还有人来！

宾客对主人，丫鬟对奴才，银香炉对金香炉。登堂对入室，弹琴瑟对玩投壶。日月同辉，五星联珠，少君妇提罐打水，文君女土台卖酒。高处看红日显近，远处望白云形孤。刘向、刘歆父子在二酉山洞整理六艺群书，陆机、陆云兄弟文才出众誉满三吴。送别宴酒三杯，年老也要常饮花下酒；荒田五亩，陶渊明经常戴月荷锄。

君子对父亲，曹魏对东吴，北岳恒山对杭州西湖。新鲜蔬菜，老的茶叶，胡麻对菖蒲。宋代邵雍用梅花易数卜吉凶，汉代郡国交往凭证是竹叶符，在朝廷商议大事，臣民叩皇山呼万岁。班固曾写《两都赋》，孔明独创《八阵图》。田庆兄弟和睦不分家，堂下紫荆立即枝茂叶繁，王裒在父亲墓前抱柏树痛哭，柏树枝叶竟会突然枯萎。苏武被扣北海牧羊，匈奴单于竟说公羊产奶方可回汉；燕太子丹被秦国扣，秦王竟言何时马长角才可返燕。

探源 解意

①**布谷**：鸟名。鸣叫正值播种时，故称其为劝耕之鸟。[唐]杜甫《洗兵马》诗云："田家望望惜雨干，布谷处处催春种。"**提壶**：鸟名，即鹈鹕。[唐]刘禹锡《和苏郎中寻丰安里旧居寄主客张郎中》诗云："池看科斗（"蝌蚪"，我国古代字体之一。以其笔画头圆大尾细长，状似蝌蚪而得名）成文字，鸟听提壶忆献酬。"

②**毛锥**：亦作毛锥子，即毛笔，以束毛为笔，形状如锥，故称。[宋]杨万里《跋徐恭仲省干近诗》诗云："仰枕槽丘俯墨池，左提大剑右毛锥。"**羽扇**：用羽毛制的扇。三国蜀诸葛亮、晋朝顾荣皆有持白羽扇指挥众军之事。[南北朝]庾信《咏羽扇诗》诗云："摇风碎朝翮，拂汗落毛衣。定似回溪路，将军垂翅归。"

③**天阙**：古代王宫门外两边高台上有楼观，称"双阙"，故称帝王所在为"天阙"，也指朝廷。[宋]岳飞《满江红》词云："待从头收拾旧山河，朝天阙（朝拜朝廷）。"**皇都**：京城。[唐]韩愈《早春》诗云："天街（京城长安街道）小雨润如酥，草色遥看近却无。最是一年春好处，绝胜烟柳满皇都。"

④**谢蝴蝶**：宋代诗人谢逸，字无逸，号溪堂。多次参加进士考试不中，便写诗歌自赏。作有蝴蝶诗过百首，人称"谢蝴蝶"。

⑤**郑鹧鸪**：唐代进士、诗人郑谷，字守愚，袁州人。官至都官郎中。

少年即有名气，“当为一代风骚主”。其作《鹧鸪》诗闻名当时，人称“郑鹧鸪”。（见[元]辛文房《唐才子传·郑谷》）

⑥**蹈海**：投海自尽。战国时期，秦将白起率师围困赵都邯郸，魏王派客将军新垣衍去劝说赵王，要赵王尊秦昭王为帝，换取秦国罢兵。正游邯郸的齐国高士鲁仲连闻知，当面痛斥新垣衍说：“彼秦者，弃礼义而上首功之国也，权使其士，虏使其民。即肆然而为帝，过而为政于天下，则连（仲连）有蹈东海而死耳，吾不忍为之民也。”（《史记·鲁仲连邹阳列传》）**归湖**：归隐五湖。春秋越国大夫范蠡，字少伯，楚国宛（今河南南阳）人。越国败于吴国后，蠡寻得美女西施献给吴王夫差求和。随后，蠡辅佐越王勾践卧薪尝胆，刻苦图强，终灭吴国，西施归范蠡。蠡知“勾践为人可与同患难，不能共安乐”，遂携西施隐姓埋名，云游五湖（各地）。入齐，更名“鸱夷子皮”；入陶，改名“陶朱公”，经商致富。（见《史记·货殖列传》）

⑦**花肥春雨润**：春雨滋润花瓣肥厚。**润**：润泽。这是诗圣杜甫《春夜喜雨》中“随风潜入夜，润物细无声。……晓看红湿处，花重（花肥沉甸甸）锦官城（指成都）”诗意的化用。

⑧**竹瘦晚风疏**：晚风缓吹瘦竹。**晚风**：夜晚凉风。**疏**：梳理。这是元朝诗人周衡之《次韵午溪竹》中“瘦乃竹之形，苍乃竹之色。……风来起清籁（清脆的响声），在我本恬寂（淡漠）”诗意的化用。[明]洪自诚《菜根谭》云：“风来疏竹，风过而竹不留声。”

⑨**麦饭豆糜终创汉**：更始帝刘玄派刘秀赴河北整治乱局，吃了败仗，被困于饶阳，军饷匮乏，将士生活十分艰苦。《后汉书·冯异传》载：“汉光武兵败，冯异于滹沱河进麦饭（带麦皮煮的饭），芜蒌亭进豆粥。”使刘秀渡过难关，战势转机，终于创建了东汉王朝。

⑩**莼羹鲈脍竟归吴**：晋朝吴郡吴人张翰，字季鹰。齐王司马冏召张翰为大司马东曹掾后，时政混乱，翰预感冏将败，借口“因秋风起，思吴中菰菜、莼羹、鲈鱼脍，欲归吴”。且说：“人生贵得适志（随己愿），何能羁宦数千里以要名爵乎？”遂命驾归里。后人便以“莼羹鲈脍”为辞官故乡的典故。（见《晋书·张翰传》）

⑪**琴调轻弹，杨柳月中潜去听**：在月光笼罩的杨柳树间悄悄地偷听弹琴。**潜听**：偷听。这是《后汉书·蔡邕传》中“客有弹琴于屏，邕至门试潜听之”句意的化用。

⑫**酒旗斜挂，杏花村里共来沽**：结伴到酒旗高挂的杏花村买酒。**酒旗**：亦作酒帘，用以招引顾客。这是宋朝诗人刘过《村店》中“一坞闹红春欲劝，酒帘正在杏花西”和唐代诗人杜牧《清明》中“借问酒家何处有？牧童遥指杏花村”诗句的化用。

⑬**罗、绮**：两种华丽的丝织品。多借指丝绸衣裳。[汉]张衡《西京赋》：“始徐进而羸形，似不任乎罗绮。”[宋]周密《武林旧事·观潮》云：“江干上下十余里间，珠翠罗绮溢目，车马塞途。”

⑭**中元**：道家以农历七月十五日为中元节。中元节是中国的鬼节，祭祖日。这一天，道观作斋醮（祭祀），僧寺作盂兰盆斋。[唐]李商隐《中元节》诗云：“绛节飘飘宫国来，中元朝拜上清回。”**上巳**：古时节日名。汉以前以农历三月上旬巳日为上巳，魏晋以后定为三月初三日，但不定为巳日。节日这天，官民聚集水滨饮宴，以祛除不祥。在水上放置酒杯，杯流行，停在谁前，当即取饮，称为“流觞曲水”。[晋]王羲之《临河叙》云：“此地有崇山峻岭，茂林修竹，又有清流激湍，映带左右，引以为流觞曲水。”

⑮**返璧还珠**：**返璧**：指战国时，赵国蔺相如“完璧归赵”的故事；**还珠**：指东汉时，合浦太守孟尝“合浦珠还”的故事。《幼学琼林·珍宝》云：“孟尝廉洁，克俾（能使）合浦还珠；相如勇忠，能使秦廷归璧。”

⑯**云梦泽**：古说云梦为二泽，云在江北，梦在江南。秦汉所称云梦泽，大致包括湖南益阳湘阴两县以北，湖北江陵安陆两县以南及武汉市以西地区。（见《清朝通志·地理略》）

⑰**洞庭湖**：位于湖南省北部，长江南岸，湘、资、沅、澧四水均汇流其中。湖水在岳阳城陵矶注入长江。湖中小山甚多，是游览胜地。[宋]范仲淹《岳阳楼记》云：“予观夫巴陵胜状，在洞庭一湖。衔远山，吞长江，浩浩荡荡，横无际涯。”

⑱**玉烛**：四季气候调和，比喻人君德美如玉。形容太平盛世。《尔

雅·释天》云："四时和谓之玉烛。"[三国魏]何晏《瑞颂》云："通政辰修，玉烛告祥，和风播烈，景星扬光。" **冰壶**：盛冰的玉壶，比喻人品清白高洁。[南朝宋]鲍照《白头吟》诗云："直如朱丝绳，清如玉壶冰。"[唐]王昌龄《芙蓉楼送辛渐》诗云："洛阳亲友如相问，一片冰心在玉壶。"

⑲**苍头犀角带：苍头**：白发老人。**犀角带**：古代朝廷高官服上饰有犀牛角的腰带。[明]兰陵笑笑生《金瓶梅词话》云："别的倒也罢了，自这条犀角带并鹤顶红，就是满京城拿着银子，也寻不出来。"[明]汤舜民《新小令·春日闺思》散曲云："犀角带虎头牌，受用你翡翠衾象牙床凤毛毯。"

⑳**绿鬓象牙梳：绿鬓**：乌黑的鬓发。**象牙梳**：用象牙制作的梳子。[唐]崔徽《嘲妓李端端》云："爱把象牙梳掠鬓，昆仑顶上月初生。"

㉑**松阴白鹤声相应**：白鹤在松荫下鸣叫，它的同类声声应和。这是《周易·中孚》中"九二，鸣鹤在阴，其子和之"语句的化用。

㉒**镜里青鸾影不孤**：寓言故事。从前，罽宾（汉代西域国名）王在峻卯山捕获一只鸾鸟，王甚爱之，乃饰以金樊，飨以珍羞。但鸾三年不鸣。其夫人说："尝闻鸟见其类而后鸣，何不悬镜以映之！"王从其言。鸾鸟睹其影，果奋鸣，哀响冲霄，一奋而绝（绝命）。（见南朝宋范泰《鸾鸟诗序》）后以"镜鸾"比喻失偶。

㉓**竹户半开，对牖不知人在否**：东晋张廌家有苦竹数十顷，在竹林中为屋，常居其中。大书法家王羲之闻而往访，张廌逃避竹林中，不与相见。郡人称张廌为"竹中高士"（多指超脱世俗的隐士）。（见《浙江通志·隐逸》）

㉔**柴门深闭，停车还有客来无**：东汉弘农华阴（今陕西）人杨震，字伯起。少好学，博览群经，时称"关西孔子杨伯起"，历任荆州刺史、涿郡太守、司徒、太尉等职。汉安帝乳母王圣及中常侍樊丰等贪侈骄横，他多次上疏切谏，被樊丰、周广诬陷，"夜遣使者策收震太尉印绶，于是柴门绝宾客（不与人往来）。"杨震被遣归原郡途中饮鸩自杀。临没前他谓诸子，以牛车薄篑（竹席）载柩归里。（见《后汉书·杨震传》）

㉕**宝鸭**：鸭形香炉名。[唐]孙鲂《夜坐》云："划多灰杂苍虬（虬龙）

迹，坐久烟消宝鸭香。”**金凫**：凫形香炉名。[唐]韦检《梦后自题》：“始皇陵上千年树，银鸭金凫也变灰。”

㉖**升堂、入室**：古代宫殿，前面称堂，后面称室，要入室，必由堂进，入室才能达到见闻的最高境界。孔子说：“由（仲由，即子路）也，升堂（已有所成就）矣，未入于室（造诣还不深）也。”（见《论语·先进》）

㉗**鼓瑟**：传说舜帝死后葬在苍梧山，其妃子娥皇、女英因哀伤而投湘水自尽，变成了湘水女神；她们常常在江边鼓瑟，用瑟音表达自己的哀思。[唐]钱起《省试湘灵鼓瑟》诗云：“善鼓云和瑟，常闻帝子灵。”《楚辞·远游》云：“使湘灵（舜帝二妃化为湘水之神）鼓瑟兮，令海若（海神）舞冯夷（黄河之神）。”**投壶**：旧时宴饮时的娱乐游戏。设特制之壶，宾主依次投矢（箭）其中，中多者为胜，负者饮酒。（见《礼记·投壶》）

㉘**觇合璧，颂联珠**：合璧联珠：璧玉珍珠会聚。原指日月星辰的合聚。《汉书·律历志上》云：“日月如合璧，五星（水星、金星、火星、木星与土星）如连珠。”[唐]颜师古注引孟康语：“太初上元甲子夜半朔旦冬至时，七曜皆会聚斗、牵牛分度，夜尽如合璧连珠也。”后比喻美好事物接连会集。[北周]庾信《周兖州刺史广饶公宇文公神道碑》云：“发源纂胄，叶派枝分；开国成家，珠联璧合。”

㉙**提瓮**：提着瓦罐出外汲水。《后汉书·列女传·鲍宣妻》载：西汉谏议大夫鲍宣，生活一向清苦。见其妻桓少君穿羽美服饰，鲍宣不悦。桓少君于是脱掉羽服，改穿布衣，“与宣共挽鹿车归乡里。拜姑（婆母）礼毕，提瓮出汲（打水），修行妇道，乡邦称之。”[明]谢铎《汤婆次韵》诗云：“提瓮未能忘出汲，抱衾空自热中肠。”**当垆**：亦作“当卢”，卖酒。卢：放酒坛的土台。《汉书·司马相如传》云：“尽卖车骑，买酒舍，乃令文君当垆。”

㉚**仰高红日近**：《晋书·明帝本纪》载：东晋元帝太子司马绍（明帝）幼时，元帝抱绍临朝。恰有长安（今西安）使者至（来到东晋京城今南京），元帝问绍：“日与长安孰远近？”绍答：“长安近。不闻‘人从日边（遥远的太阳旁边）来？’”明日，帝宴群臣，猛夸绍聪慧于众，而明帝又以为日近。元

帝问其故，绍对曰：“举头见日，不见长安。”众大奇之。唐代诗人元稹在《江陵三梦》中说：“长安远于日，山川云间之。”但他在《酬李浙西先因从事见寄之作》的诗中又说：“浙郡悬旌远，长安谕日遥。”

㉛**望远白云孤**：唐朝宰相狄仁杰，字怀英，功勋卓著，且孝友绝人。起初，工部尚书阎立本举荐仁杰为并州法曹参军，其父母亲居河阳，仁杰赴并州登太行山，南望白云孤飞，对左右说：“吾亲所居，在此云下。”瞻望良久，云移乃去。（见《旧唐书·狄仁杰传》）

㉜**歆向秘书窥二酉：二酉**：湖南沅陵县有大酉小酉二山，秦时人于此石穴中藏书千卷，后称藏书多处为“二酉”。**窥二酉**：研读藏书。汉代学者刘向、刘歆父子二人是著名的经学家、目录学家和文学家。刘向在成帝任光禄大夫，校阅经传诸子诗赋等书籍，写成《别录》一书，为我国最早的分类目录。向子刘歆与父总校群书，向死后，歆继父业，整理六艺群书，编成《七略》。（见《汉书·刘向刘歆传》）

㉝**机云芳誉动三吴：三吴**：泛指三国时吴地。西晋文学家陆机陆云兄弟，吴郡华亭（今上海松江）人，祖陆逊、父陆抗，均为三国吴之名将。机云兄弟二人少时即文才出众，太康末年，二人同至洛阳，文才倾动，声誉大震，时称“二陆”。（见《晋书·陆机陆云传》）

㉞**祖饯三杯，老去常斟花下酒：祖饯**：也作“祖筵”，送别之宴。[宋]尹洙《郢州送路纶寺丞》云：“今日江头送归客，苇花深处祖筵开。”[唐]赵嘏《汾上宴别》云：“一尊（樽）花下酒，残日水西树。不待管弦终，摇鞭背花去。”也有“祖奠”之意，出殡前夕设奠以告亡灵。

㉟**荒田五亩，归来独荷月中锄**：东晋诗人陶潜（渊明）辞去彭泽县令后，隐姓埋名，归故里种菊农耕，过隐居生活。在其《归园田居》诗作中写道：“晨兴理荒秽，戴月荷锄归。”

㊱**魏、吴**：指三国时期的曹魏和东吴。

㊲**北岳、西湖**：指北岳恒山和杭州西湖。

㊳**菜蔬**：泛称蔬菜。**蔬**：凡草菜可食者通称为蔬。蔬亦包含草木的果实。《孟子·万章下》云：“虽蔬食菜羹，未尝不饱。”**茶荈**：泛称茶。

荈：茶的老叶。《三国志·吴书·韦曜传》："或密赐茶荈以当酒。"

㊴**苣藤**：亦作"巨胜"，胡麻的别名。古人认为胡麻在八谷（黍、稷、稻、粱、禾、麻、菽、麦）之中最具胜名，故名"巨胜"，食之可以延年。（见《政和证类本草·胡麻》）[唐]曹唐《黄初平将入金华山》云："白羊成队难收拾，吃尽溪边巨胜花。"**菖蒲**：亦作白菖，水边草，有香气，根入药。端午节人们取菖蒲叶插在门旁，还喝菊花酒，以驱邪避害。[宋]朱翌《重午菊有花遂与菖蒲同采》诗云："菖蒲秀端午，黄花作重阳。万物各归行，半岁遥相望。"

㊵**梅花数**：《梅花易数》，传说是宋代邵雍所作，是古时一种占卜法。占法是：任取一字的画数，减去八，余数得卦；再取一字的画数，减去六，余数得爻。然后依《易》理，附会人事，以断吉凶。

㊶**竹叶符**：亦作"竹使符"，汉代分与郡国守相的信符，右留京师，左留郡国。以竹箭五枚刻字制成。《汉书·文帝纪》云："初与郡国守相为铜虎符、竹叶符。"

㊷**廷议**：在朝廷上商议大事或发表议论。《后汉书·方术传上·郭宪载》云："时匈奴数犯塞，帝患之，乃召百僚廷议。"[唐]韩愈《送水陆运使韩侍御归所治序》云："公卿廷议以转运使不得其人，宜选才干之士往换之。"**山呼**：旧时臣民对皇帝举行颂祝仪式，叩头高呼三声万岁，谓之"山呼"。[唐]张说《大唐祀封禅颂》云："五色云起，拂马以随人。万岁山呼，从天而至地。"

㊸**两都班固赋**：东汉建都洛阳后，"西土耆老"希仍以长安为首都，班固遂作赋驳之。他写《西都赋》，以假想人物西都宾叙述长安形势险要、物产富庶、宫廷华丽等情况，暗示建都长安的优越性。他写《东都赋》则以另一假想人物东都主人对东汉建都洛阳后的各种政治措施进行美化和歌颂，意谓洛阳的盛况已远远超过长安。

㊹**八阵孔明图**：古代一种战斗队形及兵力部署。战国齐威王的军师孙膑所作《孙膑兵法》即有"八阵篇"，但阵图失传。三国蜀诸葛亮曾在四川的奉节（一说在陕西的沔县，一说在四川的繁县）演兵，聚石布成天、地、风、

云、龙、虎、鸟、蛇八种阵势的军事操练和作战的“八阵图”。《三国志·蜀·诸葛亮传》云：“推演兵法，作八阵图。”

㊺**田庆紫荆堂下茂**：汉代京兆田真、田庆、田广三兄弟欲分家，堂下有紫荆树一株，商定只好将树劈为三片。紫荆树闻听，突然枯萎。田庆哭着说：“树知即将分身，感伤而枯萎，我们人还不如树有感情。”真、广亦被感动，决定不分家。堂下紫荆树也立即枝挺叶茂。（见《汉书·田庆传》）

㊻**王裒青柏墓前枯**：西晋城阳营陵人王裒，字伟元，博学多能，痛父王仪被司马昭杀害，在父墓前抱柏树痛哭，柏树突然枯萎。他隐居教书、躬耕，发誓不做官事晋。及石勒攻陷洛阳，他守祖墓不去，被害。（见《晋书·王裒传》）

㊼**出塞中郎，羝有乳时归汉室**：汉武帝时，中郎将苏武奉节出使匈奴，匈奴逼降，苏武不屈，匈奴单于将武幽囚于大窖中，绝其饮食。天下雨雪，苏武便饮雨雪、嚼节毛强生，数日不死。匈奴以为神，又徙苏武到北海（今俄罗斯贝加尔湖）无人处牧羝（公羊），并说：“到羝羊产奶了，你就可以回汉朝。”（见《汉书·苏武传》）

㊽**质秦太子，马生角日返燕都**：战国末年，燕王喜的太子丹，作人质困于秦，不得归燕。丹求归，秦王说：“如果午后太阳能再回正南，天上能下谷物，乌鸦头能变白，马头能长出角，厨房门枢能变成生肉一样的脚，就放你回燕国。”（见《史记·刺客列传》、《风俗通义》）

虞韵部代表字

虞　愚　娱　隅　刍　无　芜　巫　于　衢　儒　濡　襦
鬚　株　蛛　诛　铢　殊　瑜　榆　愉　谀　腴　区　驱
躯　朱　珠　趋　扶　凫　雏　敷　夫　肤　纡　输　枢
厨　俱　驹　模　谟　蒲　胡　湖　瑚　乎　壶　狐　弧
孤　辜　姑　菰　徒　途　涂　荼　图　屠　奴　吾　梧
吴　租　卢　鲈　炉　芦　苏　乌　汙　枯　粗　都　茱
侏　徂　樗　蹰　拘　劬　鸜　岖　芙　苻　符　鄜　桴
俘　须　臾　繻　吁　滹　瓠　蝴　糊　鄠　醐　餬　呼
沽　酤　泸　舻　轳　鸬　驽　孥　发　逋　匍　葡　铺
殳　酥　菟　洿　书　诬　呜　鼯　逾　禺　萸　竽　雩
渝　貐　揄　瞿

虞韵律诗例选

芙蓉楼送辛渐

[唐]王昌龄

寒雨连江夜入吴，平明送客楚山孤。
洛阳亲友如相问，一片冰心在玉壶。

近体诗

近体诗即格律诗，用韵、平仄、对仗是有讲究的，是律诗和绝句的统称。其特点如下：

律诗：

(1)每首规定八句，五律共四十字，七律共五十六字。

(2)押平声韵。

(3)每句的平仄有规定。

(4)每篇必须有对仗，对仗的位置也有规定。

绝句：

四句，比律诗的字数少一半，五绝四句二十字，七绝四句二十八字。绝句也叫律绝，等于半首律诗，遵守律诗的写作规则，当然属于近体诗。

绝句分古绝和律绝两种。古绝属于古体诗，可以不押平声韵押仄声韵，也不受平仄规则的束缚。比如李绅的《悯农》五言古诗，押的就是仄声韵。

八齐

luán duì fèng quǎn duì jī sài běi duì guān
鸾对凤①，犬对鸡②，塞北对关

xī cháng shēng duì yì zhì lǎo yòu duì mào ní
西③。长生对益智④，老幼对旄倪⑤。

bān zhú cè jiǎn tóng guī pū zǎo duì zhēng lí
颁竹策⑥，剪桐圭⑦，剥枣对蒸藜⑧。

mián yāo rú ruò liǔ nèn shǒu sì róu tí jiǎo tù
绵腰如弱柳⑨，嫩手似柔荑⑩。狡兔

néng chuān sān xué yǐn jiāo liáo quán jiè yì zhī qī
能穿三穴隐⑪，鹪鹩权借一枝栖⑫。

lù lǐ xiānsheng cè zhàng chuíshēn fú shào zhǔ wū
甪里先生，策杖垂绅扶少主⑬；於

líng zhòng zǐ pì lú zhī lǚ lài xián qī
陵仲子，辟纑织履赖贤妻⑭。

míng duì fèi fàn duì qī yàn yǔ duì yīng
鸣对吠⑮，泛对栖⑯，燕语对莺

tí shān hú duì mǎ nǎo hǔ pò duì bō li
啼⑰。珊瑚对玛瑙⑱，琥珀对玻璃⑲。

jiàng xiàn lǎo bó zhōu lí cè lǐ duì rán xī
绛县老⑳，伯州犁㉑，测蠡对燃犀㉒。

yú huái kān zuò yīn táo lǐ zì chéng xī tóu wū
榆槐堪作荫㉓，桃李自成蹊㉔。投巫

jiù nǚ xī mén bào lìn huàn féng qī bǎi lǐ xī
救女西门豹㉕，赁浣逢妻百里奚㉖。
què lǐ ménqiáng lòu xiàng guī mó yuán bú lòu suí
阙里门墙，陋巷规模原不陋㉗；隋
dī jī zhǐ mí lóu zōng jì yǐ quán mí
堤基址，迷楼踪迹已全迷㉘。
yuè duì zhào chǔ duì qí liǔ àn duì táo
越对赵，楚对齐㉚，柳岸对桃
xī shāchuāng duì xiù hù huà gé duì xiāng guī
蹊㉛。纱窗对绣户㉜，画阁对香闺㉝。
xiū yuè fǔ shàngtiān tī dì dōng duì hóng ní
修月斧㉞，上天梯㉟，蝃蝀对虹霓㊱。
xíng lè yóu chūn pǔ gōng yú bìng xià qí lǐ guǎng
行乐游春圃㊲，工谀病夏畦㊳。李广
bù fēngkōng shè hǔ wèi míng dé lì wèi cún ní
不封空射虎㊴，魏明得立为存麑㊵。
àn pèi xú xíng xì liǔ gōngchéng láo wáng jìng wén
按辔徐行，细柳功成劳王敬㊶；闻
shēng shāo wò lín jīng míngzhèn zhǐ ér tí
声稍卧，临泾名震止儿啼㊷。

鸾对凤，狗对鸡，塞北对关西。长命汤对益智粽，小儿对老人。颁发命令书竹简，剪裁桐叶当玉圭，堂前打枣对蒸煮野菜。女子腰细如嫩柳，玉手伸出像新芽白茅。狡兔有三窟用于藏身，鹪鹩筑窝借一根树枝。汉初商山四皓拄着拐杖去辅佐太子读书；齐国陈仲子的贤妻辟麻搓线编草鞋换粮度日。

鸡鸣对犬吠，漂浮对停留，燕语对莺啼。珊瑚对玛瑙，琥珀对琉璃。晋人绛县老，楚国太宰伯州犁，葫芦瓢测海水对燃犀角照水下妖。榆槐树高大有凉荫，桃李不言下自成蹊。西门豹投巫婆于河里救民女，百里奚逢洗衣女原来是结发妻。孔子授徒之地，门房简陋而学问不简陋；运河隋堤，当年的仙境迷宫已不见踪迹。

越国对赵国，楚国对齐国，堤岸柳树对路旁桃林。纱窗对绣户，雕花的楼阁对女子的香闺。修月斧，上天梯，彩霞对虹霓。春天游园自快乐，专事阿谀奉承比炎夏田里劳作还苦累。李广误把石头当老虎一箭入石，曹睿出猎不伤幼鹿因仁慈而被册封。周亚夫屯军细柳军纪严明，汉文帝亲来劳军，将士相迎，亚夫令营内马匹不得驰行；唐将郝玼驻守临泾抗拒吐蕃威名远震，当地人常用其名吓唬哭闹小孩：“别哭，郝玼来了！”

探源 解意

①**鸾、凤**：鸾鸟与凤凰。古人常以鸾凤比喻美善贤俊。[汉]贾谊《吊屈原文》云：“鸾凤伏窜兮，鸱枭（鸱是猛禽，枭食母，比喻皆为奸邪恶人）翱翔。”鸾凤此喻贤俊之士屈原。[唐]卢储《催妆》诗云：“今日幸为秦晋会，早教鸾凤下妆楼。”此喻美人。

②**犬鸡**：犬鸡是家畜家禽。俗语说“一人得道，鸡犬升天”，比喻一人当官，亲友也随之得势。[汉]王充《论衡·道虚》：“淮南王（刘安）学道招会天下有道之人，……并会淮南，奇方异术莫不争出。王遂得道，举家升天，畜产皆仙，犬吠于天上，鸡鸣于云中。”

③**塞北**：泛指我国北方地区，诗文里常与“江南”对称。[宋]辛弃疾《独宿博山王氏庵》云：“平生塞北江南，归来华发苍头。”**关西**：泛指河南函谷关以西之地。古有“关西出将，关东出相”之说。秦郿白起，频阳王翦；汉义渠公孙贺、傅介子，成纪李广、李蔡，上邽赵充国，狄道辛武贤，

称名将，皆关西人。汉丞相萧何、曹参、魏相、丙吉、韦贤、平当、孔光、翟方进，皆起关东。（见《后汉书·虞诩传》）

④**长生、益智**：长生不老；增益智慧。《老子》云："天地所以能长且久者，以其不自生，故能长生。"[宋]叶适《送赵几道邵武司户》云："书多前益智，文古后垂名。"长生益智，又指"续命（长生）汤"和"益智粽"。"续命汤"是指能延年长寿的汤药。"益智粽"是药用植物益智拌米做成的粽子。东晋安帝义熙元年，起兵反晋的广州刺史卢循，送给足智多谋的建武将军刘裕一包"益智粽"，以此讥讽刘裕已经智穷谋寡；刘裕则回赠给卢循一袋"续命汤"，以此讥讽卢循将要命绝寿终。（见《艺文类聚》卷八七引《三十六国春秋》）

⑤**旄倪**：老幼的合称。**旄**：通"耄"，老人。**倪**：小儿。《孟子·梁惠王下》云："王速出令，反其旄倪，止其重器，谋于燕众，置君而后去之。"

⑥**颁竹策**：**颁**：赏赐；颁发。**竹策**：竹杖。《北史·杨素传》云："及平齐之役，素请率麾下先驱。帝从之，赐以竹策。"[唐]马戴《山中作》诗云："屐齿无泥竹策轻，莓苔梯滑夜难行。"**竹策**：或作"简策"，指古代用竹片书写帝王任免官员等的命令简策。《三国志·蜀·诸葛亮传》云："[先主刘备]策亮为丞相。"

⑦**剪桐圭**：年幼的周成王与其弟叔虞游戏，剪桐叶为圭（古时作瑞信的玉，也作"珪"）赠与叔虞，说："余以此封若（你）！"史官请择吉日封虞时，成王说，那是游戏时的玩笑话。史官说："君子无戏言。"于是封叔虞为唐王。（见《史记·晋世家》）

⑧**剥枣**：打枣。**剥**：读"扑"音。《诗经·豳风·七月》云："八月剥枣，十月获稻。"[唐]杜甫《又呈吴郎》诗云："堂前扑枣任西邻，无食无儿一妇人。"**蒸藜**：煮野菜。采藜的嫩叶蒸熟食用。后人多把"藜"误为"梨"（见《辞源》）。传说孔子弟子曾参之母早亡，后母对他不好，而曾参依然孝顺后母。曾参之妻蒸藜不熟给后母吃，曾参便把妻子休了，终身不娶。（见《孔子家语·七十二弟子》）[唐]王维《积雨辋川庄作》诗云："积雨空林

烟火迟，蒸藜炊黍饷东菑（村东田头）。”

⑨**绵腰如弱柳**：形容美女腰肢细柔如柳腰。这是诗仙李白《劝酒》中“昨与美人对尊酒，朱颜如花腰似柳”诗句的化用。唐代诗人白居易曾写诗夸他善歌的樊素和善舞的小蛮两个女伎：“樱桃樊素口，杨柳小蛮腰。”意思是：美姬樊素的嘴小巧鲜艳，如同樱桃；小蛮的腰柔弱纤细，如同杨柳。（见[唐]孟棨《本事诗·事感》）

⑩**嫩手似柔荑**：形容女子的手白嫩如纤细的软草。**柔荑**：柔软而白的茅草嫩芽。源于《诗经·卫风·硕人》中“手如柔荑，肤如凝脂”诗句。

⑪**狡兔能穿三穴隐**：孟尝君被齐王罢相驱回老家薛地，薛地人民夹道热烈欢迎。孟尝君激动地对冯谖说：“感谢你为我‘市义’（焚债证换好名）！”冯谖说：“狡兔有三窟，仅得免其死耳。君今有一窟，未得高枕而卧也，请为君复凿二窟。”于是，冯谖又游说于魏，使魏重金礼聘孟尝君；游说于齐，使齐复相孟尝君。孟尝君反复其间，身无祸患。（见《战国策·齐策四》）

⑫**鹪鹩权借一枝栖**：鹪鹩善取茅苇麻发，就树之一枝构筑窝巢，大如鸡卵，十分精巧，故又称鹪鹩为“巧妇”。《庄子·逍遥游》云：“鹪鹩巢于深林，不过一枝；偃鼠（鼹鼠）饮河，不过满腹。”

⑬**甪里先生，策杖垂绅扶少主**：汉初，商山有四位隐士，名曰东园公、绮里季、夏黄公、甪里先生。四人须眉皆白，故称“四皓”。高祖刘邦慕四皓名，欲召为汉臣，不应。高祖欲废太子刘盈而立赵王如意，大臣谏争无用。张良应吕后请，出谋邀四皓辅太子读书。一天，四皓侍太子见高祖，高祖询明其名，大惊。高祖问四人为何自己屡召不应，却从太子，四皓说：“太子仁孝，恭敬爱士，天下莫不延颈欲为太子死者。”高祖说：“[太子]羽翼成矣！”遂辍废太子之议。（见《汉书·张良传》）

⑭**於陵仲子，辟纑织履赖贤妻**：战国齐国人陈仲子之兄陈戴，为该地食万石俸禄的官。仲子以兄之禄为不义之禄、室为不义之室，不食不居，携妻住到於陵，以己织履（编草鞋）、妻辟纑（纺麻线）换粮度日。（见《孟子·滕文公下》）

⑮**鸣吠**：鸡鸣狗叫。吠：狗叫。“鸡鸣”指孟尝君逃回齐国一事。（参见本卷“微韵”注④）

⑯**泛**：浮行。《诗经·墉风·柏舟》云：“泛彼柏舟，在彼中河（河中）。”**栖**：停留。《史记·伍子胥列传》云：“越王勾践乃以余兵五千人栖于会稽（山名）之上。”

⑰**燕语莺啼**：亦作“莺啼燕语”。[唐]孟郊《伤春》诗云：“千里无人旋风起，莺啼燕语荒城里。”[唐]皇甫冉《春思》：“莺啼燕语报新年，马邑龙堆路几千。”

⑱**珊瑚**：热带海中的腔肠动物，骨骼相连，形如树枝，故又名“珊瑚树”。《正义》云：“郭璞云：‘珊瑚生水底石边，大者树高三尺余，枝格交错，无有叶。’”**玛瑙**：玉髓矿物的一种。品类很多，色彩光美，可制器皿和装饰品。[汉]刘歆《西京杂记》云：“武帝时，身毒国献连环羁，皆以白玉作之，玛瑙石为勒，白光琉璃为鞍。”

⑲**琥珀**：一名“江珠”，松柏树脂的化石。燃烧时有香气。入药，也可制饰物。[晋]张华《博物志·药物引神仙传》云：”松柏脂入地，千年化为茯苓，茯苓化为琥珀。琥珀一名江珠。**玻璃**：古人所说的玻璃，大抵指天然水晶石一类的东西，有各种颜色，非后世人所造的玻璃。

⑳**绛县老**：春秋时期，晋悼公夫人慰劳杞国造车人时，绛县一位无子老人也来与食。有人问其年龄，老人说：“臣小人也，不知年纪。臣生之年，正月甲子朔（初一），四百有四十五甲子矣，其季于今，三之一也（一轮甲子日60天，最末一个甲子日至今刚二十天，故说三分之一）。”官吏问于朝，乐师师旷说：“七十三岁矣。”（见《左传·襄三十年》）

㉑**伯州犁**：春秋时晋国贤大夫伯宗之子，吴国太宰伯嚭之祖父。伯宗受晋卿大夫却锜、却至、却犫诬陷，被晋君杀害，伯州犁逃往楚国，后任楚国太宰。伯州犁是审案作弊“暗示法（诱供）”的发明人（参见《春秋左传·襄公二十六年》）。

㉒**测蠡**：用葫芦瓢测量海水，比喻不知高深的浅见。[汉]东方朔《答客难》云：“语曰：以管窥天，以蠡（葫芦瓢）测海，以筳（竹制的垫席）撞钟，

岂能通其条贯，考其文理，发其音声哉？”**燃犀**：传说晋代温峤任江州都督，上任路过牛渚矶，闻水下有音乐之声，水深不可测。人们说水下有很多怪物，温峤便燃犀牛角照水面，竟有各种奇形怪状、叫不出名堂的怪物。（见《晋书·温峤传》）后以“燃犀”比喻洞察奸邪。

㉓**榆槐堪作荫**：榆槐树荫好乘凉。[晋]陶潜《归园田居》诗云：“榆柳荫后檐，桃李罗堂前。”[宋]梅圣俞《宫槐》云：“汉家宫殿荫长槐，嫩色葱葱不染埃。”[唐]王维《送邱为往唐州》有“槐色阴清昼，杨花惹暮春。”

㉔**桃李自成蹊**：桃李不言自成蹊。《史记·李将军列传》载：“谚曰：‘桃李不言，下自成蹊’。”[唐]司马贞《史记索隐》云：“桃李本不能言，但以华实感物，故人不期而往，其下自成蹊径也。”

㉕**投巫救女西门豹**：战国魏文侯时，西门豹为邺令，问民疾苦，老人说邺地三老、廷掾勾结女巫以为河伯娶妇之名，害死民女，搜刮民财，是百姓的最大苦楚。西门豹便在为河伯娶妇之日，来到河边，以河伯所选之妇难看为由，令女巫下河求河伯缓期，另选美女送上。遂将女巫扔进河里。待一会儿，不见女巫回来，西门豹又令三老入河报信，三老、廷掾等皆叩头流血求饶，承认骗局。从此无人敢再言为河伯娶妇。（见《史记·滑稽传》）

㉖**赁浣逢妻百里奚**：春秋战国时期，虞国百里奚，字井伯，三十余岁娶妻杜氏，生一子。家贫不遇，妻曰：“妾闻‘男子志在四方’，君壮年不出图士，区区守妻坐困乎？”百里奚乃出游。晋灭虞时百里奚被俘，后作为秦穆公娶晋国伯姬之陪嫁臣，送入秦国。后虽逃到楚国，又被秦穆公以五张羊皮赎回，故得“五羖大夫”之名。秦穆公知百里奚之才，遂拜为相。百里奚之妻杜氏，生活无着，携子寻食他乡，辗转入秦，以洗衣为活。闻夫已为秦相，便入相府洗衣，且自荐能鼓琴而到夫前弹奏，并扬声而歌：“百里奚，五羊皮！夫文绣，妻浣衣。昔之日，君行而我啼；今之日，君坐而我离。”百里奚闻歌愕然，询之，正是常念之妻，不禁相拥大恸。（见[明]冯梦龙《东周列国志》）

㉗**阙里门墙，陋巷规模原不陋**：**阙里**：相传为春秋时期孔子授徒之

所，在洙、泗之间。西汉始有“阙里”之名，东汉时盛传为“孔子故里”。（见[清]阎若璩《四书释地·阙里》）传说孔子见其道在内地不能推行，想去东方边远的九夷地区教导朴实的当地民众。有人说，那里居住条件落后，人的素质鄙陋，怎能去呢？孔子说：“君子居之，何陋之有！”意思是：君子住到那里，就不会鄙陋了。（见《论语·子罕》）

㉘**隋堤基址，迷楼踪迹已全迷**：隋炀帝时，沿通济渠、邗沟开凿大运河，河岸修筑的御道，道旁植杨柳，堤长一千三百余里，后人谓之隋堤。[唐]韩琮《杨柳枝》诗云：“梁苑（西汉梁孝王在开封所建游赏驰猎的园林）隋堤事已空，万条犹舞旧东风。”隋炀帝还在扬州建造新宫，宫式回环四合，上下金碧，工巧弘丽，自古无有，费用金玉，帑库（国库）为之一空。人误入者虽终日不能出。隋炀帝顾左右曰：“使真仙游其中，亦当自迷也，可目之曰‘迷宫’。”（见《迷楼记》）

㉙**越**：国名。传说夏少康庶子无余，封于会稽，称“于越”。春秋末，一度被吴攻破，越王勾践卧薪尝胆，终灭吴国，成为“春秋五霸”之一，战国时，被楚所灭。（见《史记·越王勾践世家》）**赵**：国名。春秋时，周穆王封造父于赵，故址在今山西赵城县境。战国时，晋卿赵韩魏三家分晋，自立为王。赵得今河北南部、山西北部，后成为“战国七雄”之一，被秦所灭。（见《史记·赵世家》）

㉚**楚**：国名。周成王封熊绎于荆山一带，建都丹阳，后都于郢。春秋战国时，国势强盛，后被秦所灭。（见《史记·楚世家》）**齐**：国名。周武王封太公望（姜子牙）于齐，至桓公为“春秋五霸”之一，田氏代齐后，为“战国七雄”之一，后被秦所灭。（见《史记·齐太公世家》）

㉛**柳岸**：植柳的堤岸。[宋]苏轼《好事近·黄州送君猷》云：“明年春水漾桃花，柳岸隘舟楫。”唐宪宗时，柳宗元被贬为柳州刺史（太守），他在柳江岸边广植柳树，并作《种柳戏题》）一文。后来，柳州百姓为歌颂柳宗元治理柳州的业绩，编出民谣《种柳柳江边》，广泛传唱：“柳州柳太守，种柳柳江边。柳馆依然在，千秋柳拂天。”**桃蹊**：桃林的小路，有句谚语叫“桃李不言，下自成蹊”。是说桃子李子不会说话，可它们的果实甜

美，人们在它下面，走来走去，走出一条小路。比喻功劳大而不被重视或受迫害，自己不予辩解，但人民怀念他。西汉名将李广就是这样的人，司马迁称赞他“桃李不言，下自成蹊”。

㉜**纱窗**：悬挂纱帐的窗子。[宋]柳永《梁州令》词云：“梦觉纱窗晓，残灯掩然空照。”[唐] 刘方平《春怨》诗云：“纱窗日落渐黄昏，金屋无人见泪痕。寂寞空庭春欲晚，梨花满地不开门。”**绣户**：修饰华丽的居室。[唐]沈佺期《古歌》诗云：“璇闺窈窕秋夜长，绣户徘徊明月光。”

㉝**画阁**：华丽的楼阁。[清]曹雪芹《红楼梦》中《红豆词》云：“滴不尽相思血泪抛红豆，开不完春柳春花满画楼。”**香闺**：芳香的内室。[唐]陶翰《柳陌听早莺》：“乍使香闺静，偏伤远客情。”[宋]柳永《临江仙引》词云：“香闺别来无信息，云愁雨恨难忘。”

㉞**修月斧**：神话传说，月亮是由七宝合成，常有八万二千户修理。嵩山游客见持斧人，问做何事，答曰：“君不知月乃七宝合成乎？月势如丸，其凸处常有八万二千户修之，我其一也。”遂示以斧凿。“玉斧修月”源于此。（见[唐]段成式《酉阳杂俎·天咫》）[金]元好问《蟾池》诗：“下界新增养蟾户，玉斧谁怜修月苦。”又：比喻尽文章之能事。[宋]苏轼《王文玉挽词》诗：“才名谁似广文寒，月斧云斤琢肺肝。”

㉟**上天梯**：[汉]王逸《楚辞·九思·伤时》云：“缘天梯兮北上，登太一兮玉台。”原指登天之梯，后比喻高险的山路。[唐]李白《蜀道难》云：“地崩山摧壮士死，然后天梯石栈相钩连。”

㊱**蝃蝀**：亦作“螮蝀”，虹的别名。太阳光线与水汽相映，出现在天空的彩晕，谓之“虹”。《诗经·墉风·蝃蝀》云：“蝃蝀在东，莫之敢指（古人认为虹出东方，是不祥之兆）。”**虹霓**：彩虹。传说虹有雌雄之分，色鲜盛者为雄，色暗淡者为雌；雄曰“虹”，雌曰“霓”，合称“虹霓”。《淮南子·原道》云：“虹霓不出，贼星不行，含德之所致也。”

㊲**行乐游春圃**：这是宋朝冯平《睢阳五老会》中“醉游春圃烟霞暖，吟听秋潭水石寒”诗意的化用。**春圃**：春日园圃。

㊳**工谀病夏畦**：这是《孟子·滕文公下》中“胁肩（耸着肩）谀笑（为谄

媚而强笑），病于夏畦”文意的化用。意思是耸肩装笑谄媚别人，比炎夏在田间劳作还难受。**工谀**：善于阿谀奉迎。**病**：苦，引为难受。**夏畦**：炎夏在地里劳作。

㊴**李广不封空射虎**：西汉名将李广，陇西成纪（今甘肃静宁西南）人。善骑射，不善言。有一次出猎，见草中石以为虎，射之，箭没石中，人传为奇。文帝时，为郎、武骑常侍。景帝、武帝时，任陇西、北地太守，未央卫尉，右北平太守。他前后与匈奴作战七十余次，以勇敢善战著称，匈奴谓之“飞将军”。他一生战功卓著，但终未封侯。（见《汉书·李广传》）

㊵**魏明得立为存麑**：**麑**：幼鹿。魏文帝曹丕带十五岁的儿子曹睿出猎，山坞中奔出母子二鹿，文帝举箭射死母鹿。小鹿已跑到曹睿马前，曹丕大声喊道：“快射死它！”曹睿哭着说：“陛下已杀死其母，我不忍再将鹿子杀死。”曹丕听了，怦然心动，扔下弓箭，动情地说道：“我儿真是仁德之主！”遂封曹睿为平原王，继而立为太子，后继位为明帝。（见《三国志·魏·明帝纪》）

㊷**按辔徐行，细柳功成劳王敬**：汉文帝时，大臣周勃之子周亚夫为将军，屯军细柳，防备匈奴。军营纪律严明，文帝亲往劳军，亚夫传令：“[营内]御马不得驰驱。”帝与随从既入，“按辔徐行（皆牢控马缰徐徐前进）”。（见《汉书·周亚夫传》）

㊷**闻声稍卧，临泾名震止儿啼**：唐代，吐蕃人屡犯西境，大将军郝玭出任泾原节度使，破敌二万，威名远震，吐蕃不敢过临泾（今甘肃镇原）。时人也常用“快别哭，郝玭来了！”，吓唬小儿，使之不敢啼哭。（见《新唐书·郝玭传》）

齐韵部代表字

齐　黎　藜　犁　梨　妻　萋　凄　低　隄　低　题　提
蹄　啼　鸡　稽　兮　倪　霓　西　栖　犀　嘶　梯　鼙
齑　赍　迷　泥　溪　圭　闺　携　畦　嵇　跻　脐　奚
醯　蹊　黧　蠡　醍　鹈　珪　睽

江畔独步寻花

[唐]杜　甫

黄四娘家花满蹊，千朵万朵压枝低。
留连戏蝶时时舞，自在娇莺恰恰啼。

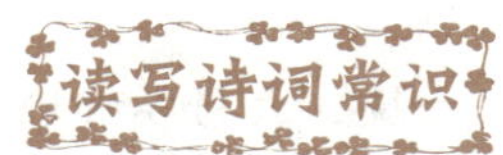

五律的平仄

平仄是格律诗中的重要规则。五言律诗的平仄规定有四个格式。

首句不入韵式有两种：

（一）平仄脚

仄仄平平仄　平平仄仄平　平平平仄仄　仄仄仄平平
仄仄平平仄　平平仄仄平　平平平仄仄　仄仄仄平平

如李白诗《渡荆门送别》：

渡远荆门外，来从楚国游。山随平野尽，江入大荒流。

月下飞天镜，云生结海楼。仍怜故乡水，万里送行舟。

（二）仄仄脚

平平平仄仄　仄仄仄平平　仄仄平平仄　平平仄仄平

平平平仄仄　仄仄仄平平　仄仄平平仄　平平仄仄平

如白居易《赋得古原草送别》

离离原上草，一岁一枯荣。野火烧不尽，春风吹又生。

远芳侵古道，晴翠接荒城。又送王孙去，萋萋满别情。

首句入韵式有两种：

（三）仄平脚

平平仄仄平　仄仄仄平平　仄仄平平仄　平平仄仄平

平平平仄仄　仄仄仄平平　仄仄平平仄　平平仄仄平

如李商隐《晚晴》

深居俯夹城，春去夏犹清。天意怜幽草，人间重晚晴。

并添高阁迥，微注小窗明。越鸟巢干后，归飞体更轻。

（四）平平脚

仄仄仄平平　平平仄仄平　平平平仄仄　仄仄仄平平

仄仄平平仄　平平仄仄平　平平平仄仄　仄仄仄平平

如王维《终南山》

太乙近天都，连山到海隅。白云回望合，青霭入看无。

分野中峰变，阴晴众壑殊。欲投人处宿，隔水问樵夫。

九佳

mén duì hù mò duì jiē zhī yè duì gēn
门对户[1]，陌对街[2]，枝叶对根

gāi dòu jī duì huī zhǔ fèng jì duì luán chāi
荄[3]。斗鸡对挥麈[4]，凤髻对鸾钗[5]。

dēngchǔ xiù dù qín huái zǐ fàn duì fū chāi
登楚岫[6]，渡秦淮[7]，子犯对夫差[8]。

shí dǐng lóng tóu suō yínzhēng yàn chì pái bǎi nián
石鼎龙头缩[9]，银筝雁翅排[10]。百年

shī lǐ yán yú qìng wàn lǐ fēng yún rù zhuàng huái
诗礼延余庆[11]，万里风云入壮怀[12]。

néngbiànmíng lún sǐ yǐ yě zāi bēi jì lù bù
能辨名伦，死矣野哉悲季路[13]；不

yóu jìng dòu shēng hū yú yě yǒu gāo chái
由径窦，生乎愚也有高柴[14]。

guān duì lǚ wà duì xié hǎi jiǎo duì tiān
冠对履，袜对鞋，海角对天

yá jī rén duì hǔ lǚ liù shì duì sān jiē
涯[15]。鸡人对虎旅[16]，六市对三街[17]。

chén zǔ dòu xì duī mái jiǎo jiǎo duì ái ái
陈俎豆[18]，戏堆埋[19]，皎皎对皑皑[20]。

xián xiàng jù dōng gé liángpéng jí xiǎo zhāi mèng lǐ
贤相聚东阁[21]，良朋集小斋[22]。梦里

shānchuānshū yuè jué zhěnbiānfēng yuè jì qí xié
山川书越绝[23]，枕边风月记齐谐[24]。

sān jìng xiāo shū péng zé gāo fēng yí wǔ liǔ liù
三径萧疏，彭泽高风怡五柳[25]；六

cháo huá guì láng yá jiā qì zhòng sān huái
朝华贵，琅琊佳气种三槐[26]。

qín duì jiǎn qiǎo duì guāi shuǐ xiè duì shān
勤对俭，巧对乖[27]，水榭对山

zhāi bīng táo duì xuě ǒu lòu jiàn duì gēng pái
斋[28]。冰桃对雪藕[29]，漏箭对更牌[30]。

hán cuì xiù guì jīn chāi kāng kǎi duì huī xié
寒翠袖[31]，贵金钗[32]，慷慨对诙谐[33]。

zhú jìng fēngshēng lài huā xī yuè yǐng shāi xié náng
竹径风声籁[34]，花蹊月影筛[35]。携囊

jiā yùn suí shí zhù hè chú chénhān dào chù mái
佳韵随时贮[36]，荷锄沉酣到处埋[37]。

jiāng hǎi gū zōng xuě làngfēng tāo jīng lǚ mèng xiāng
江海孤踪，雪浪风涛惊旅梦[38]；乡

guān wàn lǐ yān luán yún shù qiè guī huái
关万里，烟峦云树切归怀[39]。

qǐ duì zǐ guì duì kǎi shuǐ pō duì shān
杞对梓[40]，桧对楷，水泊对山

yá wǔ qún duì gē xiù yù bì duì yáo jiē
崖[41]。舞裙对歌袖[42]，玉陛对瑶阶[43]。

fēng rù mèi yuè yíng huái hǔ sì duì láng chái
风入袂[44]，月盈怀[45]，虎兕对狼豺[46]。
mǎ róngtángshàngzhàng yáng kǎn shuǐzhōngzhāi běi miàn
马融堂上帐[47]，羊侃水中斋[48]。北面
hónggōng yí shí jiè dōng xún dài zhì dìng fán chái
黉宫宜拾芥[49]，东巡岱畤定燔柴[50]。
jǐn lǎn chūnjiāng héng dí dòng xiāotōng bì luò huá
锦缆春江，横笛洞箫通碧落[51]；华
dēng yè yuè yí zān duò cuì biàn xiāng jiē
灯夜月，遗簪堕翠遍香街[52]。

门对户，巷对街，枝叶对根荄。公鸡相斗对挥麈聊天，梳高凤髻对插鸾形钗。登楚地山，游秦淮河，晋臣子犯对吴王夫差。煮茶的石鼎雕个小龙头，古筝琴码斜排如同雁飞行。《诗经》《礼记》恩泽后代百年，万里风云让壮士激情满怀。季路能辨伦理纲常，孔子为他死于卫国乱战而时常悲哀；高柴生性愚直过仁，宁死也不走歪门邪道。

头对脚，袜对鞋，海角对天涯。报晓鸡人对虎士卫队，繁华六市对热闹三街。孔子小时经常陈设俎豆，练习祭祀礼仪，皎皎对雪白。丞相公孙弘在东阁款待众贤士，柳公绰小书斋聚会益友良朋。《越绝书》记录吴越之地美丽山川，《齐谐记》记录鬼怪陆离枕边轶事奇闻。陶渊明辞官回三径故里，门前种五柳自号五柳先生；琅琊王氏六朝出公卿，皆因先人积阴德并于庭院中种下三棵大槐树。

勤劳对节俭，机灵对乖巧，水边亭台对山里屋斋。 西王母的冰桃对雪藕，计时用的漏箭对更牌。翠袖薄凉，金钗贵重，情绪激昂对谈吐诙谐。风在竹林

中传响，月光从花丛间透来。李贺锦囊随身记录诗文佳句，刘伶言说如醉死就地刨坑土埋。孤旅江海，雪浪风涛惊扰回家好梦；乡关万里，隔山隔水切望尽快回到父母之怀。

杞树对梓树，桧树对楷树，水边对山崖。舞动裙子对甩开衣袖，宫殿玉阶对民间石阶。风吹衣袖，明月入怀，虎兕对狼豺。东汉马融在高堂帐前授课，南朝羊侃在船中设有书斋。只要拜师钻研经书求官不难如拾草芥，帝王东巡泰山祭天地烧柴草以腾烟告天。彩船春江游，横笛洞箫载歌载舞通宵达旦；华灯元宵夜热闹非凡，香街满是挤落的发簪失掉的翠钿。

探源 解意

①**门、户**：房屋墙院出入之处叫“门户”。两扇为门，单扇为户，泛称“门”。

②**陌、街**：大街小巷。《三辅旧事》载：“长安城中，八街九陌。”形容长安城中街道纵横，市面繁华。

③**枝叶**：树木的枝和叶。《庄子·山木》云：“见大木枝叶盛茂。”**根荄**：植物的根。[西汉]刘向《说苑·建本》云：“树本浅，根荄不深。”[唐]白居易《问友》诗云：“根荄相交长，茎叶相附荣。”

④**斗鸡**：驱使公鸡互斗决胜负的嬉戏。《战国策·齐策一》云：“临淄甚富而实，其民无不吹竽鼓瑟，击筑弹琴，斗鸡走犬，六博蹴鞠者。”《史记·袁盎传》云：“袁盎病免居家，与闾里浮沉，相随行，斗鸡走狗。”**挥麈**：挥动麈尾（鹿类动物尾巴，可用拂尘）。晋代人在聊天清谈时，爱执麈尾挥动，以示高雅，为清谈助兴。后人因此称谈论为“挥麈”。[宋]欧阳修《和圣俞聚蚊》诗云：“抱琴不暇抚，挥麈无由停。”

⑤**凤髻**：古代一种发型。[唐]宇文氏《妆台记》云：“周文王于髻上加珠翠翘花，傅之铅粉，其髻高，名曰凤髻。”[后蜀]欧阳炯《凤楼春》词云：“凤髻绿云丛，深掩房栊。”**鸾钗**：鸾形的钗子。[唐]李商隐《河阳》诗云：“湿银注镜井口平，鸾钗映月寒铮铮。”[明]唐寅《题美人图》云：

"鸾钗压鬓髻偏新，雾湿云低别种情。"

⑥**登楚岫**：**岫**：山或山洞。**楚岫**：泛指南方的山。[唐]韦迢《早发湘潭寄杜员外院长》诗云："楚岫千峰翠，湘潭一叶黄。"

⑦**渡秦淮**：相传秦始皇南巡至龙藏浦，发现该地有王气，于是在方山（在江苏南京市南，因山形如方印，故名）掘流，西入长江，以泄王气，名"淮"，通称"秦淮"。历代为著名的游览胜地。[唐]杜牧《泊秦淮》云："烟笼寒水月笼沙，夜泊秦淮近酒家。"

⑧**子犯**：春秋僖公二十二年，晋公子重耳出游过卫，卫文公很不礼遇。重耳向五鹿（地名）田农求食，田农给他土块吃。重耳发怒，欲鞭打田农。随臣子犯止之说："天赐也。"古以得土为有国之吉兆，故谓"天赐"。（见《左传·僖公二十二年》）**夫差**：春秋末年吴国国君，吴王阖闾之子。起初，吴国在夫椒（今江苏吴县西南太湖）大败越国，攻破越都，夫差不听伍子胥乘胜灭越之言，允许越王勾践求和。勾践卧薪尝胆，休养生息二十年。公元前482年，吴国在黄池（今河南封丘西南）会盟，与晋国争霸，越王勾践乘虚攻入吴都，灭掉吴国，夫差自杀。（见《史记·吴世家》）

⑨**石鼎龙头缩**：煮茶石鼎壁上雕有小龙头。**石鼎**：烹茶器具。[唐]韩愈《石鼎联句》诗云："龙头缩菌蠢（如菌类短小臃肿之状），豕腹胀膨亨（胀满）。"

⑩**银筝雁翅排**：古筝上有二十一根弦，每根弦下由琴码支撑，琴码斜着排列如飞雁成行，故称"筝雁"。[宋]陆游《雪中感成都》云："感事镜鸾悲独舞，寄书筝雁恨慵飞。"

⑪**百年诗礼延余庆**：这是宋朝王之道《哀周然明》中"功名到手身先死，诗礼传家道不孤。千里新封从马鬣，百年余庆萃鵷雏"诗意的化用。**诗礼**：指《诗经》、《礼记》两部经书，这里是说读经学礼。**余庆**：泽及后人的余福。

⑫**万里风云入壮怀**：这是唐代诗人韩愈《送石处士赴河阳幕》中"风云入壮怀，泉石别幽耳"诗句的化用。[宋]岳飞《满江红》词云："抬望眼，仰天长啸，壮怀激烈。"**壮怀**：壮志。

⑬**能辨名伦，死矣野哉悲季路**：孔子的学生子路（季路），性格好勇，事亲孝顺，懂得伦理是非，但行为莽撞不稳。《论语·子路》："子（孔子）曰：'野哉（粗野啊），由（仲由，又名子路，字季路）也。'"春秋时期，卫灵公有宠姬名叫南子。灵公太子蒉聩得罪南子，惧被诛，逃亡戚（小国）地。卫灵公死后，蒉聩之子被立为君，是为"出公"。贵族大夫孔悝之母孔姬，是蒉聩的姐姐，她勾结家臣浑良夫逼孔悝和他们结盟作乱，让蒉聩登君位。出公辄逃往鲁国。孔悝的邑宰仲由欲保出公，毅然出面相救。孔子另一弟子子羔（名高柴）劝阻仲由，说："出公已逃走，你不要白白去送死。"仲由说："食人家的饭，不能避人家的难。"他闯进城关与叛军作战，搏斗中，仲由的缨（系帽带）被砍断，他慨然说："君子死，冠不免。"在他结缨整冠时被杀死。蒉聩登上君位，是为"庄公"。后人以"结缨"比喻从容就义，视死如归。（见《史记·仲尼弟子传》）

⑭**不由径窦，生乎愚也有高柴**：高柴不走邪门歪道，在逃生时也不从墙洞里爬出去。**不由径窦**：不走邪门歪道。**径**：小路，引申为"歪道"。**窦**：洞，旁门，引申为"邪门"。**高柴**：孔子弟子。性忠厚纯正。"子（孔子）曰：'柴（高柴，字子羔）也，愚（忠厚有余，而智慧学识不足）。'"鲁哀公十五年，卫国太子蒯聩回国与其子争位。时高柴为卫国之士师，见卫国内乱，以政不及己，乃离此是非之地。高柴逃至郭门，见受其断足之刑者守门，告知高柴某处墙有缺口可逃，高柴说"君子不逾（越过）"；守门者又指点某墙有洞可出，高柴说"君子不隧（通道）"。最后守门者为其找一密室，始逃过追杀。（见《左传》、《孔子家语》）

⑮**海角、天涯**：亦作天涯海角，指极偏远的地方。[宋]张世南《游宦记闻》云："今之远宦（到远处做官）及远服贾（做生意）者，皆曰'天涯海角'，盖俗谈也。"

⑯**鸡人虎旅**：**鸡人**：古时报晓之官，谓之"鸡人"。**虎旅**：是虎贲氏与旅贲氏的并称。两者均掌王之警卫。后因以"虎旅"为卫士之称。东汉天文学家张衡《西京赋》云："陈虎旅于飞廉，正垒壁乎上兰。"[唐]李商隐《马嵬》诗云："空闻虎旅传宵柝（巡夜梆子），无复鸡人报晓筹（拂晓的更筹，

指拂晓时刻）。”

⑰**六市、三街**：亦作“六街三市”，街市纵横，形容都市繁华。[金]董解元《西厢记诸宫调》云：“六街三市通车马，风流人物类京华。”

⑱**陈俎豆：俎豆**：两种祭祀宴饮用的礼器，盛牲的礼器叫“俎”；盛羹的高脚盘叫“豆”。《史记·孔子世家》云：“孔子为儿嬉戏，常陈俎豆，设礼容。”

⑲**戏堆埋**：埋人垒墓头。孟子小时候，家住靠坟地的地方，他就和小朋友一起玩埋人堆墓头的游戏，孟母把家搬到一所学校旁边，学生入学要先祭祀孔子，后学习礼仪，孟子就照学陈设俎豆，摆供品做祭祀之礼。（见《列女传·母仪》）

⑳**皎皎**：洁白。《诗经·小雅·白驹》云：“皎皎白驹，食我场苗。”**皑皑**：雪白。[汉]班彪《北征赋》云：“飞云雾之杳杳，涉积雪之皑皑。”

㉑**贤相聚东阁**：西汉丞相公孙弘，早年家贫，少年放猪，后当狱吏，四十岁读《春秋公羊传》。汉武帝任他为丞相，封平津侯。他“起客馆，开东阁（向东开的小门，以别于从正门），以延（招请）贤人，与参谋议”。后以“东阁”为丞相招致款待贤士的地方。（见《汉书·公孙弘传》）

㉒**良朋集小斋**：唐代兵部尚书柳公绰，性耿介，举贤良方正，直言敢谏。他在不上朝的日子，就到自己读书的小斋里，招他的弟弟柳公权，以及从堂兄弟们，一同聚会吃饭。晚上，点了蜡烛，自己读完了经史，就把子弟们叫进小斋来，对他们讲说居家和做官的道理。（见《礼篇·公绰小斋》）

㉓**梦里山川书越绝**：东汉史学家袁康与吴平共著一部《越绝书》，广采传闻异说，详细记述了吴越两国的史地山川及伍子胥、子贡、范蠡、文种、计倪等人的活动，成为中国地方志之鼻祖。（见《辞海》）

㉔**枕边风月记齐谐：齐谐**：古时记载奇闻逸事的书籍。《庄子·逍遥游》云：“齐谐者，志怪者也。”唐代道教学者成玄英说“齐国有此俳谐之书也。”后世志怪之书，多用“齐谐”作书名。南朝宋东阳无疑有《齐谐记》，梁吴均有《续齐谐记》，清代袁枚有《新齐谐》，亦名《子不语》。

（见《辞海》）

㉕**三径萧疏，彭泽高风怡五柳**：东晋诗人陶潜（陶渊明），因不肯“为五斗米而折腰”逢迎郡吏，辞县令回到“三径就荒，松菊犹存”的老家。从此，隐姓埋名，自号五柳先生，说自家宅边有五棵柳树，因以为号。（见《晋书·陶潜传》）

㉖**六朝华贵，琅琊佳气种三槐**：北宋晋国公王祜（一作‘祐’），是源出琅琊、世居六朝都城开封的“三槐王氏”之祖。宋太祖（赵匡胤）时，拜知制诰，因以全家百口保魏州刺史符彦卿无罪而遭贬黜。世人赞其“多阴德”。他手植三槐于庭，说：“吾子孙必有为三公者。”后来，他的儿子王旦果然中了进士，做了宰相。

㉗**巧、乖**：机灵。《儒林外史》云：“匡超人为人乖巧，在船上不拿强拿，不动强动，一口一声，只叫‘老爹’。”

㉘**水榭**：建筑在水边或水上的亭阁。《旧唐书·裴度传》云：“东都立第（宅第）于集贤里，筑山穿池，竹木丛萃，有风亭水榭。”**山斋**：山中居室。[南朝梁]简文帝《晚春》诗云：“风花落未已，山斋开夜扉。”[明]袁宏道《和王以明山居韵》诗云：“山斋通夜雨，肠断子瞻诗。”

㉙**冰桃、雪藕**：神话传说中仙人所食之桃藕。[晋]王嘉《拾遗记·周穆王》云：“西王母乘翠风之辇而来……又进万岁冰桃，千常碧藕。”

㉚**漏箭**：古时用漏壶计时间。上放播水壶，靠底部一侧凿滴水孔，播水壶下置受水壶，壶中放浮漂，漂扎有刻度的箭，受水壶慢慢积水，浮漂则慢慢上浮，箭则从受水壶慢慢显露，刻度数字则由上而下逐一增大，以此计时。受水壶中带刻度的浮漂就叫“漏箭”，亦作“更箭”。**更牌**：亦作“更笺”、“更”，古时夜间报更的牌。[南朝梁]庾肩吾《奉和春夜应令》诗云：“烧香知夜漏，刻烛验更筹。”

㉛**寒翠袖**：寒凉的绿色衣袖。[唐]杜甫《佳人》诗云：“天寒翠袖薄，日暮倚修竹。”[宋]苏轼《王晋叔所藏画跋尾·芍药》诗云：“倚竹佳人翠袖长，天寒犹着薄罗裳。”

㉜**贵金钗**：贵重的金制首饰。[南朝宋]鲍照《拟行路难》诗云：“还君

金钗玳瑁簪，不忍见之益愁思。”

㉝**慷慨**：意气风发，情绪激昂。《三国志·魏·臧洪传》云：“洪辞气慷慨，涕泣横下，闻其言者，虽卒伍厮养（奴仆），莫不激扬，人思致节。”**诙谐**：谈吐幽默风趣。《汉书·东方朔传》云：“其言专商鞅、韩非之语也，指意放荡，颇复诙谐。”[唐]杜甫《社日》诗云：“尚想东方朔，诙谐割肉归。”

㉞**竹径风声籁**：风声自竹林中传出的天然之声。**竹径**：指竹与竹间的通道。**籁**：三孔管乐器。指从孔穴中发出的声音。[元]周衡之《次韵午溪竹》诗云：“风来起清籁，在我本恬寂（淡漠）。”

㉟**花蹊月影筛**：月光从花丛间透来。花蹊，即花径，指花与花之间的缝隙。**月影**：月光。**筛**：底部有小孔的筛子。指穿过孔隙。[元]王实甫《西厢记·络丝娘》云：“空撇下碧澄澄苍苔露冷，明皎皎花筛月影。”

㊱**携囊佳韵随时贮**：传说，唐代诗人李贺，每骑驴出游，令奴僮背一旧锦囊，得佳句即投入其中，后成李贺诗集《昌谷集》。待李贺将死时，梦见一穿大红衣者，手持板书，对李贺说：“上帝筑成白玉楼，命你去作记。”李贺以母老且病，哭泣不愿随往，不久，气绝。（见李商隐《李贺小传》）

㊲**荷锄沉酣到处埋**：西晋建威参军刘伶，字伯伦，沛国人。与阮籍、嵇康友好，“竹林七贤”之一。他纵酒放荡，乘鹿车，携一壶酒，使人荷锸（铁锹）相随，说：“死便埋我。”曾著《酒德颂》，自称“惟酒是务，焉知其余”。（见《晋书·刘伶传》）东晋诗人陶渊明《归园田居》中有“带月荷锄归”诗句。

㊳**江海孤踪，雪浪风涛惊旅梦**：清朝雍正皇帝胤禛年轻时，随他父亲康熙出巡，途中给在京都的诸弟写诗《早起寄都中诸弟》云：“一雁孤鸣惊旅梦，千峰攒立（簇集竖立）动诗思。凤城诸弟应相忆，好对黄花泛酒卮。”表明他愿做群雁而不做孤雁的心意。

㊴**乡关万里，烟峦云树切归怀**：反映了远离家乡思念亲人，迫切盼望尽快归里的心情。[唐]钱起《寄永嘉王十二》诗云：“梦里还乡不相见，天

涯忆戴复谁传。……愿得回风吹海雁，飞书一宿到君边。”[唐]岑参《暮春虢州东亭送李司马归扶风别庐》诗云：“到来函谷愁中月，归去磻溪梦里山。……西望乡关肠欲断，对君衫袖泪痕斑。”

㊵**杞、梓**：两种优质木材，用来比喻优秀人才。《晋书·陆机陆云传》云：“陆机陆云实荆衡之杞梓，挺圭璋于秀实，驰英华于早年。”

㊶**水泊、山崖**：水边山边。**水泊**：“水边”。**山崖**：通“山涯”，山的边际。

㊷**舞裙、歌袖**：[元]王仲诚《中吕·粉蝶儿》曲：“昨宴东楼，玳筵开舞裙歌袖，一团儿玉软花柔。”

㊸**玉陛**：帝王殿阶。《三国志·魏书·陈思王植传》陈审举疏曰：“常愿得一奉朝觐，排金门，蹈玉陛。”**瑶阶**：玉砌的台阶，也是石阶的美称。[晋]王嘉《拾遗记·炎帝神农》云：“筑圆丘以祀朝日，饰瑶阶以揖夜光。”[唐]杜牧《秋夕》诗云：“瑶阶夜色凉如水，坐看牵牛织女星。”

㊹**风入袂**：**袂**：衣袖。[清]纳兰性德《天仙子·渌水亭秋夜》词云：“水浴凉蟾（水中月亮）风入袂，鱼鳞触损金波碎（游鱼搅碎了水中月亮）。”[宋]苏轼《浣溪沙·端午》诗云：“入袂轻风不破尘，玉簪犀壁醉佳辰。”

㊺**月盈怀**：亦作“月入怀”，旧时认为日月入怀是生贵男贵女的吉兆。传说汉朝末年，孙坚之妻吴夫人，孕而梦月入其怀，继而生孙策。到孕孙权时又梦日入其怀。吴夫人以孕间日月入怀事发问孙坚，坚曰：“日月者阴阳之精，极贵之象，吾子孙其兴乎？”（见《三国志·吴书·孙破虏吴夫人传》）又传说王莽之姑政君，在其母李氏身孕时，梦月入其怀，不久政君出世，后来她成为汉元帝的皇后。（见《汉书·元后传》）“日月入怀”也比喻胸襟开朗。《世说新语·容止》云：“时人目（发现）夏侯太初（玄）朗朗如日月之入怀。”也作“明月入怀”。[南朝宋]鲍照《代淮南王之二》云：“朱城九门门九闺，愿逐明月入君怀。”

㊻**虎兕**：两种凶猛野兽。**兕**：犀牛类野兽。《诗经·小雅·何草不黄》云：“匪（非）兕匪虎，率彼旷野。”**狼豺**：两种野兽。《左传·襄十四年》云：“赐我南鄙之田，狐狸所居，豺狼所嗥。”常喻凶恶之人。

《三国志·魏书·杜袭传》云："方今豺狼当道，而狐狸是先（先打狐狸），人将谓殿下避强攻弱。"

㊼**马融堂上帐**：东汉学者马融，字季长，扶风茂陵（今陕西兴平东北）人。才高博识，为当世通儒，学生常以千数。常坐高堂，施绛帐，于帐前授生徒。（见《后汉书·马融传》）

㊽**羊侃水中斋**：南朝梁国都官尚书羊侃，字祖忻，今山东泰安人。幼好文史，兼有武力。善音律，能造曲。生活奢侈，在水中结舟为斋，亭馆皆备，日事游宴。侯景之乱时，他固守京城（今南京），景不能破，苦战中病死。（见《南史·羊侃传》）

㊾**北面黉宫宜拾芥**：入学拜师读经书，求官如拾草芥。**北面**：旧时君见臣、长见幼、师见徒，均面向南而坐，臣幼徒面则向北而拜，故称"北面"。**黉宫**：古代学校名。**拾芥**：捡取地上的草芥，比喻取之极易。《汉书·夏侯胜传》："胜每讲授，常谓诸生曰：'士病（怕）不明经书。经书苟（如果）明，其取青紫（古时丞相太尉穿金印紫绶官服，御史大夫穿银印青绶官服），如俯拾地芥耳'。"

㊿**东巡岱畤定燔柴**：岱：泰山。畤：古代祭天地五帝之处。燔柴：烧柴烤玉及牲，腾其味以祭天。《礼·祭法》："燔柴于泰坛，祭天地。"始皇二十八年（前225），秦始皇东巡，"上泰山，立石（颂秦德之刻石），封（设坛于泰山之巅以祭天，叫'封'），祠祀（在泰山脚下梁父小山祠祭祀）。"（见《史记·秦始皇本纪》）

51**锦缆春江，横笛洞箫通碧落**：这是描写富贵人家乘彩船且歌且舞游春的景象。**锦缆**：精美的缆绳。**春江**：春天的江河。**横笛**：竹笛，古称"横吹"今称"七孔笛"。**洞箫**：单管直吹，正面五孔、背面一孔者为"洞箫"。**碧落**：天空。[元]赵孟頫《溪上》诗云："锦缆牙樯非昨梦，凤笙龙管是谁家？"[唐]赵瑕《闻笛》诗云："响遏行云横碧落，请和冷月到帘栊。……曲罢不知人在否，余音嘹亮尚飘空。"

52**华灯夜月，遗簪堕翠遍香街**：这是描写正月十五元宵节观灯时人潮拥挤的景象。[宋]刘邦彦《上元十五夜观灯》诗云："归迟不属金吾禁（金吾是掌管京城戒备、禁人夜行的官。但元宵夜开放夜禁），争觅遗簪与坠钿。”

佳韵部代表字

佳 街 鞋 牌 柴 钗 差 崖 涯 偕 阶 皆
谐 骸 排 乖 怀 淮 槐 豺 侪 埋 霾 斋
娲 蜗 蛙

佳韵律诗例选

宿杨家

[唐] 白居易

杨氏弟兄俱醉卧，披衣独起下高斋。
夜深不语中庭立，月照藤花影上阶。

七律的平仄

七律是五律的扩展，在五字句的前面加上两个字的头儿，仄前加平平，平前加仄仄。也是四种格式。如下：

首句不入韵式：

（一）平仄脚

平平仄仄平平仄　仄仄平平仄仄平　仄仄平平平仄仄　平平仄仄仄平平

平平仄仄平平仄　仄仄平平仄仄平　仄仄平平平仄仄　平平仄仄仄平平

如刘禹锡《酬乐天扬州初逢席上见赠》

巴山楚水凄凉地，二十三年弃置身。怀旧空吟闻笛赋，到乡翻似烂柯人。

沉舟侧畔千帆过，病树前头万木春。今日听君歌一曲，暂凭杯酒长精神。

（二）仄仄脚

仄仄平平平仄仄　平平仄仄仄平平　平平仄仄平平仄　仄仄平平仄仄平

仄仄平平平仄仄　平平仄仄仄平平　平平仄仄平平仄　仄仄平平仄仄平

如杜甫《闻官军收河南河北》

剑外忽传收蓟北，初闻涕泪满衣裳。却看妻子愁何在，漫卷诗书喜欲狂。

白日放歌须纵酒，青春作伴好还乡。即从巴峡穿巫峡，便下襄阳向洛阳。

首句入韵式：

（三）仄平脚

仄仄平平仄仄平　平平仄仄仄平平　平平仄仄平平仄　仄仄平平仄仄平

仄仄平平平仄仄　平平仄仄仄平平　平平仄仄平平仄　仄仄平平仄仄平

如杜甫《登高》

风急天高猿啸哀，渚清沙白鸟飞回。无边落木萧萧下，不尽长江滚滚来。

万里悲秋常作客，百年多病独登台。艰难苦恨繁霜鬓，潦倒新停浊酒杯。

（四）平平脚

平平仄仄仄平平　　仄仄平平仄仄平　　仄仄平平平仄仄　　平平仄仄仄平平
平平仄仄平平仄　　仄仄平平仄仄平　　仄仄平平平仄仄　　平平仄仄仄平平

如陆游《夜泊水村》

腰间羽箭久凋零，太息燕然未勒铭。老子犹堪绝大漠，诸君何至泣新亭？一身报国有万死，双鬓向人无再青。记取江湖泊船处，卧闻新雁落寒汀。

鵁

十灰

chūn duì xià　xǐ duì āi　dà shǒu duì cháng
春对夏，喜对哀，大手对长

cái　fēng qīng duì yuè lǎng　dì kuò duì tiān kāi
才[1]。风清对月朗[2]，地阔对天开。

yóu làngyuàn　zuì péng lái　qī zhèng duì sān tái
游阆苑[3]，醉蓬莱[4]，七政对三台[5]。

qīng lóng hú lǎozhàng　bái yàn yù rén chāi　xiāng fēng
青龙壶老杖[6]，白燕玉人钗[7]。香风

shí lǐ wàng xiān gé　míngyuè yì tiān sī zǐ tái
十里望仙阁[8]，明月一天思子台[9]。

yù jú bīng táo　wáng mǔ jǐ yīn qiú dào jiàng　lián
玉橘冰桃，王母几因求道降[10]；莲

zhōu lí zhàng　zhēn rén yuán wèi dú shū lái
舟藜杖，真人原为读书来[11]。

zhāo duì mù　qù duì lái　shù yǐ duì kāng
朝对暮，去对来，庶矣对康

zāi　mǎ gān duì jī lèi　xìng yǎn duì táo sāi
哉[12]。马肝对鸡肋[13]，杏眼对桃腮[14]。

jiā xìng shì　hǎo huái kāi　shuò xuě duì chūn léi
佳兴适[15]，好怀开[16]，朔雪对春雷[17]。

yún yí zhī què guàn　rì shàifènghuáng tái　hé biān
云移鳷鹊观[18]，日晒凤凰台[19]。河边

shū qì yíngfāng cǎo　lín xià qīng fēng dài luò méi
淑气迎芳草，林下轻风待落梅[20]。

liǔ mèi huā míng　yàn yǔ yīngshēng hún shì xiào　sōng
柳媚花明，燕语莺声浑是笑[21]；松

háo bǎi wǔ　yuán tí hè lì zǒngchéng āi
号柏舞，猿啼鹤唳总成哀[22]。

zhōng duì xìn　bó duì gāi　cǔn duó du ì yí
忠对信，博对该[23]，忖度对疑

cāi　xiāngxiāo duì zhú àn　què xǐ duì qióng āi
猜[24]。香消对烛暗[25]，鹊喜对蛩哀[26]。

jīn huā bào　yù jìng tái　dào jiǎ duì xián bēi
金花报[27]，玉镜台[28]，倒斝对衔杯[29]。

yán diānhéng lǎo shù　shídèng fù cāng tái　xuě mǎn
岩巅横老树[30]，石磴覆苍苔[31]。雪满

shānzhōng gāo shì wò　yuèmíng lín xià měi rén lái
山中高士卧，月明林下美人来[32]。

lǜ liǔ yán dī　jiē yīn sū zǐ lái shízhòng　bì
绿柳沿堤，皆因苏子来时种[33]；碧

táo mǎn guàn　jìn shì liú láng qù hòu zāi
桃满观，尽是刘郎去后栽[34]。

春对夏，喜对哀，高手对英才。风清对月朗，大地辽阔对天际无边。游仙境，醉蓬莱，日月七政对天子三台。壶公的竹杖原来是青龙，赵婕妤的玉钗原

来是白燕。南朝后主为爱妃建造十里香风望仙阁，汉武帝思念太子建造归来望思台。西王母降汉宫赠武帝玉橘冰桃；太乙真人乘莲舟、燃藜杖，为刘向读书照明到天亮。

早对晚，去对来，百姓安居对世道安泰。毒马肝对鸡肋汤，杏核眼对桃粉腮。兴致高，好开怀，北方大雪对南方春雷。云阳鸩鹊观上白云飘，江宁凤凰台上艳阳高照。春天温和之气滋养河边芳草，林下徐徐清风梅花开始凋落。春天柳绿花红，到处莺歌燕语如同女子欢笑；冬天松柏寒舞，猿啼鹤唳之声实在凄凉悲哀。

忠诚对信任，博学对完全，考虑对疑猜。女子亡故对风烛残年，喜鹊报喜对蟋蟀秋哀。状元及第金花报，求婚作聘玉镜台，敬酒对举杯。山顶横卧老树，石阶长满青苔。雪满山中有高士隐居，醉卧林下有美人交谈。杭州苏堤岸柳，皆因知府苏轼来时种；长安城里桃千树，全是刘禹锡为官时所栽。

探源 解意

①**大手**：高手，常称著名写作家为“大手笔”。[唐]僧鸾《赠李粲秀才》诗云：“飒风驱雷暂不停，始向场中称大手。”《陈书·徐陵传》云：“世祖高宗之世，国家有大手笔，皆陵草之。”**长才**：英才。[唐]杜甫《述古》诗云：“经纶中兴业，何代无长才？”

②**风清、月朗**：风清月明。[元]王实甫《西厢记》云：“俺先人甚是浑俗和光，衠（整日）一味风清月朗。”

③**游阆苑**：**阆苑**：本指昆仑之巅阆风山仙人所居之宫苑。唐初鲁王灵夔、滕王元婴相继镇守阆州（今四川阆中），嫌衙宇卑陋，遂修饰扩建成宫苑，谓之“隆苑”。后为避唐玄宗隆基“隆”字之讳，改为“阆苑”。（见[宋]王象之《舆地纪胜》）[宋]苏轼《和子由送将官梁左藏仲通》诗云：“问羊他日到金华，应时相将游阆苑。”

④**醉蓬莱**：**蓬莱**：方士传说是渤海中仙人所居之山名。汉武帝游东莱郡黄县，望渤海蓬莱山，因筑城为“蓬莱”。唐神龙三年，设蓬莱县。（见

《太平寰宇记·登州·蓬莱县》)[宋]刘攽之《四犯剪梅花》词云:“水殿风凉,赐环归,正是梦熊华旦。……醉蓬莱西清侍宴。望黄伞,日华龙辇。”

⑤**七政**:指日月和金、木、水、火、土五星。(见《书经·舜典》)。一说春、秋、冬、夏、天文、地理、人道为“七政”。(见《书经·大传》)**三台**:古有灵台、时台、囿台,合称“三台”。[汉]许慎《五经异义》云:“天子有三台:灵台以观天文,时台以观四时施化,囿台以观鸟兽鱼鳖。”

⑥**青龙壶老杖**:道家传说,东汉费长房从壶公学仙,辞归时,壶公给他一支竹杖,说:“骑着它即可到家。”费长房到家后把杖投入葛陂(地名,在今河南新蔡境),竹杖立化为青龙。(见《后汉书·费长房传》)

⑦**白燕玉人钗**:迷信传说,有神女留赠玉钗给汉武帝,武帝又赐与赵婕妤。至昭帝元凤中,后人打开装有此玉钗的宝匣,有白燕飞出升天,后来,宫人学作此钗,命名“玉燕钗”,象征吉祥。(见[汉]郭宪《洞冥记》)

⑧**香风十里望仙阁**:南朝陈国末代皇帝陈后主陈叔宝,极端奢靡挥霍。为讨取贵妃、宠姬的欢心,于至德二年,在金陵(今南京)光照殿前修建了临春、结绮、望仙三座楼阁,门窗栏槛皆用高级香木做成,“饰以金玉,间以珠翠”。后主自用临春阁,张贵妃独占结绮阁,龚、孔二嫔共居望仙阁。阁下积石为山,引水为池,山水间广植奇花异卉,加上贵妃嫔姬所涂脂粉之气,“每微风暂至,香飘数里”。隋兵攻入金陵后,这些楼阁尽焚于火。(见《南史·张贵妃传》)

⑨**明月一天思子台**:汉武帝的宠臣江充,诬告太子刘据搞“巫蛊”谋反,外逃的刘据在湖县(今河南灵宝西)自杀。后武帝知其冤,即在长安建“思子宫”,并在湖县建“归来望思之台”(“思子台”)。(见《汉书·戾太子传》)

⑩**玉橘冰桃,王母几因求道降**:《太平广集卷二·周穆王》引《仙传拾遗》载:“[周穆王]登群玉山(昆仑山之连麓)西王母所居……饮琬琰之膏,进甜雪之味;素莲黑枣,碧橘白藕(嫩藕,嫩而白,故又叫雪藕),皆神仙之物。”又据汉代班固所撰《汉武故事》(也叫《汉武帝内传》)载:七月七日西王母降汉武宫中授成仙之道。帝燃九光之灯,列玉门之枣,摆葡萄之酒,以

迎王母。王母至，帝跪拜寒暄。王母带来非地上所有之丰珍之果，清香之酒，又命侍女端来三千年一结果的仙桃七颗，四颗与帝，三颗自食。

⑪**莲舟藜杖，真人原为读书来**：汉成帝末年，刘向专心致志校书于天禄阁。一天夜里，一个着黄衣的老人（一说是太乙真人），乘莲舟、执藜杖，叩阁而进见刘向在暗中独坐诵书，老人乃吹杖端烟然（燃），因以见向，授五行洪范之文。……至天亮而去。（见《三辅黄图六》）

⑫**庶矣、康哉**：人民安居乐业。**庶**：众百姓。《论语·子路》云：“子（孔子）适卫（到卫国），冉有仆（随从）。子曰：‘庶矣哉！’”《尚书·益稷》载舜帝君臣作歌：“元首明（圣明）哉，股肱（指辅臣）良哉，庶时康（百姓安居乐业）哉。”后以“康哉”比喻太平盛世。

⑬**马肝**：马之肝脏，可入药。《论衡》云：“气热而毒甚，故食走马肝杀人。”《汉书·儒林传》中景帝曰：“食肉不食马肝，不为不知味；言学者无言汤武受命，不为愚。”意指不该议论的事不要议论。**鸡肋**：曹操攻汉中，不克。屯兵日久，是进是退，犹豫不决。适有厨官送来鸡汤，操见鸡肋，颇有感触。这时，夏侯惇来请示夜间口令，操随口说：“鸡肋。”主簿杨修即令军士准备归程。夏侯惇问何意，杨修说：“所谓‘鸡肋’，食之无肉，弃之有味。今进不能胜，退恐人笑，示欲还（撤军）也！”（见《三国志·魏·武帝纪》）

⑭**杏眼**：杏子形状的眼睛。形容女子的美目。[明]烟霞散人《平鬼传》：“幸遇着这个小低搭柳眉杏眼，唇红齿白，处处可人。”[清]文康《儿女英雄传》云：“只见他生得两条春山含翠的柳叶眉，一双秋水无尘的杏子眼。”**桃腮**：形容女子粉红色的脸颊。[宋]吕胜己《蝶恋花》词云：“到得故园春正好，桃腮杏脸迎门笑。”[明]沈仕《催拍·偶见》：“俊满桃腮，疑是朝云。”

⑮**佳兴适**：兴致得到满足。晋代王徽之（字子猷）居山阴时，忽然想念居于剡地（今浙江嵊县西）的故友戴逵（字安道），便驾舟雪夜造访，一夜方至，舍舟登至戴逵之门而不入，竟乘舟而返。人问其故，子猷说：“本乘兴而来，兴尽而返，何必见安道？”（见《世说新语·任诞》）[唐]王维《崔濮阳兄季重前

山兴》诗云："秋色有佳兴，况君池上闲。悠悠西林下，自识门前山。"

⑯**好怀开**：即"好开怀"，开心。[宋]孙应时《答王甫抚干和荆江亭韵》诗云："乐哉新相知，开怀接谈晏。插花醉不辞，风光惜流转。"[元]刘秉忠《木兰花慢》词云："镜里不堪看鬓，尊前且好开怀。"

⑰**朔雪**：北方的雪。[南朝宋]鲍照《学刘公干体》诗云："胡风（北风）吹朔雪，千里度龙山（当指河南宝丰县境之龙山）。"**春雷**：春天的雷。[唐]元稹《芳树》诗云："春雷一声发，惊燕亦惊蛇。"

⑱**云移鳷鹊观：鳷鹊观**：汉宫观名。汉武帝建元年间建于云阳（今西安附近）甘泉宫外。（见《三辅黄图》）[汉]司马相如《上林赋》云："过鳷鹊,望露寒。""鳷鹊观"莫与"鳷鹊楼"相混。"鳷鹊楼"是南朝时的楼阁名，在今南京市。[唐]李白《永王东巡歌》诗云："春风试暖昭阳殿，明月还过鳷鹊楼。"

⑲**日晒凤凰台**："弄玉吹箫"中的"凤台"源于神话传说。实有的"凤凰台"，在我国有好几处：东晋升平年间（一说宋元嘉十四年），有鸟集于江宁（今南京市）山上，文彩如孔雀，时人传为"凤凰"，因谓此山为"凤凰山"，并于此山建凤凰台。（见《嘉庆一统志·江宁府》）唐代大诗人李白在《登金陵凤凰台》中"凤凰台上凤凰游，凤去台空江自流"的描述，就是指的南京凤凰台。在甘肃成县东南"凤溪中，有二石双高，其形若阙（古代宫庙及墓门所立之双柱称为'阙'）。汉世有凤凰止焉，故谓之凤凰台"。（见《水经注·漾水》）唐代诗圣杜甫在《凤凰台》中"亭亭凤凰台，北对西康州"的描述，即此。

⑳**河边淑气迎芳草；林下轻风待落梅**：这两句引自唐代孙逖《和左司张员外自洛使入京中路先赴长安逢立春日赠韦侍御及诸公》诗中"河边淑气迎芳草，林下轻风待落梅"。**淑气**：早春的温和之气。**落梅**：立春前后是腊梅开始凋落时期，满地落花似雪，林下可以赏梅。另外，有一古笛曲名叫《梅花落》，有一种酒名叫"落梅清酒"。那么，坐在清风林下，一边饮落梅酒，一边赏雪梅花，一边听《梅花落》，一举三得，岂不快哉。

㉑**柳媚花明，燕语莺声浑是笑**：柳媚花明，燕语莺声：形容春光明

媚，喜气盎然。又比喻女子体态优美，笑声悦耳。戏曲家李渔在《无声戏·谭楚玉戏李传卿·刘藐姑曲终死节》中说："只因他学戏的时节，把那些莺啼燕语之声、柳舞花翻之态，操演熟了，所以走到人面前，不消作意，自有一种云行水流（自然无拘）的光景。"

㉒**松号柏舞，猿啼鹤唳总成哀**：**松号柏舞，猿啼鹤唳**：形容环境阴森，声音凄凉。东晋医药学家葛洪《抱朴子》云："周穆王南征，一军尽化（死亡），君子为猿为鹤，小人为虫为沙。"比喻战乱使将士变成了非人的猿鹤虫沙异物。汉代经学大师郑玄《注》云："[猿鹤]鸣，其声哀。"

㉓**博、该**：博学多闻。**博**：丰富；众多。**该**：完备；俱全。《晋书·索靖传》云："唯靖该博经史，兼经内纬。"

㉔**忖度**：揣测；估量。《诗经·小雅·巧言》云："他人有心，予（我）揣度之。"疑猜："疑，怀疑"。《后汉书·五行志》云："其后，车骑将军何苗，与兄大将军进部兵还相猜疑，对相攻击，战于阙下。"

㉕**香消**：比喻美女死亡。[唐]刘沧《经炀帝行宫》云："香销（通'消'）南国美人尽，怨入东风芳草多。"[明]无名氏《寻亲记》云："玉碎香消镜台荒，绿云缭乱懒梳妆。"**烛暗**：比喻残年老人。[宋]莫仑《生查子》词云："衾单容易寒，烛暗相将灭。"[宋]赵长卿《浣溪沙》词云："五云楼阁羡刘郎，酒阑烛暗断回肠。"

㉖**鹊喜**：鹊（喜鹊）噪兆喜。旧时认为鹊能报喜，故称鹊为喜鹊。[唐]宋之问《发端州初入西江》诗云："破颜看鹊喜，拭泪听猿啼。"**蛩哀**：蛩鸣音哀。**蛩**：又名"蟋蟀"、"促织"。[唐]杜甫《促织》诗云："促织甚微细，哀音何动人。草根吟不稳，床下夜相亲。"

㉗**金花报**：亦作"金花笺"、"金花帖子"。唐宋时期，科举考试状元及第的报喜帖子上贴以金花，谓之"金花笺"。[宋]乐史《杨太真外传》云："[上]遽命龟年（李龟年）持金花笺，宣赐翰林学士李白，立进《清平乐》词三篇。"

㉘**玉镜台**：玉制的镜台。晋朝温峤随刘琨北征时，得一玉镜台。温峤妻丧，从姑母刘氏有一女，甚有姿慧。姑母托峤觅婚，峤有自娶之意。少

日，峤对姑母说找到了，门第不错，是官宦家，各方面都不比峤差。顺手交给姑母玉镜台一枚为聘，姑母大喜。婚成，姑女抚掌大笑，说："我早就猜着是你这老东西!"(见《世说新语·假谲》)

㉙**倒斝**：敬酒。**斝**：古代酒器。《诗经·大雅·行苇》云："肆筵设席，授几有缉御。或献或酢，洗爵奠斝。"[唐]韩愈《祭河南张员外文》云："哭不凭棺，奠不亲斝。"**衔杯**：举杯饮酒。[唐]李白《广陵赠别》诗云："系马垂杨下，衔杯大道间。"

㉚**岩巅横老树**：山顶横卧老树。这是元朝《孙氏大全集·燕超轩》中"乱山攒青霭峭崒（高峻），老树偃（倒卧）翠横扶疏（茂盛）"诗意的化用。

㉛**石磴覆苍苔**：石阶长满青苔。比喻破屋久无人居。这是唐代诗人刘沧《经无可旧居兼伤贾岛》中"落叶堕巢禽自出，苍苔封（覆盖）砌（石阶）竹成竿（枯死）"诗意的化用。**石磴**：用石头铺砌成的台阶。**苍苔**：绿色苔藓。

㉜**雪满山中高士卧，月明林下美人来**：这两句引自明朝高启《咏梅》诗。东汉楚郡太守袁安，字邵公，汝南汝阳人。自幼好学，生性倔强，为人严谨，受人敬重，洛阳令举为孝廉。洛阳郡下大雪，人多外出乞食。袁安为避免与贫民争食，掩门卧床不出，故有积雪拥掩其门。（见《后汉书·袁安传》）

隋朝开皇年间，赵师雄游罗浮，天将黑，卧于松林一家酒店旁休息。不一会，一个素服淡妆美女向他走来，交谈时，芳香袭人。二人一起进酒店共饮，师雄醉倒。醒来，见自己原来是躺在一株梅花树下，上有翠鸟啾嘈相顾，月落参横，但觉惆怅不已。（见[唐]柳宗元《龙城录》）

㉝**绿柳沿堤，皆因苏子来时种**：宋元祐年间，苏轼（东坡）任杭州知州时，在西湖筑堤，横截湖面，用以开湖蓄水。中为六桥九亭，夹道植柳，名为"苏公堤"。（见《宋史·河渠志·东南诸水下》）

㉞**碧桃满观，尽是刘郎去后栽**：唐代诗人刘禹锡因参加革新，被从监察御史贬为朗州司马。过了十年，朝廷想重新起用他，但他刚回长安即写《游玄都观》称："玄都观（在长安）里桃千树（暗指朝中爬上来的新贵），尽是刘

郎（指自己）去后（被贬朗州以后）栽。”这下，又得罪了新权贵，再度被挤出长安贬为连州刺史。又过十四年，三度被召回京都任职时，他又写《再游玄都观》：“百亩庭中半是苔，桃花（暗指新权贵）净尽菜花开。种桃道士归何处？前度刘郎今又来。”

灰韵部代表字

灰　恢　魁　隈　回　徘　徊　槐　梅　枚　媒　煤
雷　罍　隤　催　摧　堆　陪　杯　醅　嵬　推　虺
豗　诙　裴　开　哀　埃　台　苔　该　材　财　裁
来　莱　栽　哉　灾　猜　孩　腮　培　崔　才

画　鸡

[唐] 杜　牧

头上红冠不用裁，满身雪白走将来。
平生不敢轻言语，一叫千门万户开。

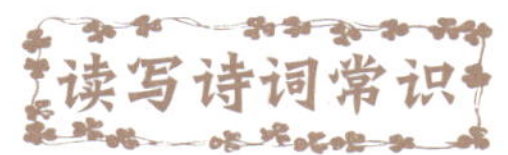

五绝的平仄

五言绝句共四句，二十个字。是五言律诗的一半。五言绝句的平仄格式也是四种。

（一）平仄脚　（平仄脚五绝最常见）

仄仄平平仄　平平仄仄平　平平平仄仄　仄仄仄平平

如王之涣《登鹳雀楼》

白日依山尽，　黄河入海流。　欲穷千里目，　更上一层楼。

（二）仄仄脚

平平平仄仄　仄仄仄平平　仄仄平平仄　平平仄仄平

如李端《听筝》

鸣筝金粟柱，　素手玉房前。　欲得周郎顾，　时时误拂弦。

（三）仄平脚

平平仄仄平　仄仄仄平平　仄仄平平仄　平平仄仄平

如王涯《闺人赠远》

花明绮陌春，　柳拂御沟新。　为报辽阳客，　流光不待人。

（四）　平平脚（平平脚五绝也多见）

仄仄仄平平　平平仄仄平　平平平仄仄　仄仄仄平平

如元稹《行宫》

寥落古行宫，　宫花寂寞红。白头宫女在，　闲坐说玄宗。

十一 真

莲对菊，凤对麟①，浊富对清贫②。渔庄对佛舍③，松盖对花茵④。萝月叟⑤，葛天民⑥，国宝对家珍⑦。草迎金埒马，花醉玉楼人⑧。巢燕三春尝唤友⑨，塞鸿八月始来宾⑩。古往今来，谁见泰山曾作砺⑪；天长地久，人传沧海几扬尘⑫。

兄对弟，吏对民，父子对君臣。勾丁对甫甲⑬，赴卯对同寅⑭。折桂客⑮，簪花人⑯，四皓对三仁⑰。王乔云外舄⑱，郭泰雨中巾⑲。人交

hǎo yǒu qiú sān yì shì yǒu xián qī bèi wǔ lún
好友求三益[20]，士有贤妻备五伦[21]。
wén jiào nán xuān wǔ dì píngmán kāi bǎi yuè yì
文教南宣，武帝平蛮开百越[22]；义
qí xī zhǐ hán hóu fú hàn juǎn sān qín
旗西指，韩侯扶汉卷三秦[23]。
shēn duì shì kǎn duì yín ā wèi duì yīn
申对示[24]，侃对訚[25]，阿魏对茵
chén chǔ lán duì xiāng zhǐ bì liǔ duì qīng yún
陈[26]。楚兰对湘芷[27]，碧柳对青筠。
huā fù fù yè zhēnzhēn fěn jǐng duì zhū chún
花馥馥[28]，叶蓁蓁[29]，粉颈对朱唇[30]。
cáo gōngjiān sì guǐ yáo dì zhì rú shén nán ruǎn
曹公奸似鬼[31]，尧帝智如神[32]。南阮
cái láng chā běi fù dōng shī chǒu nǚ xiào xī pín
才郎差北富[33]，东施丑女效西颦[34]。
sè yàn běi táng cǎo hào wàng yōu yōu shèn shì xiāng
色艳北堂，草号忘忧忧甚事？香
nóng nán guó huā mínghán xiào xiào hé rén
浓南国，花名含笑笑何人[35]。

莲花对菊花，凤凰对麒麟，不义暴富对自守清贫。渔民水村对佛教寺院，松树枝叶伞对落叶堆坐垫。月下清闲的老人，葛天氏时代的百姓，国宝对家

珍。西晋王济建马场筑围墙为了骑射，唐玄宗为杨玉环玉楼醉卧荒淫误国。阳春三月巢燕呼朋友，塞外八月鸿雁南飞作宾客。从古到今，谁曾见过巍巍泰山像个小小磨刀石；天长地久，难道沧海变桑田大海成陆地扬起灰尘。

兄长对幼弟，官吏对百姓，父子对君臣。兵丁对铠甲，应卯对同僚。考场折桂，头插簪花，汉初四老隐士对殷朝三仁。传说王乔有法术鞋子变鸭天上飞，郭泰头巾雨中折角人效仿争戴“林宗巾”。人交好友求三益，士有贤妻懂五伦。汉武帝平蛮夷开发百越，以文明礼仪教化南民；秦末百姓起义，韩信扶刘邦席卷三秦大地。

申明对告示，言语和悦对礼貌恭敬，入药阿魏对茵陈。楚地兰草对湘江芷兰，碧柳对青竹。花浓艳，叶繁茂，粉颈对红唇。曹操奸似鬼，尧舜智如神。阮咸阮籍住路南，才华过人而家境贫寒，丑女东施仿效西施，捧心皱眉走路奇丑无比。花艳北堂，忘忧草在担忧什么事；香浓南国，含笑花在笑何人。

探源 解意

①**凤、麟**：凤凰和麒麟，古代传说中的神鸟神兽，象征祥瑞。《管子·封禅》云：“今凤凰麒麟不来，嘉谷不生。”

②**浊富**：靠巧取豪夺而得的不义之财。[唐]姚崇《冰壶诫》云：“与其浊富，宁比清贫。”[明]杨慎《佛书》云：“宁可清贫自乐，不作浊富多忧。”**清贫**：贫寒而有节操。《后汉书·杜栾刘李刘谢列传》云：“陶既清贫，而耻以钱买职（买官），称疾不听政。”《三国志·魏书·钟繇华歆王朗传》云：“歆素清贫，禄赐（所受薪水）以赈施亲戚故人，家无担石（形容粮食很少）之储。”

③**渔庄**：渔村。[清]董元度《舟行杂诗》云：“渔庄蟹舍接茭蒲，浩淼烟波夜月孤。”**佛舍**：寺院；佛堂。[宋]苏轼《自雷适廉宿于兴廉村净行院》云：“荒凉海南北，佛舍如鸡栖。”

④**松盖**：把松叶当伞盖。[唐]钱起《登秦岭半崖遇雨》云：“依岩假（借）松盖，临水羡荷衣。”**花茵**：把落花当垫子。**茵**：通“裀”。唐代学

士许慎，字谨选，与亲友结宴于花园中，不设帷幄和坐具，使仆僮辈聚树上落花当坐垫，还风趣地说："吾自有花裀，何消坐具？"（见五代后周王仁裕《开元天宝遗事上·花裀》）

⑤**萝月叟**：月下藤萝间的老人。反映老人过着清静的田园生活。大诗人李白在《下终南山过斛斯山人宿置酒》诗中写了他月夜造访山中隐士的情景："暮从碧山下，山月随人归。却顾所来径，苍苍横翠微。相携及田家，童稚开荆扉。绿竹入幽径，青萝拂行衣。"

⑥**葛天民**：上古帝王葛天氏，其治世之道"不言而自信，不化而自行"，是古代理想中的自然、淳朴之世。[晋]陶渊明《五柳先生传》云："衔觞（把酒）赋诗，以乐其志，无怀氏（传说中的古帝名）之民与？葛天氏之民与？"[元]沈禧《山寺樵歌》云母："忘世虑，断尘缘，逍遥傲葛天。"

⑦**国宝**：国家的宝器，指"甗磬"，后来把杰出的人才或名贵的东西也称国宝。《荀子·大略》云："口能言之，身能行之，国宝也。"**家珍**：家藏的珍宝。《韩诗外传》云："仲尼去鲁，送之不出鲁郊，赠之不与家珍。"[清]李渔《闲情偶遇·声容·治服》云："掩藏秘器，爱护家珍。"

⑧**草迎金埒马，花醉玉楼人**：这是写后期的唐玄宗李隆基荒淫误国的生活。**金埒**：用金钱筑成的墙。西晋富豪王济（武子）、石崇好比富，竞输赢。王济善马射，买地作金埒，与石崇骑马比赛跨越。（见《世说新语·汰侈》）这里用"金埒马"一词，是比喻唐玄宗春巡马勒（金饰的带嚼口的马络头）的华贵。**玉楼**：华丽的楼房。诗圣杜甫在《哀江头》诗中写道："昭阳殿里第一人（指杨贵妃），同辇随君侍君侧。辇前才人（指随从女官们）带弓箭，白马嚼啮黄金勒。" [唐]白居易在《长恨歌》长诗中也写道："云鬓花颜（指杨贵妃）金步摇，芙蓉帐暖度春宵。春宵苦短日高起，从此君王（指唐玄宗）不早朝。……金屋妆成娇侍夜，玉楼宴罢醉和春。" 元代吴伯宗在《大驾春巡诗应制》中综合了杜白两位大诗人对唐玄宗的揭露："金勒马嘶芳草地，玉楼人醉杏花天。"

⑨**巢燕三春尝唤友**：这是《诗经·小雅·伐木》中"嘤（鸟叫声）其鸣矣，求其友声"、宋朝辛弃疾《满江红·点火樱桃》中"乳燕引雏飞力弱，

流莺唤友娇声怯”和宋朝曹勋《小园午集坐间呈处和瞻明诸友》中“暖景迟迟莺唤友，落英寂寂草成茵”两诗句的化用。**三春**：农历三月。

⑩**塞鸿八月始来宾**：这是《礼记·月令》中“季秋之月，……鸿雁来宾（到南方作宾）”诗意的化用。**塞鸿**：北方的鸿雁。鸿雁是候鸟，每年秋分（农历八月）后飞往南方越冬，次年春分（三月）后北返繁殖。人们把八月雁赴南方越冬视为作宾，把雁返北方繁殖视为回家。

⑪**古往今来，谁见泰山曾作砺**：这是明朝诗人高启《缶鸣集》“人生富贵知几时，泰山作砺徒相期”诗意的化用。意思是说，人生短暂，想等着看到泰山变成小砺石，那是徒劳的。“泰山若砺”一语，出自汉高祖刘邦之口。《史记·高祖功臣侯者年表》载：“封爵之誓曰：‘使河如带，泰山若厉（通“砺”），国以永宁，爰及苗裔。’”意思是说即使有朝一日黄河狭如衣带，泰山小若砺石，封国永存。

⑫**天长地久，人传沧海几扬尘**：这是东晋葛洪在《神仙传》中讲的一个故事的化用。《神仙传》载：仙人麻姑说，历史上东海已经三次变为桑田了。现在蓬莱水又少了一半，这岂不是预示东海又要变为高山和平原了吗？仙人王远（字方平）叹息说，大海又要扬起尘土了。

⑬**勾丁、甫甲**：男子够十八岁开始当兵。**勾**：通“够”，达到。**丁**：男女十八岁以上的成年人谓之“丁”。**甫**：开始。**甲**：铠甲，引为穿铠甲的士兵。《史记·平津侯主父列传》云：“丁男被（通‘披’）甲，丁女转输（指缴税），苦不聊生。”

⑭**赴卯**：亦作“画卯”、“应卯”。旧时官吏每日清晨卯时（早五时至七时）赴官府签到上班，叫“画卯”、“应卯”或“赴卯”。《水浒传》云：“次日武松清早出去县里画卯，直到日中未归。”**同寅**：旧时称在同一处做官的同僚，叫“同寅”。[宋]张镃《送赵季言知抚州》诗云：“同寅心契每难忘，林野投闲话最长。”

⑮**折桂客**：我国以前科举时代俗称考试及第者为月宫折桂。折桂客指的是在朝廷科举中考中进士的人。后在各种考试或比赛中获得第一，也称“折桂”。[唐]白居易《和春深》云：“折桂名惭郄（郄身），收萤（萤火虫）志慕

车（车胤）。官场泥铺处，最怕寸阴斜。”

⑯**簪花人**：古时遇典礼宴会佳节，男女皆头上戴花。[唐]杜牧《为人题赠》云：“有恨簪花懒，无寥斗草稀。”

⑰**四皓**：汉初，商山有四位隐士，名曰东园公、绮里季、夏黄公、角里先生。四人须眉皆白，故称“四皓”。高祖刘邦慕四皓名，欲召为汉臣，不应。高祖欲废太子刘盈而立赵王如意，大臣谏争无用。张良应吕后请，出谋邀四皓辅太子读书。一天，四皓侍太子见高祖，高祖询明其名，大惊。高祖问自己屡召不应，为何从太子，四皓说：“太子仁孝，恭敬爱士，天下莫不延颈欲为太子死者。”高祖说：“[太子]羽翼成矣！”遂辍（停止）废太子之议。（见《汉书·张良传》）**三仁**：殷商末年，纣王暴虐无道，纣之庶兄微子劝谏纣王，不听，微子出走；纣之叔父箕子进谏，不听，箕子佯狂为奴；纣之叔父比干犯颜强谏，纣怒，剖其心而死。孔子曰：“殷有三仁（指微子、箕子、比干）焉。”（见《论语·微子》）

⑱**王乔云外舄**：**舄**：鞋。东汉尚书王乔，河东（在今山西）人，有神术。传说他任叶县县令时，每当初一、十五他从县里到都城洛阳参加朝会，从不乘车马。明帝很感奇怪，就密令太史暗察。太史偷窥后报告明帝说，王乔来时，总有双凫（野鸭）从东南方向飞来。张罗网之，乃是帝赐王乔穿的一双尚书官官靴。（见《后汉书·方术传》）有人说，王乔即周灵王太子晋驾鹤飞天的仙人王子乔。[晋]孙绰《游天台山赋》云：“王乔控鹤以冲天，应真飞锡以蹑虚。”

⑲**郭泰雨中巾**：东汉经学家郭泰，字林宗，太原介休人。博通经典，居家教授，弟子至千人。与河南尹李膺友好。一次外出遇雨，头巾被雨压折一角，人见皆仿效折巾，称为“林宗巾”。（见《汉书·郭泰传》）

⑳**人交好友求三益**：孔子说：交朋友，有增益的三友，有坏事的三友。交友直（正直）、友谅（诚信）、友多闻（见识广博）的朋友，就受益匪浅。交友便辟（好谄媚）、友善柔（善奉承）、友便佞（能花言巧语）的朋友，就坏事屡见。所以，交朋友应该求三益。（见《论语·季氏》）

㉑**士有贤妻备五伦**：**五伦**：亦称“五常”，封建礼教规定的君臣、父

子、兄弟、夫妻、朋友之间人伦关系。《孟子·滕文公上》云："[舜]使契（传说是殷朝的祖先）为司徒，教以人伦：父子有亲，君臣有义，夫妇有别，长幼有序（排次序），朋友有信。"

㉒**文教南宣，武帝平蛮开百越**：**蛮**：古代对我国长江中游及其以南和西南地区各少数民族的泛称。**百越**：亦作"百粤"，古代对我国长江中下游以南地区众多越族部落的总称。汉武帝时期，除北攻匈奴，解除了匈奴的威胁外，又发兵平定百越，设置九郡；击西南夷、夜郎、滇等国和部落，设置八郡，为促进我国多民族的发展起了积极作用，为现代中国疆域奠定了初步基础。（见《汉书·武帝本纪》）

㉓**义旗西指，韩侯扶汉卷三秦**：西汉大将韩信，淮阴人。初随项羽，后归刘邦，拜为大将。伐魏、举赵、降燕、破楚、定齐地，战功卓著。先后封为齐王、楚王。项羽破秦入关后，三分秦之关中之地，封章邯为雍王、董翳为翟王、司马欣为塞王，分治关中，合称三秦。韩信领军助刘扫三秦，后与汉师会围项羽于垓下，羽走自杀。萧何、张良、韩信并称"汉兴三杰"。后来，高祖疑其背叛，伪游云梦，擒往咸阳，降封淮阴侯。终为吕后所杀。（见《史记·淮阴侯传》）

㉔**申、示**：申述，表示。《后汉书·张纲传》云："求得与长老相见，申示国恩。"

㉕**侃訚**：言论和悦而中正。《论语·乡党》云："[孔子上]朝，与下大夫言，侃侃（和颜悦色貌）如也；与上大夫言，訚訚（正直恭敬貌）如也。"

㉖**阿魏**：木本植物。三月生叶，无花实。断其枝，汁出如饴有毒，装竹筒中，日久坚凝，即成阿魏，入药。（见《本草纲目·阿魏》）**茵陈**：草本植物。经冬不死，因旧而生，故名。有香气，入药。（见《政和证类本草·茵陈》）

㉗**楚兰、湘芷**：亦作澧兰沅芷或沅芷澧兰。**楚、湘**：指湖南。沅、澧：指湖南境内的沅水和澧水。沅澧二水流域生长有芷兰香草，人们常以"芷兰"比喻人品高洁。[战国楚]屈原《九歌·湘夫人》云："沅有芷兮澧有兰，思公子兮未敢言。"[东汉]王逸注："言沅水之中有盛茂之芷，澧水之外有芬芳之兰，异于众草，以兴湘夫人美好亦异于众人。"

㉘**花馥馥**：花香浓烈。[晋]陆机《文赋》云："播芳蕤（花下垂貌）之馥馥，发青条之森森。"

㉙**叶蓁蓁**：绿叶茂盛。《诗经·周南·桃夭》云："桃之夭夭，其叶蓁蓁。"

㉚**粉颈**：洁白的颈项。[唐]司空图《冯燕歌》云："唯将大义断胸襟，粉颈初回如切玉。"**朱唇**：红色的口唇。[宋]柳永《少年游》词云："娇多爱把齐纨扇，和笑掩朱唇。"

㉛**曹公奸似鬼**：这是三国许攸对曹操的评语。《三国志·魏书·武帝纪》载："汉末曹操尝问许攸（子远）：'我何如人？'攸曰：'子治世之能臣，乱世之奸雄（富于权诈，才足欺世的野心家）。'"

㉜**尧帝智如神**：这是《史记》中颂尧的话。《史记·五帝本纪》云："帝尧者，放勋（名子）。其仁如天，其知（智）如神，就之如日，望之如云，富而不骄，贵而不舒（傲慢）。"

㉝**南阮才郎差北富**：晋代阮氏家族共居于道北和道南，故有南阮、北阮之分，北阮富，而南阮贫，贫富分明。名人阮咸与阮籍同居道南。（见《晋书·阮籍传》）唐戴叔伦《旅次寄湘南张郎中》云："闭门茅底偶为邻，北阮那怜南阮贫。"

㉞**东施丑女效西颦**：春秋越国美女西施，因患心病而捧心而颦（皱眉）行于里巷，同里丑女东施看见觉得十分美丽，于是也仿效西施捧心皱眉走路，然其丑更甚。富人见之，闭门不出，贫人见之，携妻子而奔。（见《庄子·天运》）

㉟**色艳北堂，草号忘忧忧甚事？香浓南国，花名含笑笑何人**：这两句是宋代丁谓的《知命集》中"草解忘忧忧底（何）事，花能含笑笑何人"诗句的化用。**北堂**：也称"萱堂"，旧指母亲（主妇）的居室。**萱**：萱草，别名谖草、忘忧草、宜男草。**南国**：中国南部。含笑花，产于中国南部，有浓郁的香蕉气味。花不满开，如含笑，故名。

真韵部代表字

真　因　茵　辛　新　薪　晨　辰　臣　人　仁　神　亲
申　身　宾　滨　邻　鳞　麟　珍　瞋　尘　陈　春　津
秦　频　苹　鬒　银　垠　筠　巾　困　民　岷　贫　莼
淳　醇　纯　唇　伦　纶　轮　沦　匀　旬　巡　驯　钧
均　榛　遵　循　甄　宸　彬　椿　鹑　嶙　辚　磷　驎
泯　缗　邠　嚬　诜　𬳿　呻　伸　绅　湣　寅　夤　姻
荀　询　郇　峋　氤　恂　皴　逡　嫔

真韵律诗例选

送元二使安西

[唐] 王　维

渭城朝雨浥轻尘，客舍青青柳色新。
劝君更尽一杯酒，西出阳关无故人。

七绝的平仄

七言绝句是七律的一半，四句二十八个字。平仄格式也是四种，五言绝句格式前加两个音，如果是仄起的五字句，前面加平平变成七字句，如果是平起的五字句，前面加仄仄变成七字句。

（一）平仄脚

平平仄仄平平仄　仄仄平平仄仄平　仄仄平平平仄仄　平平仄仄仄平平

如白居易《忆江柳》

曾栽杨柳江南岸，一别江南两度春。遥忆青青江岸上，不知攀折是何人。

（二）仄仄脚

仄仄平平平仄仄　平平仄仄仄平平　平平仄仄平平仄　仄仄平平仄仄平

如王维《九月九日忆山东兄弟》

独在异乡为异客，每逢佳节倍思亲。遥知兄弟登高处，遍插茱萸少一人。

（三）仄平脚

仄仄平平仄仄平　平平仄仄仄平平　平平仄仄平平仄　仄仄平平仄仄平

如杜牧《秋夕》

银烛秋光冷画屏，青罗小扇扑流萤。天阶夜色凉如水，卧看牵牛织女星。

（四）平平脚

平平仄仄仄平平　仄仄平平仄仄平　仄仄平平

平仄仄　平平仄仄仄平平

如李白《早发白帝城》

朝辞白帝彩云间，千里江陵一日还。两岸猿声啼不住，轻舟已过万重山。

十二　文

yōu duì xǐ　qī duì xīn　wǔ diǎn duì sān
忧对喜，戚对欣[1]，五典对三

fén　fó jīng duì xiān yǔ　xià nòu duì chūn yún
坟[2]。佛经对仙语[3]，夏耨对春耘[4]。

pēng zǎo jiǔ　jiǎn chūn qín　mù yǔ duì zhāo yún
烹早韭[5]，剪春芹[6]，暮雨对朝云[7]。

zhú jiān xié bái jiē　huā xià zuì hóng qún　zhǎng wò
竹间斜白接[8]，花下醉红裙[9]。掌握

líng fú wǔ yuè lù　yāo xuán bǎo jiàn qī xīng wén
灵符五岳箓[10]，腰悬宝剑七星纹[11]。

jīn suǒ wèi kāi　shàng xiāng qū tīng gōng lòu yǒng　zhū
金锁未开，上相趋听宫漏永[12]；珠

lián bàn juǎn　qún liáo yǎng duì yù lú xūn
帘半卷，群僚仰对御炉熏[13]。

cí duì fù　lǎn duì qín　lèi jù duì qún
词对赋，懒对勤，类聚对群

fēn　luán xiāo duì fèng dí　dài cǎo duì xiāng yún
分[14]。鸾箫对凤笛，带草对香芸[15]。

yān xǔ bǐ　hán liǔ wén　jiù huà duì xīn wén
燕许笔[16]，韩柳文[17]，旧话对新闻[18]。

hè hè zhōu nán zhòng　piān piān jìn yòu jūn　liù guó
赫赫周南仲[19]，翩翩晋右军[20]。六国

shuì chéng sū zǐ guì liǎng jīng shōu fù guō gōng xūn
说成苏子贵[21]，两京收复郭公勋[22]。
hàn què chén shū kǎn kǎn zhōng yán tuī jiǎ yì táng
汉阙陈书，侃侃忠言推贾谊[23]；唐
tíng duì cè yán yán zhí jiàn yǒu liú fén
廷对策，岩岩直谏有刘蕡[24]。
yán duì xiào jì duì xūn lù shǐ duì yáng
言对笑，绩对勋，鹿豕对羊
fén xīng guān duì yuè shàn bǎ mèi duì shū qún
羵[25]。星冠对月扇[26]，把袂对书裙[27]。
tāng shì gé yuè xīng yīn luó yuè duì sōng yún
汤事葛[28]，说兴殷[29]，萝月对松云[30]。
xī chí qīng niǎo shǐ běi sài hēi yā jūn wén wǔ
西池青鸟使[31]，北塞黑鸦军[32]。文武
chéng kāng wéi yí dài wèi wú shǔ hàn dìng sān fēn
成康为一代[33]，魏吴蜀汉定三分[34]。
guì yuàn qiū xiāo míng yuè sān bēi yāo qǔ kè sōng
桂苑秋宵，明月三杯邀曲客[35]；松
tíng xià rì xūn fēng yì qǔ zòu tóng jūn
亭夏日，熏风一曲奏桐君[36]。

忧愁对欢喜，悲哀对欣慰，五典对三坟。佛经对道经，夏除草对春耕耘。炒韭芽，剪春芹，暮雨对朝云。山间竹下醉酒斜戴白接帽，花下美人不觉醉红

裙。道士掌握五岳灵符召神驱鬼，壮士腰挎宝剑有七星图文。宫门未开，朝臣只得门外听着铜壶滴漏声；珠帘半卷，群臣只能仰对御炉香熏。

词对赋，懒对勤，物以类聚对人以群分。鸾箫对风笛，带草对香芸。燕许大手笔，韩柳好文章，老话对新闻。周朝大将南仲战功赫赫，晋右将军王羲之书法翩翩。苏秦游说六国合纵抗秦地位显贵，郭子仪收复两京平定叛乱立下功勋。西汉政论家贾谊，多次忠言上书批评时政；唐刘蕡献良策，怀抱救世之志直言敢谏反倒落第。

说话对言笑，成绩对功劳，鹿猪对羊羵。星帽对团扇，紧握衣袖对题字衣裙。商汤帮葛国谷米，傅说助殷商中兴，藤萝月光对青松白云。青鸟使传信西王母要到，黑鸭军兵强马壮镇守边陲。周朝文、武、成、康四明君掌管天下太平，魏蜀吴“三分鼎足”各自称雄。秋夜桂园，酒友邀明月共饮三杯酒；夏日松亭，桐君古琴奏“南风熏”歌颂尧舜。

探源 解意

①**戚**：悲哀。《论语·八佾》云：“丧，与其易也宁戚。”**欣**：喜悦。《国语·周上》云：“事神保民，莫弗（不）欣喜。”

②**五典、三坟**：传说我国最古老的书籍，称为“三坟五典”。[汉]孔安国《尚书序》云：“伏羲、神农、黄帝之书谓之三坟，言大道也；少昊、颛顼、高辛、唐（尧）、虞（舜）之书谓之五典，言常道也。”

③**佛经**：佛教的经典，也叫“释典”，又叫“大藏经”。**佛**：是佛教徒对佛祖释迦牟尼的称呼，一般教徒称为“僧”。**仙语**：道教的经典，也叫“道经”，又叫“仙籍”。道家修行求成仙，故道家经典亦称“仙籍”。

④**夏耨春耘**：春季耕种，夏天除草。耨、耘，均指用农具除草。

⑤**烹早韭**：**早韭**：春初的韭菜芽。诗圣杜甫《赠卫八处士》诗云：“夜雨剪春韭，新炊间黄粱。”

⑥**剪春芹**：**春芹**：春季的嫩芹菜。[宋]苏轼《新城道中二首》诗云：“西崦人家应最乐，煮芹烧笋饷春耕。”[元]仇远《食芹寄天竺山友》

诗云："青青泥中芹……风味胜葱韭，煎之以牛酥，……不但甘如荠（甜菜），咀嚼香溢口。"

⑦**暮雨、朝云**：亦作朝云暮雨。战国时期，楚怀王游高唐，梦见一妇人（女神）说："妾在巫山之阳，高丘之阻，旦为朝云，暮为行雨。"（见[战国楚]宋玉《高唐赋》）后人为该女神立庙，号曰"朝云"。[宋]陆游《三峡歌》诗云："朝云暮雨浑虚语，一夜猿啼明月中。"

⑧**竹间斜白接**："白接篱"，帽名。西晋"竹林七贤"山涛之幼子山简，字季伦，河内怀县（今河南武陟西）人。曾任征南将军，都督荆、湘、交、广四州诸军事，镇守襄阳。嗜酒，荆州豪族习氏有佳园酒池，山简常去嬉游，至醉倒载（烂醉倒卧在车上）而归。儿童为之歌曰："山公时一醉，径造（直往）高阳池。日暮倒载归，酩酊无所知。复能乘骏马，倒着白接篱（刚醒酒又歪戴帽子骑骏马）。"（见《世说新语·任诞》）

⑨**花下醉红裙**：**红裙**：妇女穿的红彩裙，代指美女。这是唐代诗人李商隐《花下醉》中"寻芳不觉醉流霞，倚树沉眠日已斜"和韩愈《醉赠张秘书》中"不解文字饮，惟能醉红裙"诗意的化用。

⑩**掌握灵符五岳箓**：**符箓**：道家的秘密文书，道士用来召神驱鬼、治病延年的符。道教传说，修炼到一定程度的道士，可以掌握三山五岳灵符，统领鬼神。[唐]郑綮《开天传信记》云："道士叶法善，精于符箓之术。"

⑪**腰悬宝剑七星纹**：古宝剑有七星图纹。战国时期，楚兵追捕誓为父兄报仇的伍子胥。子胥逃至鄂渚（长江），渔父帮他渡过。子胥用三世传家之宝七星剑酬谢渔父，渔父不受。子胥遂逃往吴国。后借吴兵打回楚国，并掘墓鞭打楚平王之尸。（见《东周列国志》）

⑫**金锁未开，上相趋听宫漏永**：这是朝臣一大早在宫门等候上班的情形。宫漏：宫中的铜壶滴漏，古代宫中计时的器具。[宋] 欧阳修《内直奉寄圣俞博士》云："独直偏知宫漏永（宫漏长时间滴个没完），稍寒尤觉玉堂清。"[唐]戴叔伦《春日早朝应制》云："月沉宫漏静，雨湿禁花寒。"

⑬**珠帘半卷，群僚仰对御炉熏**：这是朝臣上朝时罗立殿侧的情形。[唐]贾至《早朝大明宫》诗云："剑佩身随玉墀（铺砌玉石的台阶）步，衣冠犹惹御

炉香。”唐代诗人岑参在《寄左省杜拾遗》中描写了退朝的情形：“晓随天仗（皇帝驾前的仪仗）入（上朝），暮惹（沾引）御香（宫中御案上火炉的香气）归。”

⑭**类聚群分**：各种方术（某一方面的主张或学说）因种类相同而聚合，各种事物因类别不同而区分。《易经·系辞上》云：“方以类聚，物以群分。”

⑮**带草**：草名。叶长而极其坚韧，相传汉郑玄门下取以束书，故名。《后汉书·郡国志四》东莱郡刘昭注引晋伏琛《三齐记》云：“郑玄教授不其山，山下生草大如[木]，叶长一尺余，坚双异常，土人名曰康成书带。”另，写字时兼有草书的体势，谓之“带草”。[唐]张怀瓘《书议》云：“夫行书，非草非真，离方遁圆，在乎季孟之间。兼真者，谓之真行；带草者，谓之行草。”**香芸**：草名。俗称“七里香”。有特异香气，能去蚤虱，辟蠹奇验，古来藏书家多用以防蠹。[唐]杨炯《卧读书架赋》云：“开卷则气杂香芸，挂编则色连翠竹。”[宋]刘克庄《鹊桥仙·庚申生日》词云：“香芸辟蠹，青藜烛阁，天上宝书万轴。”

⑯**燕许笔**：唐玄宗时，燕国公张说、许国公苏颋，皆以文章显世，号称“燕许大手笔”。（见《新唐书·苏颋传》）

⑰**韩柳文**：唐朝的韩愈和柳宗元，皆为一代文章大家，后世合称“韩柳”。[唐]杜枚《冬至日寄小侄阿宜》云：“李杜泛浩浩，韩柳摩苍苍。”

⑱**旧话**：老话。[唐]白居易《感秋咏意》云：“旧话相传聊自慰，世间七十老人稀。”[宋]苏轼《和犹子迟赠孙志举》云：“诗词各璀璨，老语徒周谆。”**新闻**：新近听到的事。[唐]李咸用《春日喜逢乡人刘松》：“旧业久抛耕钓侣，新闻多说战争功。”

⑲**赫赫周南仲**：周宣王派大将南仲征讨西戎（古代西北少数民族），战功显赫，扬名四海。《诗经·小雅·出车》云：“王命南仲，往城于方（城防北方）……赫赫南仲，薄伐（战胜）西戎。”

⑳**翩翩晋右军**：晋朝书法家王羲之，曾为右军将军。擅长书法，备精诸体，笔势翩翩，“飘若浮云，矫若惊龙”，世称“书圣”。（见《晋书·王羲之传》）

㉑**六国说成苏子贵**：战国时，东周洛阳人苏秦，是著名说客。初说秦

惠王吞并天下，不用。后游说燕赵韩魏齐楚六国，合纵抗秦，佩六国相印，为纵约之长。待纵约被张仪所破，苏秦转至齐国为客卿，与齐大夫争宠，被刺死。（见《史记·苏秦传》）

㉒**两京收复郭公勋**：唐朝大将郭子仪，今陕西华县人。以武举累官至天德军使兼九原太守。安史叛乱时，任朔方节度使，在河北击败史思明。肃宗即位，任关内河东副元帅，配合回纥兵收复长安、洛阳两京，封汾阳王。（见《唐书·郭子仪传》）

㉓**汉阙陈书，侃侃忠言推贾谊**：西汉政论家、文学家贾谊，时称贾生，洛阳（今河南洛阳东）人。少有“博学能文”之誉。汉文帝召为博士，不久迁至太中大夫。他好议国家大事，曾多次忠言上疏，批评时政。建议削弱诸侯势力，加强中央集权；主张重农抑商，驱民归农；力主抗击匈奴的攻掠。因遭大臣周勃、灌婴排挤，贬为长沙王太傅，后为梁怀王太傅。他往长沙就任时，渡湘水作《吊屈原赋》，借以抒发自身的哀怨。任长沙王太傅时，有鸮（俗称“猫头鹰”，楚人叫“鵩鸟”）飞入他的舍内，以为不祥，又作《鵩鸟赋》，自伤不遇。死时只有三十三岁。（见《史记·屈原贾生列传》）

㉔**唐廷对策，岩岩直谏有刘蕡**：唐代进士刘蕡，字去华，幽州昌平人。他沉健善谋，通晓春秋，常言古代兴亡诸事，有救世之志。文宗年间，于举贤良对策时，极力劝谏皇帝诛杀权奸、宦官，但不为皇帝赏识，遂落第。同考李郃不平地说：“刘蕡不第，我辈登科，实厚颜矣!”并上书，愿以授己之官让与刘蕡。（见《新唐书·刘蕡传》）[元]关汉卿《救风尘·第一折》云：“刘蕡下第千年恨，范丹守志一生贫。”

㉕**鹿豕**：鹿和野猪。《孟子·尽心上》云：“舜之居深山之中，与木石居，与鹿豕游，其所以异于深山之野人者几希？”后以“鹿豕”比喻鄙野或愚昧无知。**羊羵**：即“羵羊”，土中怪羊，雌雄不分。《国语·鲁语下》云：“季桓子穿井，获如土缶，其中有羊焉。使问之仲尼曰：‘吾穿井而获狗，何也？’对曰：‘以丘之所闻，羊也。丘闻之：土之怪，曰羵羊。’”

㉖**星冠**：通常指道士的帽子。[元]石子章《竹坞听琴》云：“为甚么

也丢了星冠，脱了道服？”此处“星冠”是指“星晕”，亦作“日冠”，日晕出现在太阳上方，形如冠。（见《初学记·日引杂兵书》）**月扇**：团扇，形如满月，故称“团扇”。[汉]班婕妤《怨歌行》：“裁为合欢扇，团团似明月。”[北周]庾信《北园新斋成应赵王教》云：“文弦入舞曲，月扇掩歌儿。”

㉗**把袂**：握袖，表示亲昵。**袂**：衣袖。李白初到长安，首先接触到的是长安县尉崔叔封、起居郎崔宗之等人。崔宗之是长安城中有名的“酒中仙”，他与李白虽是初交，却一见倾心，遂赋《赠李十二》诗，曰：“李侯（指李白）忽来仪，把袂苦不早。清论既抵掌，玄谈又绝倒。”感叹相见恨晚。**书裙**：南朝宋书法家羊欣，字敬元，泰山南城（今山东费县西南）人。官至中散大夫、义兴太守。博览经籍，尤长隶书，深受书法家王献之所爱。王献之任吴兴太守时，到羊欣之父、乌程县令羊不疑家走访，十三岁的羊欣正着新绢裙午睡，王献之就在羊欣的新绢裙上题书数幅而去。羊欣视为珍宝揣摩，书法大进。（见《宋书·羊欣传》）

㉘**汤事葛**：商朝都城在亳（今山东曹县南），与葛国为邻。葛伯（国君）放纵，不祭祀祖先。商汤王问其原因，葛伯说没有牛羊祭品。商汤赠给葛伯一些牛羊，但葛伯偷着把牛羊自食了，并说没有谷米祭品。商汤又派人去葛地帮种谷物，派弱小儿童给耕者送饭。但葛伯竟派人去抢粮，并杀死送饭儿童。于是商汤王出兵灭掉了葛国。这就是《书经》上说的“葛伯仇饷”。（见（孟子·滕文公下））

㉙**说兴殷**：相传殷商筑墙奴隶传说，筑于傅岩（地名）之野，为殷高宗武丁访得，举为宰相，殷商出现中兴局面。（见《尚书·说命》、《史记·殷纪》）

㉚**萝月**：萝藤间的月色。[唐]卢照邻《悲昔游》云：“萝月寡色，风泉罢声。”**松云**：青松白云，一般指隐居之境。[唐]李白《赠孟浩然》云：“红颜弃轩冕，白首卧松云。”

㉛**西池青鸟使**：神话传说。七月七日，汉武帝在承华殿斋戒。日正中，忽见住在昆仑山瑶池的西王母使者青鸟从西方来。武帝问东方朔青鸟来故，朔对曰：“西王母暮必降尊像。”天将暮，王母至，乘紫车，玉女夹

驭，载七胜（俗话说“救人一命，胜造七级浮屠”，指救人性命功德无量），清气如云，有二青鸟如鸾，夹侍王母旁。（见汉班固《汉武故事》）后以“青鸟使”泛指信使。[唐]孟浩然《清明日宴梅道士房》云：“忽逢青鸟使，邀我赤松家。”

㉜**北塞黑鸦军**：唐末西突厥族沙陀部人李克用，其父朱邪赤心助唐镇压庞勋起义，赐名李国昌。李克用自幼随父征战，冲锋陷阵，号称“飞虎子”，别号“李鸦儿”，所率沙陀兵，称为“鸦儿军”。黄巢起义军攻克长安，他被召为代州（北方）刺史率沙陀兵镇压黄巢，攻破长安，被任为河东节度使，后封晋王。（见《新五代史·庄宗纪》）

㉝**文武成康为一代**：文王、武王、成王、康王是周代的前四位明君。《书经·君牙》云：“予小子（周穆王谦称）嗣守文武成康遗绪（遗业），亦惟先正之臣（希望先王的忠臣），克（能够）左右（辅佐）乱四方（治理天下）。”

㉞**魏吴蜀汉定三分**：汉朝末年，魏、蜀、吴三国各据一方，使天下形成“三分鼎足”之势。元代无名氏《隔江斗智》云：“汉家王气已将终，鼎足三分各自雄。”

㉟**桂苑秋宵，明月三杯邀曲客**：中秋，在桂苑月下独酌邀圆月。**秋宵**：中秋之夜。**曲客**：酒友。[唐]李白《月下独酌》云：“花间一壶酒，独酌无相亲。举杯邀明月，对影成三人。”

㊱**松亭夏日，熏风一曲奏桐君**：夏日，在松亭平台抚琴奏南风。**桐君**：古琴名。**熏风**（南风）**一曲**：传说舜帝用五弦琴作《南风歌》，反映当时的太平盛世。歌词曰：“南风之熏（香气）兮，可解吾民之愠（忧郁）兮；南风之时（季节）兮，可阜（丰盛）吾民之财兮。”（见《孔子家语·辨乐篇》）

文韵部代表字

文　闻　纹　蚊　云　分　纷　芬　焚　坟　群　裙　君
军　勤　斤　筋　勋　熏　曛　醺　芹　欣　芸　耘　沄
氲　殷　汶　闵　氛　渍　汾

别董大

[唐]高　适

千里黄云白日曛，北风吹雁雪纷纷。
莫愁前路无知己，天下谁人不识君。

粘　对

律诗的平仄有“粘对”的规则。律诗八句分四联。第一句、二句是第一联，也叫首联，第三句、四句是第二联，也叫颔联，第五、六句是第三联，也叫颈联，第七、八句是第四联，也叫尾联。每联的第一句叫出句，第二句叫对句。

“对”，就是同一联中出句和对句第二个字的平仄必须对立，平对仄，仄对平。 五律的“对”，只有两副对联的形式，即：

（1）仄仄平平仄，平平仄仄平。

（2）平平平仄仄，仄仄仄平平。

七律的“对”，也是只有两副对联的形式，即：

（1）平平仄仄平平仄，仄仄平平仄仄平。

（2）仄仄平平平仄仄，平平仄仄仄平平。

如果首句用韵，那首联的平仄就不是完全对立的。五律的首联为：

（1）仄仄仄平平，平平仄仄平。

或者是：（2）平平仄仄平，仄仄仄平平。

七律的首联为：

（1）平平仄仄仄平平，仄仄平平仄仄平。

或者是：（2） 仄仄平平仄仄平，平平仄仄仄平平。

“粘”，是连的意思，就是上联的对句的第二个字和下一联出句的第二个字的平仄必须相同，平粘平，仄粘仄。具体说来，就是第三句跟第二句的第二字相粘，第五句跟第四句的第二字相粘，第七句跟第六句第二字相粘。五律的平仄格式和七律的平仄格式，都是合乎这个规则的。比如毛泽东的《长征》，第二句“水”字仄声，第三句“岭”字跟着也是“仄”声；第四句“蒙”字平声，第五句“沙”字跟着也是平声；第六句“渡”字仄声，第七句“喜”字跟着也是仄声。粘的规则是很严格的。

粘对的作用，是使声调多样化。如果不“对”，上下两句的平仄就雷同了；如果不“粘”，前后两联的平仄又雷同了。

明白了粘对的道理，可以帮助我们背诵平仄的歌诀，只要知道了第一句的平仄，全篇的平仄都能推出来。

违反了粘的规则，叫做失粘 ；违反了对的规则，叫做失对。

十三 元

bēi duì zhǎng jì duì kūn yǒng xiàng duì cháng
卑对长[1]，季对昆[2]，永巷对长

mén shān tíng duì shuǐ gé lǚ shè duì jūn tún
门[3]。山亭对水阁，旅舍对军屯[4]。

yáng zǐ dù xiè gōng dūn dé zhòng duì nián zūn
杨子渡[5]，谢公墩[6]，德重对年尊[7]。

chéng qián duì chū zhèn dié kǎn duì chóng kūn zhì shì
承乾对出震，叠坎对重坤[8]。志士

bào jūn sī quǎn mǎ rén wáng yǎng lǎo chá jī tún
报君思犬马[9]，仁王养老察鸡豚[10]。

yuǎn shuǐ píng shā yǒu kè fàn zhōu táo yè dù xié
远水平沙，有客泛舟桃叶渡[11]；斜

fēng xì yǔ hé rén xié kē xìng huā cūn
风细雨，何人携榼杏花村[12]。

jūn duì xiàng zǔ duì sūn xī zhào duì zhāo
君对相，祖对孙，夕照对朝

xūn lán tái duì guì diàn hǎi dǎo duì shān cūn
曛[13]。兰台对桂殿[14]，海岛对山村[15]。

bēi duò lèi fù zhāo hún bào yuàn duì huái ēn
碑堕泪[16]，赋招魂[17]，报怨对怀恩[18]。

líng mái jīn tǔ qì tián zhòng yù shēng gēn xiàng fǔ
陵埋金吐气[19]，田种玉生根[20]。相府

zhū lián chuí bái zhòu biān chéng huà jiǎo dòng huáng hūn
珠帘垂白昼[21]，边城画角动黄昏[22]。
fēng yè bàn shān qiū qù yān xiá kān yǐ zhàng lí
枫叶半山，秋去烟霞堪倚杖[23]；梨
huā mǎn dì yè lái fēng yǔ bù kāi mén
花满地，夜来风雨不开门[24]。

位卑对位高，弟弟对长兄，永巷关宫女对长门禁阿娇。山上亭台对水中楼阁，旅舍对军营。杨子渡，谢公屋，厚德对至尊。八卦承乾对出震，叠坎对重坤。志士报答君主愿效犬马之劳，仁君善待百姓直至小鸡小猪。远水平沙秦淮河，桃叶渡口有客舟；斜风细雨，是谁带着酒壶来到杏花村。

君主对丞相，祖爷对儿孙，晚霞对朝阳。兰台对桂殿，海岛对山村。羊公碑，招魂赋，报怨对感恩。秦王在金陵埋金镇王气，杨伯雍供路人茶水石子埋地竟生白玉。皇城相府珠帘垂挂生活平静，戍边将士号角战鼓从早到黄昏。半山枫叶红，拄杖登山赏胜景；满地梨花落，夜有风雨关好门。

探源 解意

①**卑、长**：地位低下与年长位高。《孟子·滕文公下》云："在王所者（在君王身边的人），长幼卑尊皆薛居州（人名）也。"

②**季、昆**：昆季，兄弟。昆为兄（长），季为弟（幼）。[唐]李德裕《次柳氏旧闻》云："[唐]玄宗于诸昆季，友爱弥笃，呼宁王为大哥。"

③**永巷**：汉宫中的深巷，是幽禁妃嫔、宫女的地方。《史记·吕太后本纪》云："吕后最怨戚夫人及其子赵王（如意），乃令永巷囚戚夫人。"**长门**：汉武帝刘彻娶表妹陈阿娇为妻，爱甚，以金屋藏之。十年过后，阿

娇无子，沉鱼落雁的歌女卫子夫闯入了武帝的生活，阿娇失宠，独居长门宫。她请求司马相如作《长门赋》，以感动武帝回心转意。（见汉班固《武帝故事》）

④**旅舍**：旅客居住之所。[北周]庾信《哀江南赋》云：“旅舍无烟，巢禽无树。”**军屯**：军营，军队驻扎之所。[唐]卢纶《送卫司法河中觐省》云：“晓山临野渡，落日照军营。”

⑤**杨子渡**：亦名“扬子渡”，江苏古津渡名。古时在长江北岸，由此南渡京口（今镇江市），自古为江滨要津。隋开皇十年，大臣杨素率舟师自此渡江，击朱莫问于京口，故名“杨子渡”。大业七年隋炀帝升钓台，临此津，置“临江宫”（亦名“扬子宫”）。（见《嘉庆一统志·扬州府》）

⑥**谢公墩**：山名，在金陵（今江苏南京）。晋大将军谢安（字安石）曾登临此山，并居住半山建屋墩，故名“谢公墩”。后来宋朝王安石也曾居此。王安石有《谢公墩》诗云：“我名公字偶相同，我屋公墩在眼中。公去我来墩属我，不应墩姓尚随公。”

⑦**德重年尊**：指年龄高迈、德行望重的人。[宋]邵伯温《闻见前录》云：“潞公慕唐白乐天（白居易）九老会，乃集洛（洛阳）中卿大夫年德高者，为“耆英会”。”也作“德高望重”、“德尊望重”，指年长而名位高的人。[宋]司马光《辞入对小殿札子》云：“臣窃惟富弼（宋仁宗、英宗、神宗时重臣）三世辅臣，德高望重。”

⑧**承乾出震，叠坎重坤**：乾、震、坎、坤是《周易》八卦中的四个卦名，又是两卦重叠变换所得六十四卦中的四卦。承乾、出震、叠坎、重坤，是反映这四卦的卦象特征。

承乾：表示乾卦符号（☰）之上，接续一个乾卦符号（䷀）。

出震：表示震卦符号（☳之上，再加一个震卦符号（䷲）。

叠坎：表示坎卦是两个坎卦符号（☵）相重叠（䷜）。

重坤：表示坤卦是两个坤卦符号（☷）相重叠（䷁）。

⑨**志士报君思犬马**：旧时的臣仆把自己比作君王的犬马，甘愿终身效劳。《汉书·赵充国传》云：“臣位至上卿，爵为列侯，犬马之齿

七十六。”《汉书·孔光传》云：“臣光智谋浅短，犬马齿载，诚恐一旦颠仆，无以报称。”

⑩仁王养老察鸡豚：战国思想家、教育家孟轲的仁政思想之一，指在位仁君要确保百姓家业，上能养父母，下足育妻子。让百姓在住宅四周植桑树，五十岁人有丝绸衣服；让百姓饲养鸡豚狗彘之畜，七十岁人有肉吃。（见《孟子·梁惠王上》）

⑪远水平沙，有客泛舟桃叶渡：传说东晋书法家王献之爱妾桃叶，常在今江苏南京秦淮、青溪合流处渡江，王献之放心不下，常常亲自在渡口迎送，并作《桃叶歌》示爱，歌曰：“桃叶复桃叶，渡江不用楫；但渡无所苦，我自迎接汝（你）。”后称此渡口为“桃叶渡”。（见《隋书·五行志》）

⑫斜风细雨，何人携榼杏花村：**榼**：古时一种盛酒器。“清明时节雨纷纷，路上行人欲断魂。借问酒家何处有？牧童遥指杏花村。”这是唐代诗人杜牧的名诗。杏花村在哪里？这个问路的买酒人是谁？杏花村在江苏南京；在安徽贵池；在湖北麻城；在山西汾阳……各说不一。宋代《太平寰宇记·江宁》中记载“杏花村在县里西，相传杜牧之沽酒处”。杜牧任淮南节度使时，南京是他常待的地方。因此说到杏花村买酒的就是杜牧本人。明朝嘉靖年间的《金陵历代名胜志》书上有一首诗写道：“江南春雨梦无垠，沽酒旗亭白下门。一自樊川（杜牧的号）题句后，至今人说杏花村。”但杏花村不一定就在南京，究竟在何地，还有待考证。

⑬夕照朝曛：与“夕照”相对的应为“朝曦”，即傍晚的阳光与早晨的阳光。有人解释说：“曛，本义为落日的余光，此处与朝联用，指早晨的阳光。”编者觉不妥。因为“曛”字只有“日落的余光”和“黄昏”之解。宋朝诗人秦观《送张和叔兼简黄鲁直》诗中有“学官冷如水，齑盐度朝曛”两句，但这里的“朝曛”是指“早晚”或“白天和黄昏”。编者觉把“夕照对朝曛”改为“朝旭对夕曛”，即“初升的太阳对落日的余晖”较好。[唐]韦承庆《灵台赋》云：“怒则烈火扇於衡飙，喜则春露融於朝旭。”[元]冯子振《十八公赋》云：“午曦斜而东箔撤蔽，朝旭瞥而西檽透明。”[南朝宋]谢灵运《晚出西射堂》诗云：“晓霜枫叶丹，夕曛岚气阴。”[唐]戴叔伦

《晚望》诗云："山气碧氤氲，深林带夕曛。"

⑭**兰台**：一说为战国楚台名。故址传说在今湖北省钟祥县东。《宋玉〈风赋〉序》载："楚襄王游於兰台之宫，宋玉、景差侍。"二说是汉代宫内收藏典籍之处称"兰台"。因汉代的御史中丞掌管兰台，故称御史中丞为"御史台"。[元]黄溍《日损斋笔记·杂辩》云："盖御史有两丞，其一在兰台，谓之中丞。"又东汉时班固为兰台令史，受诏撰《光武本纪》，故史官亦称"兰台"。又一说唐代指秘书省。[唐]白居易《秘书省中忆旧山》云："犹喜兰台非傲吏，归时应免动移文。"**桂殿**：一说对寺观殿宇的美称。[北周]庾信《奉和同泰寺浮屠》云："天香下桂殿，仙梵如伊笙。"[宋]范成大《宿妙庭观次东坡旧韵》云："桂殿吹笙夜不归，苏仙诗板挂空悲。"二指后妃所住的深宫。[唐]骆宾王《上吏部侍郎帝京篇》云："桂殿阴岑对玉楼，椒房窈窕连金屋。"[唐]李白《长门怨》诗云："桂殿长愁不记春，黄金四屋起秋尘。"三传说月中有桂树，故称月亮为"桂殿"。[元] 萨都剌《和马伯庸除南台中丞以诗赠别》诗云："桂殿且留修月斧，银河未许度星轺。"

⑮**海岛**：海洋中的陆地。《史记·田儋列传》云："臣恐惧，不敢奉诏，请为庶人，守海岛中。"**山村**：山野中的村庄。[唐]王勃《九成宫颂》云："山村野塾，家连菌草之园。"

⑯**碑堕泪**：西晋大将羊祜为荆州都督，与东吴相对抗，颇多建树，民望甚高。羊祜死后，襄阳民众为他常在岘山游览的去处建碑立庙，以示纪念。后人看见碑文，无不堕泪，因而称"堕泪碑"，或"羊公碑"。（见《晋书·羊祜传》）

⑰**赋招魂**：传说，我国伟大的爱国诗人屈原，深痛楚怀王之客死秦国而招其魂，并讽谏楚顷襄王之宴安淫乐，而作《招魂赋》一篇。（见《楚辞·招魂赋》）有人说是屈原自招其魂。也有人认为是宋玉哀屈原之死而作。

⑱**报怨**：报复仇怨。[汉]贾谊《过秦论》云："胡人不敢南下而牧马，士不敢弯弓而报怨。"**怀恩**：感念恩德。《新唐书·魏征传》云："今立可汗未定，即诣（往）诸国市买，彼（指可汗）必以为意在马，不在立可汗。可

汗得立，必不怀恩。”

⑲**陵埋金吐气**：传说战国时期，楚威王灭了越国，尽取吴地，以今之江苏南京地区有王气（若干年后当有天子出），甚恐，遂埋金于此地之钟山，以镇压王气，并称此地为“金陵”。后来，秦始皇南巡，改金陵为“秣陵”。汉末孙权迁都于此，改称“建业”。晋建兴初改称“建康”。明洪武元年建都于此，曰“南京”。（见《景定建康志》）

⑳**田种玉生根**：神话传说，洛阳人杨伯雍，生性纯孝。父母死亡，埋葬在无终山，他就在墓侧建房守孝。无终山山高没水，杨伯雍从山下汲水，在坡头上备茶水免费供往来行人取饮。有一人饮水后，送给他一斗石子，让他种于田中，竟生白璧，其地一顷，名为“玉田”。（见晋代干宝《搜神记》）

㉑**相府珠帘垂白昼**：南朝宋顾觊之，曾任尚书吏部郎、御史中丞、吏部尚书等职。他出任山阴县令时，将各种繁杂的政务民事逐一作出明确规定，形成一套相对比较完备的办事制度，严格照章办事，这种“理繁以约”的治理方式，使各种政务民事井井有条，以致“县用无事，昼日垂帘，门阶闲寂”。（见《南史·顾觊之传》）

㉒**边城画角动黄昏**：这是戍边将士紧张战斗生活的描绘。画角：古乐器名，发音哀厉高亢，古时军中多用来警昏晓、振士气。[宋]沈蔚《汉宫春》词云：“黄昏画角重城。更伤高念远，怀抱何胜。良时好景，算来半为愁生。”[宋]陆游《秋波媚》词云：“秋到边城角声哀，烽火照高台。悲歌击筑，凭高酹酒，此兴悠哉！”

㉓**枫叶半山，秋去烟霞堪倚杖**：秋季山林胜景依赖枫叶点缀。**烟霞**：山水胜景。**倚杖**：拄着手杖。[唐]杜牧《山行》诗云：“停车坐爱枫林晚，霜叶红于二月花。”

㉔**梨花满地，夜来风雨不开门**：这是唐代诗人刘方平《春怨》中“寂寞空庭春欲晚，梨花满地不开门”和宋朝词人李重元《忆王孙》中“欲黄昏，雨打梨花深闭门”诗词的化用。

元韵部代表字

元 原 源 鼋 园 猿 垣 烦 蕃 樊 暄 萱 喧
冤 言 轩 藩 魂 袁 沅 援 辕 番 繁 翻 幡
璠 埙 骞 鸳 蜿 浑 温 孙 门 尊 樽 存 敦
蹲 吨 豚 村 屯 盆 奔 论 昏 痕 根 恩 吞
荪 扪

山园小梅

[宋]林　逋

众芳摇落独暄妍，占尽风情向小园。
疏影横斜水清浅，暗香浮动月黄昏。
霜禽欲下先偷眼，粉蝶如知合断魂。
幸有微吟可相狎，不须檀板与金尊。

孤　平

孤平是律诗（包括长律、律绝）的大忌，所以诗人们在写律诗的时候，都会注意避免孤平。在词曲中用到同类句子的时候，也会避免孤平。

在五言“平平仄仄平”这个句型中，第一字必须用平声；如果用了仄声，成为“仄平仄仄平”，就是犯了孤平。因为除了韵脚之外，只剩一个平声字了。七言是五言的扩展，所以在“仄仄平平仄仄平”这个句型中，第三字如果用了仄声，也叫犯孤平。在唐人的律诗中，绝对没有孤平的句子。毛泽东的诗词也从来没有孤平的句子。试看《长征》第二句“万水千山只等闲”的“千”字，第六句“大渡桥横铁索寒”的“桥”字都是平声字，可为例证。 但孤平可以通过特定的平仄格式补救，成为特定的一种格式，就是在五言“平平平仄仄”这个句型中，变换成“平平仄平仄”，三、四两字的平仄互换；在七言“仄仄平平平仄仄”这个句型中，变换成“仄仄平平仄平仄”，五、六两字的平仄互换。需要注意的是：这种特定平仄格式要求五言第一字、七言第三字必须用平声，不再是可平可仄了。

比如李白五律《渡荆门送别》的第七、八句是“仍怜故乡水，万里送行舟”，第七句本该“平平平仄仄”，实为“平平仄平仄”。再如毛泽东《答友人》的第七、八句是“我欲因之梦寥廓，芙蓉国里尽朝晖”，第七句本该“仄仄平平平仄仄”实为“仄仄平平仄平仄” 。这种特定的平仄格式一般发生在五律和七律的第七句上。

十四　寒

jiā duì guó，zhì duì ān，dì zhǔ duì tiān
家对国，治对安，地主对天

guān kǎn nán duì lí nǚ，zhōu gào duì yīn pán
官①。坎男对离女②，周诰对殷盘③。

sān sān nuǎn，jiǔ jiǔ hán，dù zhuàn duì bāo tán
三三暖④，九九寒⑤，杜撰对包弹⑥。

gǔ bì qióng shēng zā，xián tíng hè yǐng dān，yàn chū
古壁蛩声匝⑦，闲亭鹤影单⑧。燕出

lián biān chūn jì jì，yīng wén zhěn shàng lòu shān shān
帘边春寂寂⑨，莺闻枕上漏珊珊⑩。

chí liǔ yān piāo，rì xī láng guī qīng suǒ tà；qì
池柳烟飘，日夕郎归青锁闼⑪；砌

huā yǔ guò，yuè míng rén yǐ yù lán gān
花雨过，月明人倚玉栏干⑫。

féi duì shòu，zhǎi duì kuān，huáng quǎn duì qīng
肥对瘦，窄对宽，黄犬对青

luán，zhǐ huán duì yāo dài，xǐ bō duì tóu gān
鸾⑬。指环对腰带⑭，洗钵对投竿⑮。

zhū nìng jiàn，jìn xián guān，huà dòng duì diāo lán
诛佞剑⑯，进贤冠⑰，画栋对雕栏⑱。

shuāng chuí bái yù zhù，jiǔ zhuǎn zǐ jīn dān，shǎn yòu
双垂白玉箸⑲，九转紫金丹⑳，陕右

táng gāo huái shào bǎi　hé yáng huā mǎn yì pān ān
棠高怀召伯[21]，河阳花满忆潘安[22]。
mò shàng fāng chūn　ruò liǔ dāng fēng pī cǎi xiàn　chí
陌上芳春，弱柳当风披彩线[23]；池
zhōng qīng xiǎo　bì hé chéng lù pěng zhū pán
中清晓，碧荷承露捧珠盘[24]。
xíng duì wò　tīng duì kàn　lù dòng duì yú
行对卧，听对看，鹿洞对鱼
tān　jiāo téng duì bào biàn　hǔ jù duì lóng pán
滩[25]。蛟腾对豹变[26]，虎踞对龙蟠[27]。
fēng lǐn lǐn　xuě màn màn　shǒu là duì xīn suān
风凛凛[28]，雪漫漫[29]，手辣对心酸[30]。
yīng yīng duì yàn yàn　xiǎo xiǎo duì duān duān　lán shuǐ
莺莺对燕燕[31]，小小对端端[32]。蓝水
yuǎn cóng qiān jiàn luò　yù shān gāo bìng liǎng fēng hán
远从千涧落，玉山高并两峰寒[33]。
zhì shèng bù fán　xī xì liù líng chén zǔ dòu　lǎo
至圣不凡，嬉戏六龄陈俎豆[34]；老
lái dà xiào　chéng huān qī zhì wǔ bān lán
莱大孝，承欢七秩舞斑斓[35]。

家对国，治对安，土地神对天上仙。坎男对离女，周诰对殷盘。三月三后暖，九月九后寒，杜撰臆造对批评指责。古墙蟋蟀连声叫，放鹤亭上人自在。

帘边燕飞春日静，枕上听莺意姗姗。池边柳烟，黄门待、侍郎一天到晚值班待诏；雨过花润，月下佳人独自斜倚玉石栏杆。

肥对瘦，窄对宽，黄犬对青鸾。指环对腰带，僧碗对钓竿。诛杀奸佞尚方剑，良相头戴进贤冠，画栋对雕栏。得道人临终鼻垂双玉涕，道家炼丹九转才得紫金丹。陕右百姓保护甘棠树怀念召伯，河阳花满全城人人称赞县令潘安。春天的田间路上，风摆细柳如同绿色彩线在空中飘舞；夏日清晨的池塘，碧绿的荷叶承托露珠就像一个个盛珠盘。

行对躺，听对看，白鹿洞书院对富春江严滩。才子蛟腾对君子豹变，地势险要如虎踞对龙蟠。风凛凛，雪漫漫，手辣对心酸。钱塘莺莺对燕燕，歌妓苏小小对李端端。蓝田水高从千涧落，雪山高耸并立两峰寒。孔子不凡，儿时玩俎豆以习祭祀礼仪；老莱子孝顺，年过七旬穿儿童彩衣装哭逗母欢。

探源 解意

①**地主、天官**：此指天地神仙。**天官**：天上神仙，亦称“天主”。《史记·封禅书》云：“八神：一曰天主，祠天齐。……二曰地主，祠泰山梁父。”

②**坎男、离女**：坎和离是《周易》八卦中的两个卦名。研究《周易》之卦，必须察看卦形。首先我们应明白，所有的卦，都是由“—”、“－－”阳阴两个卦形符号重叠组成的，“—”代表男，“－－”代表女。坎、离两卦卦形分别是“☵”和“☲”，表示坎卦，外为阴（女）中为阳（男）；离卦，外为阳（男）中为阴（女）。这叫阴阳互藏，夫妻匹配。

③**周诰殷盘**：**周诰**：是《尚书》中周书的《大诰》《康诰》《酒诰》《召诰》《洛诰》五篇文章的合称。**殷盘**：是《尚书》中商书的盘庚上、盘庚中、盘庚下三篇文章的合称。[唐]韩愈《进学解》云：“上规姚姒，浑浑无涯，周诰殷盘，佶屈聱牙。”

④**三三暖**：旧俗，农历三月三日暖春，官民聚集水滨洗饮，以祛除不祥。[唐]杜甫《丽人行》诗云：“三月三日天气新，长安水边多丽人。”众

游人在水上放置酒杯，杯流行，停在谁前，当即取饮，称为“流觞曲水”。[晋]王羲之《临河叙》云：“此地有崇山峻岭，茂林修竹，又有清流激湍，映带左右，引以为流觞（一作‘杯’）曲水。”

⑤**九九寒**：旧俗，农历九月九日寒秋重阳节，老人相率登高、饮菊花酒、佩带茱萸以避凶厄。[唐]孟浩然《秋登兰山寄张五》云：“何当载酒来，共醉重阳节。”

⑥**杜撰**：没有根据的臆造。《朱子语类·诗》云：“因论诗，历言《小序》大无义理，皆是后人杜撰，先后增益，凑合而成。”**包弹**：批评；指责。宋代谚语称人或事有缺点的叫有包弹，没有缺点的叫没包弹。[金]董解元《西厢》云：“苦爱诗书，素爱琴画，德行文章没包弹。”

⑦**古壁蛩声匝**：古壁蟋蟀叫声不绝于耳。**匝**：遍；满。[唐]孟郊《西斋养病夜怀多感》诗云：“一床空月色，四壁秋蛩声。”[唐]白居易《禁中闻蛩》云：“西窗独暗坐，满耳新蛩声（蟋蟀鸣叫）。”

⑧**闲亭鹤影单**：苏轼任彭城（今江苏徐州）郡守时，上云龙山访见隐士张君。张山人养二鹤，甚训而善飞。山上有亭，名之“放鹤亭”。苏轼写了《放鹤亭记》一文，描述张山人超凡拔俗，飘飘欲仙，有如野鹤闲云，过着比“南面而君”的皇帝还要逍遥自在的快活日子。（见《放鹤亭记》）

⑨**燕出帘边春寂寂**：春天，主人坐庭院赏帘边燕子飞舞。**寂寂**：寂静。[唐]刘兼《春燕》诗云：“多时窗外语呢喃，只要佳人卷绣帘。”[唐]杜甫《涪城县香积寺官阁》诗云：“小院回廊春寂寂，浴凫飞鹭晚悠悠。”

⑩**莺闻枕上漏珊珊**：清晨，东家卧枕上听舒缓漏滴莺啼。**珊珊**：舒缓。[唐]白居易《闻早莺》诗云：“日出眠未起，屋头闻早莺。”[宋]石孝友《临江仙》词云：“枕上莺声初破睡，峭寒轻透帘帏。”[唐]莫宣卿《百官乘月早朝听残漏》诗云：“星河犹皎皎，银箭（滴漏壶的部件。上刻时辰度数，随水浮沉以计时）尚珊珊。”

⑪**池柳烟飘，日夕郎归青锁闼**：从早到晚，黄门侍郎天天在池柳烟绕的宫禁中值班待诏。**日夕**：从早到晚。**郎**：指黄门侍郎。**青锁闼**：宫门上刻画有青色连锁花纹，因称宫门为“青锁闼”，即皇宫。这里是黄门侍郎上朝

值班之所。[唐]韦应物《送褚校书归旧山歌》云："朝朝待诏青锁闼，中有万年之树蓬莱池。"

⑫**砌花雨过，月明人倚玉栏干**：雨过月明，愁闷佳人站立在雨浸砌花的玉栏边望月思亲。**砌花**：楼前台阶上花卉。[唐]白居易《寄湘灵》诗云："遥知别后西楼上，应凭栏杆独自愁。"[宋]李清照《念奴娇·春情》词云："楼上几日春寒，帘垂四面，玉栏干慵倚。"

⑬**黄犬**：指"黄耳"。晋陆机有犬名黄耳，机甚爱之。后陆机到洛阳做官，久无家信，便对犬戏语说："我家久无书信，你能跑着送书回家并取回消息吗？"黄耳摇尾巴并叫着答应了。陆机写好信，放入竹筒，系于犬颈。犬跑向吴地，至机家，得报回洛。（见[南朝梁]任昉《述异记》）**青鸾**：古代传说中凤凰一类的神鸟。赤色多者为凤，青色多者为鸾。[唐]李白《凤凰曲》："嬴女（指弄玉）吹玉箫，吟弄天上春。青鸾不独去，更有携手人。"另有传说，罽宾王于峻祁之山，获一鸾鸟，饰以金樊，食以珍馐，但三年不鸣。其夫人说：尝闻鸟见其类而后鸣，何不悬镜以映之。王从其意，鸾睹形悲鸣，哀响中霄，一奋而绝。后因以"青鸾"借指镜。（见[南朝宋]范泰《鸾鸟诗序》）

⑭**指环**：亦作"指镮"，即戒指。以金、宝石等制成环，戴在手指上，以为饰品。多作男女定情信物。[唐]孙棨《题妓王福娘墙》云："移壁回窗费几朝，指镮偷解博红椒。无端斗草输邻女，更被拈将玉步摇。"**腰带**：衣带。《后汉书·东平宪王苍传》云："为人美须髯（胡子），要（同'腰'）带八围。"

⑮**洗钵**：钵：指僧人用的食器。唐代一个僧人来到赵州观音院学禅法。早饭后，他去向赵州禅师请教："师父，请问什么是禅？"，师父问："你吃粥了吗？"僧答："吃粥了。"师父说："吃过了就去洗钵吧！"僧人省悟师父的话意是禅要从日常的衣食住行中用心体会。（见《无门关·从容录三十九则》）[唐]李端《夜投豊德寺谒海上人》云："半夜中峰有磬声，偶寻樵者问山名。……愿得远山知姓字，焚香洗钵过馀生。"**投竿**：垂钓。这是"放长线钓大鱼"的寓言故事。任国公子做了个大鱼钩，用粗大黑绳为钓

线，用五十头牛作钓饵，蹲在会稽山（在浙江绍兴南）上，投竿于东海，一年以后有一条大鱼吞食鱼饵，牵着钓竿忽沉海底，忽腾身而起，掀起如山的白浪，涛声震惊千里。任公子钓得这条大鱼，让浙江以东，苍梧以北之人食用，人人皆饱。（见《庄子·外物》）[三国 魏] 嵇康《四言》云：“放棹投竿，优游卒岁。”[唐]李白《赠钱征君少阳》云：“秉烛唯须饮，投竿也未迟。如逢渭水猎，犹可帝王师。”

⑯**诛佞剑**：西汉槐里令朱云，字游，鲁人。任侠，不畏权贵。成帝时，上书求赐尚方剑，斩佞臣成帝老师安昌侯张禹，成帝怒而欲杀云，御史把云劝走，朱云攀折殿槛栏求死，被辛庆忌救援得免。后欲修复槛栏，成帝阻止，留作对直臣的怀念。（见《汉书·朱云传》）

⑰**进贤冠**：古时儒者官吏所戴之缁布（黑布）冠，以帽上梁数多少分贵贱。[唐]杜甫《丹青引赠曹将军霸》云：“良相头上进贤冠，猛将腰中大羽箭。”

⑱**画栋**：绘有彩饰的栋梁。[唐]王勃《滕王阁》诗云：“画栋朝飞南浦云，珠帘暮卷西山雨。” **雕栏**：雕有彩饰的栏杆。[宋]苏轼《法惠寺横翠阁》诗云：“雕栏能得几时好，不独凭栏人易老。”

⑲**双垂白玉箸**：佛教称人死后下垂的两道鼻涕为“玉箸”。[明]陶宗仪《辍耕录·嗓》云：“王（王和卿）忽坐逝（逝世），而鼻垂双涕尺余，人皆叹骇，关（关汉卿）来吊唁，询其由。或对云：‘此释家所谓坐化也。’复问鼻悬何物，又对云：‘此玉箸也。’”

⑳**九转紫金丹**：道家称炼烧丹药，时间愈久，则转数愈多，以九转为贵，效能最高，称“紫金丹”。（见葛洪《抱朴子·金丹》）[唐]岑参《下外江舟中怀终南旧居》诗云：“早年好金丹，方士传口诀。”[唐]杜甫《将赴成都草堂途中有作先寄严郑公》诗云：“生理只凭黄阁老（指时镇守成都的唐朝黄门侍郎严武），衰颜欲付（托付）紫金丹。”

㉑**陕右棠高怀召伯**：周武王之臣姬奭，因封地在召，故称召公或召伯。武王灭纣后，封召公于北燕。成王时，与周公旦分陕而治，“自陕而西（陕右），召公主之；自陕而东，周公主之。”召伯主陕右时，巡行乡邑，

曾在甘棠树下决狱治事，政绩卓著，深得民心。后人怀念召伯，不忍伐其树，故作《甘棠》诗歌颂之："蔽芾（茂盛）甘棠，勿剪勿败（毁坏），召伯所憩（休息）。"（见《史记·燕召公世家》、《诗经·召南·甘棠》）

㉒**河阳花满忆潘安**：西晋潘岳，字安仁，今河南中牟人。任河阳（今河南孟津）县令时，在全县广植桃李，好花绚烂，万民称赞，并称河阳为"潘岳县"。（见《晋书·潘岳传》）[北周]庾信《春赋》云："河阳一县并是花，金谷（石崇的金谷园）从来满园树。"

㉓**陌上芳春，弱柳当风披彩线**：春天，田间路边细柳迎风，好像披着彩线。**陌**：田间小路。**芳春**：春天。[明]张时彻《陌上柳》云："陌上柳，春风披拂长短条。"

㉔**池中清晓，碧荷承露捧珠盘**：清晨，池中荷叶捧珠，犹如承露盘。**清晓**：天刚亮的时候。**承露盘**：汉武帝迷信神仙，于神明台上立铜仙人伸双臂捧掌以接甘露，名曰"承露盘"，以为饮之可以延年。（见《三辅故事》）

㉕**鹿洞**：指"白鹿洞"，即宋代朱熹讲学的"庐山白鹿洞书院"。[宋]韩补《紫阳山赋》云："既表章乎鹿洞，宜敷锡乎枌榆。"**鱼滩**：指"严滩"，是后汉严光隐居时的钓鱼处。后汉严光，字子陵，会稽余姚人。少与光武帝刘秀同学，有高名。刘秀称帝，光改姓名隐遁。刘秀召光到京，授谏议大夫，不受，退隐于浙江富春山农耕、钓鱼自乐。后人名其处为"严陵濑"，亦称"严滩"。（见《后汉书·隐逸传》）

㉖**蛟腾**：亦作"腾蛟"。比喻人的才华焕发。[唐]王勃《滕王阁序》云："腾蛟起凤，孟学士之词宗；紫电清霜，王将军之武库。"**豹变**：豹纹变美。比喻人的迁善去恶。《易经·革卦》云："君子豹变（愈变愈有文采），小人革面。"今称人由贫贱而显达。

㉗**虎踞龙蟠**：比喻地势雄壮险要，如有虎在卧，有龙在蟠。传说汉末刘备使诸葛亮去金陵（今南京），对孙权说："秣陵地形，钟山龙蟠，石城虎踞，此帝王之宅。"（见[晋]张勃《吴录》）[唐]李白《永王东巡歌》诗云："龙盘虎踞帝王州，帝子金陵访古丘。"

㉘**风凛凛**：秋风寒冷。郝经《秋思》："静听风雨急，透骨寒凛

凛。”

㉙**雪漫漫**：大雪铺天盖地。**漫漫**：遍布貌。[宋]向子堙《阮郎归·绍兴乙卯大雪行鄱阳道中》词云：“江南江北雪漫漫，遥知易水寒。” [宋]赵时韶《林下》云：“山前山后雪漫漫，输与田夫野老看。”

㉚**手辣**：手段毒辣。林平《从夏三虫说开去》云：“他颐指气使，心狠手辣。”锦衣居士陈雪松有副佛教楹联云：“不顾手辣成误会；但将心狠作慈航。”**心酸**：心中悲痛。[汉]蔡文姬《胡笳十八拍》云：“十七拍兮心鼻酸，关山修阻行路难。”

㉛**莺莺燕燕**：传说钱塘（今杭州）范十二郎有二女，名叫莺莺燕燕，为富民陆氏之妾。宋代诗人张子野八十五娶妾，苏东坡作诗嘲讽他说：“诗人老去莺莺在，公子归来燕燕忙。”（见苏轼《张子野年八十五尚闻买妾述古令作诗》）

㉜**小小**：南齐钱塘（今杭州）有著名歌妓苏小小，又名简简。[唐]白居易《杨柳词》云：“若解多情寻小小，绿杨深处是苏家。”[唐] 白居易《简简吟》云：“苏家小女名简简，芙蓉花腮柳叶眼。”**端端**：唐代扬州名妓，姓李。李端端性格傲然。唐代诗人崔涯曾写诗嘲笑她肤黑脸丑：“黄昏不语不知行（晚上她不吭声看不到她是行人），鼻似烟窗耳似铃。” 李端端遂去哀求崔涯把自己写得美一点。于是崔涯又写赞美她的诗一首：“觅得黄骝被绣鞍，善和坊外取端端。扬州今日浑成错，一朵能行白牡丹。”明代画家唐寅（伯虎）画了一幅李端端找诗人崔涯说理的画《李端端落籍图》，画上并题诗一首：“善和坊里李端端，信是能行白牡丹。谁信扬州金满市，胭脂价到属穷酸。”

㉝**蓝水远从千涧落，玉山高并两峰寒**：这是唐肃宗乾元元年，杜甫任华州司功（官名）游蓝田时，所作《九日蓝田崔氏庄》诗中的两句，抒发其伤离悲秋叹老、尽欢至醉的情感。原诗曰：“老去悲秋强自宽，兴来终日尽君欢……蓝水远从千涧落，玉山高并两峰寒。”

㉞**至圣不凡，嬉戏六龄陈俎豆**：孔子在儿童时期就常玩祭祀祖先、习练礼法的游戏。孔子死后被尊为“至圣先师”。《史记·孔子世家》载：

“孔子为儿嬉戏，常陈俎豆（祭祀、宴飨之用礼器），设礼容（礼节法度）。”

㉟**老莱大孝，承欢七秩舞斑斓**：春秋末期，楚国老莱子隐居于蒙山之阳，自耕而食。他很重孝道，年逾七十，还常穿五色彩衣，扮成婴儿状，嬉戏啼哭，逗父母开心。楚王召其出仕，不就，偕妻迁居江南。（见《高士传》）。

寒韵部代表字

寒　韩　翰　单　丹　安　鞍　难　餐　檀　坛　滩　弹
残　干　肝　竿　乾　阑　栏　澜　兰　看　丸　完　桓
纨　端　湍　酸　团　攒　官　棺　观　冠　鸾　銮　峦
欢　宽　盘　蟠　漫　叹　邯　郸　摊　玕　磻　拦　珊
狻

无　题

[唐] 李商隐

相见时难别亦难，东风无力百花残。
春蚕到死丝方尽，蜡炬成灰泪始干。
晓镜但愁云鬓改，夜吟应觉月光寒。
蓬山此去无多路，青鸟殷勤为探看。

拗 救

在格律诗中，凡平仄不依常格的句子，叫拗句。句子“拗”了，在本句或对句的适当位置加以补救，叫“救”，合起来称为“拗救”。常见的拗救有本句自救、对句相救、自救对救相结合。

本句自救：如李白《夜宿山寺》中的“恐惊天上人”句中“恐”拗了，第三字平声“天”来救，本格应“平平仄仄平”，而因拗救转换成了“仄平平仄平”。这叫“一拗三救救孤平”。

对句相救：如白居易《赋得古原草送别》中的“野火烧不尽，春风吹又生”，出句第四字“不”字拗了，对句第三字平声“吹”来救。本应“仄仄平平仄，平平仄仄平”因拗救转变为“仄仄平仄仄，平平平仄平”。这叫“出四拗，对三救，一定得去救”。

自救对救相结合：许浑《咸阳城东楼》中的“溪云初起日沉阁，山雨欲来风满楼”，出句第五字“日”拗了，对句第三字“欲”拗了，对句的第五字平声“风”救了本句的“欲”，也救了出句的“日”字。本来的格式应为“平平仄仄平平仄，仄仄平平仄仄平”，因为拗救而转变为“平平仄仄仄平仄，仄仄仄平平仄平”。这叫“出五拗，对三拗，对五救，一定得去救”。

律诗是合律的，拗句被救后仍旧属合律。

拗句不止以上三个例型，第一、二、三、四、五、六字都可能“拗”。所谓“一三五不论，二四六分明”即只看第二、四、六字的平仄是否合律是不全面的。

十五　删

lín duì wù　lǐng duì luán　zhòuyǒng duì chūn

林对坞，岭对峦，昼永对春

xián　móushēn duì wàngzhòng　rèn dà duì tóu jiān

闲[1]。谋深对望重[2]，任大对投艰[3]。

qún niǎo niǎo　pèi shān shān　shǒu sài duì dāngguān

裙袅袅[4]，佩珊珊[5]，守塞对当关[6]。

mì yún qiān lǐ hé　xīn yuè yì gōu wān　shū bǎo

密云千里合[7]，新月一钩弯[8]。叔宝

jūn chén jiē zòng yì　chónghuá fù mǔ shì yín wán

君臣皆纵逸[9]，重华父母是嚚顽[10]。

míngdòng dì jī　xī shǔ sān sū lái rì xià　zhuàng

名动帝畿，西蜀三苏来日下[11]；壮

yóu jīng luò　dōng wú èr lù qǐ yún jiān

游京洛，东吴二陆起云间[12]。

lín duì fǎng　lìn duì qiān　tǎo nì duì píng

临对仿[13]，吝对悭[14]，讨逆对平

mán　zhōnggān duì yì dǎn　wù bìn duì yún huán

蛮[15]。忠肝对义胆[16]，雾鬓对云鬟[17]。

mái bǐ zhǒng　làn kē shān　yuè mào duì tiān yán

埋笔冢[18]，烂柯山[19]，月貌对天颜[20]。

lóng qián zhōng dé yuè　niǎojuàn yì zhī huán　lǒng shù

龙潜终得跃[21]，鸟倦亦知还[22]。陇树

fēi lái yīng wǔ lǜ xiāng yún tí chù zhè gū bān
飞来鹦鹉绿[23]，湘筠啼处鹧鸪斑[24]。
qiū lù héngjiāng sū zǐ yuè míng yóu chì bì dòng
秋露横江，苏子月明游赤壁[25]；冻
xuě mí lǐng hán gōng xuě yōng guò lán guān
雪迷岭，韩公雪拥过蓝关[26]。

译文

树林对土坞，山岭对峰峦，白天对春闲。深谋远虑对德高望重，天降大任对付出艰难。裙子随风飘动，玉佩悦耳清脆，驻守边塞对把住关口。千里密云聚合，新月一钩弯弯。南朝叔宝君臣皆放荡，虞舜父母狠毒又横蛮。眉州三苏到了京城汴梁，名声震天下；东吴二陆松江勤学，文才超人轰动洛阳。

临摹对效仿，吝啬对尖酸，讨伐逆贼对平定夷蛮。忠肝对义胆，雾发对云鬟。埋笔冢，烂柯梦，金容月貌对帝王容颜。潜龙终有飞跃时，鸟倦亦知快飞还。陇西飞来能言的绿鹦鹉，湘妃泪滴青竹成了鹧鸪斑。秋露长江，苏轼邀友月夜游赤壁；秦岭云横，韩愈冒着大雪过蓝关。

探源 解意

①**昼永**：亦作“永昼”，漫长的白天。[宋]林逋《病中谢马彭年见访》诗云：“山空门自掩，昼永枕频移。”[宋]李清照《醉花阴》词云：“薄雾浓云愁永昼，瑞脑销金兽。”**春闲**：农事以冬春为清闲月份。《汉书·刘般传》云：“且以冬春闲月，不妨农事。”

②**谋深**：“深谋”，计谋深远。太史公司马迁说：“贾谊曰：‘深谋远虑，行军用兵之道，非及乡时之士也。’”**望重**：名望威重。多用来称颂老年人。《晋书·简文三子传》云：“元显因讽礼官下议，称己德隆望重，

既录百揆，内外群僚皆应尽敬。”

③**任大、投艰**：亦作“遗大投艰”。语出《尚书·大诰》“予造天役（我受上天支使），遗大投艰于朕（天子自称）身”。意思是，上天把重大而艰巨的责任托付给我。遗、投：均为“降给”之意。

④**裙袅袅**：随风飘动貌。[南朝梁]王筠《楚妃吟》云：“蝶飞兰复熏，袅袅轻风入翠裙。”

⑤**佩珊珊**：声音清脆悦耳舒缓。[唐]白居易《霓裳羽衣舞歌》诗云：“虹裳霞帔步摇冠（凤冠），钿璎累累佩珊珊。”[唐]杜甫《郑驸马宅宴洞中》诗云：“自是秦楼压郑谷，时闻杂佩声珊珊。”

⑥**守塞**：防守边塞。《汉书·晁错传》云：“然令远方之卒守塞，一岁而更，不知胡人之能，不如选常居者，家室田作，且以备之。”[南朝宋]谢灵运《上书劝伐河北》诗云：“若游骑长驱，则沙漠风靡。若严兵守塞，则冀方山固。”**当关**：把守关口。[唐]李白《蜀道难》云：“剑阁（关名）峥嵘而崔嵬，一夫当关，万夫莫开。”

⑦**密云千里合**：这是明朝朱希晦《寄李适菴陈叔向二先生》中“江东千里暮云合”诗句的化用。

⑧**新月一钩弯**：这是宋朝诗人陆游《倚楼》中“新月纤纤玉一钩”诗句的化用。

⑨**叔宝君臣皆纵逸**：南朝陈国末代皇帝陈叔宝，字符秀，小字黄奴。在位时大建宫室，生活侈靡，纵情声色，贪图安逸，整日与妃嫔、文臣游宴，制作艳词，如《玉树后庭花》、《临春乐》等。隋兵南下时，他恃长江天险，不以为意。不久，隋兵攻入京都建康（今江苏南京），被隋兵俘虏，陈国灭亡。（见《南史·陈后主本纪》）

⑩**重华父母是嚚顽**：嚚顽，蠢而顽固。古帝虞舜，名重华。父是盲人，母早亡，父又娶妻而生象。父顽（顽固），母嚚（放肆），象傲，常共谋杀害重华。父母叫舜修理粮仓，待舜上仓后，父母撤去梯子，放火烧仓，幸好舜设法逃脱。父母又让他淘井，舜下井后，父象就填土埋井，幸好舜从匿（暗）孔逃出。（见《孟子·万章上》）

⑪名动帝畿，西蜀三苏来日下：北宋眉州眉山（今属四川）人苏洵与二子苏轼、苏辙，皆以文学出众，名震日下（京都，帝王所在地称“日下”）汴梁，都被列为“唐宋八大家”，世称“三苏”。（见《宋书·苏洵传》）

⑫壮游京洛，东吴二陆起云间：西晋吴郡吴县（今上海松江，古称“云间”）人陆机、陆云兄弟二人，为三国吴国名将吴逊、吴抗之后。吴亡后，居家勤学。太康末年，同到洛阳，文才倾动一时，世称“二陆”。后被成都王司马颖杀害。（见《晋书·陆机传》）

⑬临：临摹，摹写字画等。[宋]苏轼《次韵曹子方瑞香花》云：“明朝便陈迹，试着丹青临。”**仿**：仿效，照着样子做。[唐]韩愈《论佛骨表》云：“焚顶烧指，百十为群，解衣散钱，自朝至暮，转相仿效，惟恐后时。”

⑭吝：吝啬。《晋书·义阳王望传》云：“望性俭吝而好聚敛。”**悭**：吝啬。《南史·王玄谟传》云：“刘秀之俭吝，常呼之老悭。”

⑮讨逆平蛮：讨伐叛逆，平定蛮人。旧时称南方少数民族为蛮人。(参见“十一真”韵注㉒)

⑯忠肝义胆：赤胆忠心。[宋]汪元量《浮丘道人招魂歌》云：“忠肝义胆不可状，要与人间留好样。”

⑰雾鬟云鬓：亦作“雾鬓风鬟”，形容妇女发髻松散飘逸。[宋]苏轼《题毛女真》云：“雾鬓风鬟木叶衣，山川良是昔人非。”

⑱埋笔冢：埋笔的坟。唐书法家怀素，本姓钱，僧人，字藏真，长沙人。精勤学书，以善“狂草”出名。传说他用过的秃笔成堆，埋于山下，号曰“笔冢”。（见[唐]李肇《国史补》）另传，陈、隋间吴兴永欣寺僧人智永是著名的书法家，相传他写字积下来的秃笔头就有十瓮，后埋成一墓，号曰“退笔冢”。（见[唐]张怀瓘《书断·僧智永》）

⑲烂柯山：烂柯山，即现浙江衢州市郊的石室山，神话传说，晋人王质到石室山砍柴，看到两个童子在下围棋，便放下斧头观看。童子送给王质一枚似枣核的东西，含于口中，不觉饥饿。未久，童子对王质说：“你为何还不回家？”王质起身欲归，看斧，柄已经腐烂；回到村里，与己同龄者都已

过世。（见[南朝梁]任昉《述异记》）从此，石室山又叫烂柯山。围棋又名烂柯。因烂柯山，浙江衢州现为中国围棋之乡。

⑳**月貌**：形容美女的面貌丰满如圆月。[隋]江总《优填像铭》：“眸云齿雪，月貌金容。”**天颜**：帝王的容颜。[唐]杜甫《紫宸殿退朝口号》云：“昼漏稀闻高阁殿，天颜有喜近臣知。”

㉑**龙潜终得跃**：《周易·乾卦》云：“初九，潜龙勿用(潜伏水中之龙，暂难施展其才能)……九四，或跃在渊（时机到，则腾跃于渊）。”比喻好环境宜于英雄用武。

㉒**鸟倦亦知还**：疲倦的飞鸟也知道回巢，比喻厌倦游宦生涯的人。[晋]陶潜《归去来兮辞》云：“云无心以出岫（浮云悠然飘出山坳），鸟倦飞而知还。”

㉓**陇树飞来鹦鹉绿**：绿羽鹦鹉陇西来。绿羽鹦鹉多产于陇西，故也称为“陇禽”，人舌能言。这是唐代诗人白居易《鹦鹉》中“陇西鹦鹉到江东，养得经年觜渐红”诗意的化用。

㉔**湘筠啼处鹧鸪斑**：舜妃泪沾竹呈斑。筠：竹的别名。这是明朝史谨《谢郭舍人赠斑竹杖》中“乡日（从前。乡，通‘向’，往日）曾沾妃子泪，至今犹带鹧鸪斑”诗句的化用。神话传说，舜帝死于南巡，葬于苍梧（今湖南九嶷山）。舜妃娥皇、女英思念舜帝，痛哭不已，滴泪沾竹，竹呈斑纹，故称“斑竹”。二妃死后，化为湘水之神，故又称“湘妃竹”。（见[南朝梁]任昉《述异记》）

㉕**秋露横江，苏子月明游赤壁**：苏轼在黄州做官，曾与客月夜泛舟游赤壁。他在《前赤壁赋》中写道：“壬戌之秋，七月既望（月圆之日），苏子（苏轼自称）与客泛舟，游于赤壁之下。”“月出于东山之上，徘徊于斗牛之间。白露横江，水光接天。”

㉖**冻雪迷岭，韩公雪拥过蓝关**：唐代诗人韩愈，曾任刑部侍郎，因上书谏阻唐宪宗“迎佛骨”，触怒宪宗，被贬为距长安八千里之遥的潮州刺史。韩愈赴任时路过蓝关，天下大雪，遂借秦岭云横之景赋诗《左迁至蓝关示侄孙湘》，抒发其离开长安的心情：“一封朝奏九重天，夕贬潮州路

八千；云横秦岭家何在？雪拥蓝关（即蓝田关）马不前。”（见韩愈《左迁至蓝关示侄孙湘》）

删韵部代表字

删　间　患　孱　潸　关　弯　湾　还　环　鬟　寰
班　斑　蛮　颜　奸　攀　顽　山　间　闲　艰　悭
潺

删韵律诗例选

石灰吟

[明]于　谦

千锤万击出深山，烈火焚烧若等闲。
粉身碎骨浑不怕，要留清白在人间。

对偶、对仗

对偶与对仗是两个概念，是两种语言形式，多在诗词中运用。二者很相像，有相同之处，也有不同之处。

对偶：是一种修辞方法，除诗词外，也广泛使用于其他文体。特点是：成对使用的两个文句，字数相等，结构对应，节奏一样，词性相同或大体相同。如“万水千山”“先天下之忧而忧，后天下之乐而乐”这种对称的语言方式就是对偶句，表达形式整齐和谐，内容上相互映衬，具有独特的艺术效果。

对仗：是诗词创作和对联写作中运用的一种上下文相对称的特殊表现形式和手段，就像两行仪仗队同时两两相对地并行出现一样。它要求诗词上下句在对偶的基础上，上下句同一结构位置的词语必须“词性一致，平仄对立”，本句平仄对替符合诗律要求，上下句也要平仄对立，并且上下句不能重复使用同一字同一词语，内容还要有关联。这种上下句声调对立的并列句式叫对仗。格律诗词的对仗句具有对称美、音韵美、节奏美、建筑美。格律诗词对对仗的要求甚为严格。楹联更是如此，楹联的精髓就是对仗。

举例说明：

（1）先天下之忧而忧，后天下之乐而乐。（范仲淹《岳阳楼记》）

——只对偶，不对仗。

（2）横眉冷对千夫指，俯首甘为孺子牛。（鲁迅《自嘲》）

——既对偶，又对仗。

（3）墙上芦苇，头重脚轻根底浅；山间竹笋，嘴尖皮厚腹中空。（毛泽东《改造我们的学习》）

——既对偶，又对仗。

对偶主要是从结构上说的，基本点是“对称”；对仗主要是从词性和意义上说的，基本点是“对立”。达到对偶不一定对仗，对仗一定会对偶。

律诗对仗说的是中间两联，即三、四两句颔联和五、六两句颈联必须对仗。首联可对可不对。但只有中间一联（常见为颔联对仗）对仗的或前三联对仗、后三联对仗的也不是没有。

对仗首先要求句型一致：比如毛泽东的《冬云》里“高天滚滚寒流急，大地微微暖气吹”，两句都是主谓句，句型一样。

对仗要求词性相对：名词对名词，形容词对形容词。大致分九类：名词、动词、形容词、数词、颜色词、方位词、副词、虚词、代词。其中名词又分十四小类：天文、地理、时令、宫室、器物、衣饰、饮食、文具、文学、花草、鸟禽、人事、形体、伦理等。

如果词性一致，句型一致，平仄对立，那么对仗是工整的，叫做工对。比如：毛泽东的《送瘟神》的中间两联“红雨随心翻作浪，青山着意化为桥。天连五岭银锄落，地动三河铁臂摇”就是典型的工对：句型对、颜色对、数字对、名词对、动词对、形容词对，声调平仄对立，都在其中。

另外，对仗中还有两句内容相反的“反对”；上下意义相近的“正对”；放宽条件，不太工整的“宽对”；借音借意对仗的“借对”；出句对句意思相承的“流水对”等。

《笠翁对韵》就是各种对偶、对仗句的集大成，仔细阅读就可品出“对句”的精致内涵，并可仿照学写。

下卷（下平声）

一先

hán duì shǔ rì duì nián cù jū duì qiū
寒对暑，日对年，蹴踘对秋
qiān dān shān duì bì shuǐ dàn yǔ duì qīng yān
千[1]。丹山对碧水[2]，淡雨对轻烟[3]。
gē wǎnzhuǎn mào chán juān xuě fù duì yún jiān
歌宛转[4]，貌婵娟[5]，雪赋对云笺[6]。
huāng lú qī nán yàn shū liǔ zào qiū chán xǐ ěr
荒芦栖南雁[7]，疏柳噪秋蝉[8]。洗耳
shàng féng gāo shì xiào zhé yāo kěn shòu xiǎo ér lián
尚逢高士笑[9]，折腰肯受小儿怜[10]？
guō tài fàn zhōu zhé jiǎo bàn chuí méi zi yǔ shān
郭泰泛舟，折角半垂梅子雨[11]；山
jiǎn qí mǎ jiē lí dǎo zhuó xìng huā tiān
简骑马，接篱倒着杏花天[12]。

qīng duì zhòng féi duì jiān bì yù duì qīng
轻对重，肥对坚[13]，碧玉对青
qián jiāo hán duì dǎo shòu jiǔ shèng duì shī xiān
钱[14]。郊寒对岛瘦[15]，酒圣对诗仙[16]。
yī yù shù bù jīn lián záo jǐng duì gēng tián
依玉树[17]，步金莲[18]，凿井对耕田[19]。
dù fǔ qīng xiāo lì biān sháo bái zhòu mián háo yǐn
杜甫清宵立[20]，边韶白昼眠[21]。豪饮

kè tūn bō dǐ yuè　hān yóu rén zuì shuǐ zhōng tiān
客吞波底月，酣游人醉水中天[22]。
dòu cǎo qīng jiāo　shù háng bǎo mǎ sī jīn lè　kàn
斗草青郊，数行宝马嘶金勒[23]；看
huā zǐ mò　shí lǐ xiāng chē yōng cuì diàn
花紫陌，十里香车拥翠钿[24]。
yín duì yǒng　shòu duì chuán　lè yǐ duì qī
吟对咏，授对传，乐矣对凄
rán　fēng péng duì xuě yàn　dǒng xìng duì zhōu lián
然。风鹏对雪雁[25]，董杏对周莲[26]。
chūn jiǔ shí　suì sān qiān　zhōng gǔ duì guǎn xián
春九十[27]，岁三千[28]，钟鼓对管弦。
rù shān féng zǎi xiàng　wú shì jí shén xiān　xiá yìng
入山逢宰相[29]，无事即神仙[30]。霞映
wǔ líng táo dàn dàn　yān huāng suí dī liǔ mián mián
武陵桃淡淡[31]，烟荒隋堤柳绵绵[32]。
qī wǎn yuè tuán　chuò bà qīng fēng shēng yè xià　sān
七碗月团，啜罢清风生腋下[33]；三
bēi yún yè　yǐn yú hóng yǔ yùn sāi biān
杯云液，饮余红雨晕腮边[34]。
zhōng duì wài　hòu duì xiān　shù xià duì huā
中对外，后对先，树下对花
qián　yù zhù duì jīn wū　dié zhàng duì píng chuān
前[35]。玉柱对金屋，叠嶂对平川[36]。

sūn zǐ cè zǔ shēngbiān shèng xí duì huá yán
孙子策[37]，祖生鞭[38]，盛席对华筵[39]。
jiě zuì zhī chá lì xiāo chóu shí jiǔ quán sī jiǎn
解醉知茶力[40]，消愁识酒权[41]。丝剪
jì hé kāi dòngzhǎo jǐn zhuāng fú yàn fàn wēnquán
芰荷开冻沼[42]，锦妆凫雁泛温泉[43]。
dì nǚ xián shí hǎizhōng yí pò wéi jīng wèi shǔ
帝女衔石，海中遗魄为精卫[44]；蜀
wáng jiào yuè zhīshàng yóu hún huà dù juān
王叫月，枝上游魂化杜鹃[45]。

译文

寒冷对酷暑，一天对一年，足球对秋千。红叶满山对湖水碧蓝，细雨对轻烟。歌婉转，貌美艳，《雪赋》对信笺。南飞大雁在荒凉的芦苇荡栖息，秋天寒蝉在稀疏的柳林里鸣哀。许由颍水洗耳不愿做官，陶渊明不为五斗米向小人腰弯。郭泰泛舟，梅雨打湿头巾一角半垂；山简骑马，杏花村醉酒倒卧帽戴歪。

轻对重，荣华对乘坚，碧玉对铜钱。孟郊对贾岛，刘伶酒圣对李白诗仙。男子玉树临风，女子三寸金莲，凿井饮水对种粮耕田。杜甫思乡不眠月下忽立忽步，边韶白天好眠是因与周公通梦。豪饮醉客要吞水中月亮，酣酒人倒把水看成天。端午踏青斗草，皇室数行宝马郊外嘶鸣；游春赏花，十里香车簇拥头插翠钿的贵妇。

吟诵对咏叹，教授对相传，快乐对凄然。风中大鹏对雪中鸿雁，董奉的杏林对周敦颐的爱莲。春九十，岁三千，钟鼓对管弦。梁武帝进山访宰相，隐者无事即神仙。霞照武陵桃花淡淡，隋堤荒芜柳条绵绵。喝过七碗月团茶，腋下生清风飘飘欲仙；喝下三杯云液酒，脸如桃花晕红腮边。

里对外，后对先，树下对花前。玉柱对金屋，叠嶂对平川。孙子兵法，祖逖舞剑，盛席对华筵。茶可解酒，酒可消愁。隋炀帝以丝绸剪荷花放在冰冻的湖面上，唐玄宗以锦缎做野鸭漂浮在华清池温泉。炎帝的女儿死后化作精卫鸟，日夜衔石以填平东海；蜀王死后魂魄变杜鹃，夜夜登枝泣血悲鸣。

探源 解意

①**蹴踘**：踘同鞠，古代军中习武游戏，类似今之足球赛。[汉]刘向《别录》云："蹴鞠者，传言黄帝所作，或曰起战国之时。"[唐]韦应物《寒食后北楼作》云："遥闻击鼓声，蹴鞠军中乐。"**秋千**：我国的传统游戏。在架上悬两根绳，下系横板，在板上或立或坐，两手握绳身躯随而向空中摆动。传说是春秋时齐桓公从北方山戎族引入。一说是汉武帝时宫中祝寿之辞，取"千秋万寿"之义，后倒读为"秋千"。唐代宫中每年寒食节竞搭秋千，宫嫔辈戏笑以为乐，唐玄宗呼为"半仙戏"。（见[唐]韩鄂《岁华纪的·寒食》、[宋]高承《岁时风俗》）

②**丹山**：红叶满山。泛指红的山色。今湖北宜都县西有"丹山"。[晋]袁山松《宜都记》载："都西北四十里有丹山。山间时有赤气笼林，岭如丹色，因名'丹山'。"似今天所说的丹霞地貌。**碧水**：纯指水色之绿。[唐]李白《早春寄王汉阳》云："碧水浩浩云茫茫，美人不来空断肠。"

③**淡雨**：细雨疏淡。[唐]李商隐《席上作》诗云："淡雨轻云拂高唐，玉殿秋来夜正长。"**轻烟**：云雾轻微。唐代诗人韩愈写衡山祝融峰诗云："祝融万丈拔地起，欲见不见轻烟里。"

④**歌宛转**：声音抑扬起伏。[唐]刘方平《宛转歌》云："歌宛转，宛转伤别离。愿作杨与柳，同向玉窗垂。"

⑤**貌婵娟**：体态容貌美好。[唐]刘长卿《赠花卿》诗云："窈窕淑女身如燕，兰心蕙质貌婵娟。"

⑥**雪赋**：文章篇名。南朝宋文学家谢惠连，幼年即能诗善赋，以"高丽见奇"，尤以《雪赋》最著名。他与族兄谢灵运并称为当时文坛"大小

谢”。(见《宋书·谢惠连传》)**云笺**：一种书信字体。唐代韦陟用五彩笺写信，由他人代笔，自己签名。由于他写的“陟”字像五朵云，因而后来人们称书信为五云笺或云笺。[元]虞集《寄贺吴宗师七十寿诞》云：“簪花当日今谁是，试向云笺阅旧章。”

⑦**荒芦栖南雁**：入秋南飞的雁。[宋]吴仲孚《孤雁》云：“羽翰纵有飞高势，月满芦花又独栖。”

⑧**疏柳噪秋蝉**：入秋寒蝉。[南朝陈]张正见《赋得新题寒树晚蝉疏》云：“寒蝉噪杨柳，应朔吹梧桐。”

⑨**洗耳尚逢高士笑**：传说，尧帝欲让位于许由，由不受，逃到中岳颍水之阳、箕山之下，自耕而食。尧又召由为九州岛岛长，由不愿闻之，以为污耳，遂洗耳于颍水之滨。(见晋皇甫谧《高士传·许由》)

⑩**折腰肯受小儿怜**：东晋诗人陶潜，一名陶渊明，任彭泽县令时，从不巴结权贵。一次，郡府派督邮来县视察，县中官吏要陶潜束腰带出迎督邮，陶潜说：“我不能为五斗米而折腰，拳拳事(侍奉)乡里小人！”不久，辞官归隐，并作《归去来兮辞》。(见《晋书·陶潜传》)

⑪**郭泰泛舟，折角半垂梅子雨**：梅子雨：指梅子成熟时多雨的秋季。东汉经学家郭泰，字林宗，太原介休人。博通经典，居家教授，弟子至千人。与河南尹李膺友好。一次驾舟外出遇雨，头巾被雨压塌一角，下垂，人见皆以为美，仿效折巾，称为“林宗巾”。(见《汉书·郭泰传》)

⑫**山简骑马，接篱倒着杏花天：杏花天**：是卖酒处的代称。西晋名将山简，字季伦，河内怀县(今河南武涉)人，是西晋名臣山涛的幼子。他嗜酒成癖，人称“醉山翁”。他任征南将军时，镇守襄阳，常赴高阳池纵酒，烂醉后歪戴头巾倒卧在车上回归。《世说新语·任诞》中有一则嬉笑山简醉酒的童谣：“山公时一醉，径造(直往)高阳池；日暮倒载归，酩酊无所知。复能乘骏马，倒着白接篱(古代一种头巾)。”

⑬**肥、坚**：乘坚策肥，即乘坚固车鞭策肥马，比喻富贵奢华。《汉书·食货志上》：“乘坚策肥，履丝曳缟。”

⑭**碧玉**：青玉。《山海经·北山径》云：“西百五十里曰高山，其上多

银，其下多青碧。”再者，南朝宋汝南王之妾，甚受宠爱，后人以“碧玉”为娇怜的爱人的代称。《乐府诗集·碧玉歌》云：“碧玉小家女，来嫁汝南王。”后称贫家女为“小家碧玉”。**青钱**：铜钱。[唐]杜甫《北邻》诗云：“青钱买野竹，白帻岸江皋。”再者，唐代张鷟甚有才名，时人称之为“青钱学士”。

⑮**郊寒、岛瘦**：孟郊之诗失于寒，贾岛之诗失于瘦。唐代诗人孟郊，字东野，湖州武康人。其诗多倾诉穷愁孤苦之情，故称郊诗为“寒”。唐代诗人贾岛，字浪仙，初为僧人，号“无本”，范阳（今河北省涿县）人。其诗消峭瘦硬，好作苦语，风格近似孟郊，故称岛诗为“瘦”。[宋]苏轼《祭柳子玉文》云：“元（元稹）轻白（白居易）俗，郊寒岛瘦。”

⑯**酒圣**：嗜酒豪饮之人。晋“竹林七贤”之刘伶，旷达放饮，曾作《酒德颂》，后人因称刘伶为“酒圣”。[唐]李白《月下独酌》云：“所以知酒圣，酒酣心自开。”**诗仙**：诗才飘逸如仙。李白的诗，深得贺知章的赏识，赞誉李白为“谪仙人”，后人因称李白为“诗仙”。[唐]白居易《待漏入阁书事奉赠元九学士阁老》云：“诗仙归洞里，酒病滞人间。”

⑰**依玉树**：三国魏明帝（曹睿）使皇后之弟毛曾与黄门侍郎夏侯玄共坐，夏侯玄感到与毛曾并坐是耻辱。时人谓之“蒹葭倚（依重）玉树”（见《世说新语·容止》）蒹葭：初生芦苇，比喻微贱，指毛曾。玉树：仙树，比喻姿貌俊美、才干优异的人，指夏侯玄。

⑱**步金莲**：据《南史》记载：南朝齐东昏侯，穷奢极欲，他“凿金为莲花以贴地，令潘妃行其上，曰：‘此步步生莲花也’”。（见《南史·齐东昏侯纪》）[唐]李商隐《隋宫守岁》：“昭阳第一倾城客，不踏金莲不肯来。”后以金莲比喻女子的小脚。

⑲**凿井、耕田**：传说尧帝时，天下太平，百姓安乐，有八十岁老人击壤（一种游戏）于道。观者叹曰：“大哉，帝之德也！”有老人曰：“吾日出而作，日入而息，凿井而饮，耕田而食，帝何力于我哉！”（见[晋]皇甫谧《帝王世家》）

⑳**杜甫清宵立**：安史之乱年间，杜甫别离故乡洛阳，辗转到了成都，

思念故乡与亲人，写下《恨别》一诗，其中有：“思家步月清宵立（晚上睡不着觉，月下忽步忽立），忆弟看云白昼眠（白天卧观飞云，看久困极而眠）。”

㉑**边韶白昼眠**：东汉经学家边韶，字孝先，利口善辩，白天好眠。其弟子偷笑他，说：“边孝先，腹便便，懒读书，但欲眠。”边韶闻听嘲笑后，对曰：“边为姓，孝为字，腹便便，五经笥（肚大如袋是因装五经多）；但欲眠，思经事，寐与周公通梦，静与孔子同意；师而可嘲，出何典记？”嘲者大惭。（见《后汉书·边韶传》）

㉒**豪饮客吞波底月，酣游人醉水中天**：这是对嗜酒人醉后情态的描绘。杜甫就唐代八位酒仙醉后的各自典型情态，作了一首《饮中八仙歌》，全诗如下：

知章（贺知章）骑马似乘船（摇摇晃晃），眼花落井水底眠。

汝阳（唐汝阳王李琎）三斗始朝天（拜见皇帝），道逢曲车（酒车）口流涎，恨不移（改）封向酒泉（借用甘肃酒泉地名）。

宗之（崔宗之）潇洒美少年，举觞白眼望青天，皎如玉树临风前（风摇树摆）。

左相（左丞相李适之）日兴（酒兴）费万钱，饮如长鲸吸百川，衔杯乐圣称避贤（罢相后不改狂饮）。

苏晋（中书舍人）长斋绣佛前（信佛斋戒），醉中往往爱逃禅（酒兴胜过斋戒）。

李白一斗诗百篇，长安市上酒家眠，天子呼来不上船（不闻召即到），自称臣是酒中仙。

张旭三杯草圣传（张旭善草书，时称“草圣”），脱帽露顶王公前（狂傲不恭），挥毫落纸如云烟。

焦遂五斗方卓然（显醉意），高谈雄辩惊四筵。

㉓**斗草青郊，数行宝马嘶金勒：斗草**：古代民俗，五月初五民间有踏青草斗百草的游戏。诗圣杜甫在《哀江头》诗中描写了唐玄宗与杨贵妃同游曲江南苑的情景，暗示唐明皇李隆基的荒淫。“昭阳殿里第一人（指杨贵妃），同辇随君侍君侧。辇前才人（指随从女官们）带弓箭，白马嚼啮黄金

勒。”《水浒传》云：“金勒马嘶芳草地，玉楼人醉杏花天。”

㉔**看花紫陌，十里香车拥翠钿**：这是写贵妇人游春的情景。**紫陌**：京城郊外的道路。**翠钿**：碧玉制的妇女头饰，这里是代指贵妇。[唐]刘禹锡《元和十年自郎州承召京戏赠看花诸君子》云：“紫陌红尘（宝马香车飞驰扬起的尘土）拂面来，无人不道看花回。”[唐]薛逢《开元后乐》云：“邠王玉笛三更咽，虢国金车十里香。”

㉕**风鹏**：《庄子·逍遥游》载：北海有大鱼，名曰“鲲”，变为大鸟，名“鹏”。“鹏之徙（迁徙）于南冥（南海）也，水击三千里，抟扶摇（狂风盘旋）而上者九万里……则风斯在下矣，而后乃今培（凭借）风；背负青天而莫之夭阏（堵塞）者，而后乃今将图南。”后以“风鹏”比喻得时势而有作为的人。[唐]白居易《与元九书》云：“大丈夫所守者道，所待者时。时之来也，为云龙，为风鹏，勃然突然，陈力以出。”**雪雁**：亦称“白雁”。羽毛洁白，翼角黑色，喜群居，为一夫一妻制。有迁徙的习性，迁飞距离也较远。[明]朱恬《闻砧》云：“何处砧声急，天高白雁分。”

㉖**董杏**：三国吴董奉，字君异，侯官人。善医道。传说，交趾太守士燮病死三日，董奉给服一丸药，顷刻目张手动，半日能起坐，四日又能语。又传说，董奉居庐山，不种田，为人治病也不收钱，重病得愈者，为他栽五棵杏树；轻病得愈者，为他栽一棵杏树。如此数年，得杏林万株。后人常以“杏林”颂赞医生。（见葛洪《神仙外传》）**周莲**：北宋哲学家周敦颐，字茂叔，道州营道（今湖南道县）人。曾任大理寺丞、国子博士。他是宋明理学的奠基人。性爱莲花，曾筑室居于庐山莲花峰下，并作《爱莲说》，盛赞莲花出污泥而不染的高洁品质，故谓“周莲”。他在庐山莲花峰小溪上的筑室，取家乡故居濂溪之名，命名为“濂溪书堂”，故世称他为“濂溪先生”。（见《宋史·道学传》）

㉗**春九十**：春季共九十天。春季三个月，共九十天。正月称孟春，二月称仲春，三月称季春。春九十，意味着春光将尽，初夏来临。[西汉]班固《终南山赋》云：“三春（指春末）之季，孟夏之初。”

㉘**岁三千**：年高达三千岁。西汉文人东方朔，字曼倩，平原厌次（今山

东东陵或惠民县）人。汉武帝用为太中大夫。以诙谐滑稽而著名。神话传说，东方朔本为仙人，西王母种仙桃，一千年一结果，东方朔竟偷吃过三次，说明他已有三千多岁。西王母生气，就把他谪降到了人间。（见《汉武故事》）

㉙**入山逢宰相**：南朝梁陶弘景，博学多能，初为南朝齐左卫殿中将军，后弃官入梁，隐居句曲山。梁武帝即位，屡次礼聘，他仍不出山。但国家每有吉凶、征讨大事，梁武帝就去向他请教，故称他是“山中宰相”。（见《南史·陶弘景传》）

㉚**无事即神仙**：这是隐者的人生观。他们认为不为尘事所扰，就是神仙生活。[宋]汪洙《神童诗·消遣》云：“诗酒琴棋客（指文人的娱乐），风花雪月天（指夏春冬秋四季的风光）。有名闲富贵，无事散神仙（无官一身轻）。”唐代一个隐姓埋名云游于陕西终南山的“太上隐者”，留下一首《答人》诗云：“偶来松树下，高枕石头眠。山中无历日，寒尽不知年。”

㉛**霞映武陵桃淡淡**：此为晋陶渊明《桃花源记》故事。文曰：“晋太元中，武陵人捕鱼为业。缘溪行，忘路之远近。忽逢桃花林，夹岸数百步，中无杂树，芳草鲜美，落英缤纷……”后人以此为“世外桃源”。

㉜**烟荒隋堤柳绵绵**：隋炀帝时沿通济渠（古大运河）、邗沟（邗江）河岸修筑的御道，道旁植杨柳，绿影一千三百里。后人谓之“隋堤”。[唐]韩琮《杨柳枝》诗云：“梁苑（西汉梁孝王所建供游赏驰猎的园林）隋堤事已空，万条犹舞旧东风。”

㉝**七碗月团，啜罢清风生腋下**：七碗茶过，神态飘飘欲仙。**月团**：茶名。唐代诗人卢仝在其《走笔谢孟谏议寄新茶》诗篇中，描述了连喝七碗新茶的感受：一碗喉吻润，两碗破孤闷，三碗搜枯肠，四碗发轻汗，五碗肌骨清，六碗通仙灵，“七碗吃不得也，唯觉两腋习习清风生”。

㉞**三杯云液，饮余红雨晕腮边**：仲秋，黄州通判孟亨之置酒秋香亭，迎接太守徐君猷，二人都不会喝酒，稍饮几杯，便红雨晕腮边。亭内有木芙蓉花开，新来的太守苏轼写《定风波》词嬉笑他们：“两两轻红半晕腮，依依独为使君（指徐君猷）回。若道使君无此意。何为，双花不向别人开？”**云液**：美酒。**红雨**：一般指落地桃花。

㉟**树下、花前**：常指男女青年谈情说爱的场所。[唐]刘希夷《代悲白头翁》："公子王孙芳树下，清歌妙舞落花前。"也作"月下花前"。[元]乔吉《两世姻缘》曲云："想着他锦心绣腹那才能，怎教我月下花前不动情？"

㊱**玉柱**：玉雕成的柱子，形容宫室的华丽。[唐]韩偓《苑中》云："金阶铸出狻猊（狮子）立，玉柱雕成狒狖（猿类）啼。"**金屋**：极华丽的屋。汉武帝刘彻初封胶东王时，年方数岁，其姑母长公主刘嫖把他抱在膝上，让他从眼前百余宫女中挑妇，刘彻皆说不要。长公主把自己的女儿阿娇叫到跟前，问刘彻："阿娇好不？"刘彻笑而答道："好，若得阿娇作妇，当作金屋贮之。"这就是"金屋藏娇"之典的来源。（见汉班固《汉武故事》）**叠嶂**：亦作叠障，重叠的山峰。《水经注·江水》云："自三峡七百里中，两岸连山，略无阙（缺）处，重岩叠嶂，隐天蔽日。"**平川**：广阔平坦的陆地。[唐]杜甫《寄郑监李宾客一百韵》云："有时惊叠嶂，何处觅平川？"

㊲**孙子策**：指春秋末齐国孙武的《孙子兵法》或战国时齐国孙膑的《孙膑兵法》。孙武，字长卿，曾以《兵法》十三篇见吴王阖闾，被任为将，率吴军攻破楚国。是他提出了"知彼知己，百战不殆"。孙膑，兵家孙武的后代，曾与庞涓同学兵法，被齐威王任为军师，施计先后大败以庞涓为大将的魏军于桂陵和马陵。他认为采取"营而离之（迷惑敌人，使之兵力分散），并卒（集中兵力）而击之"等方法，寡可以敌众，弱可以胜强。（见《史记·附孙武传》）

㊳**祖生鞭**：晋朝刘琨与祖逖是同寝好友。他们每天闻鸡鸣就起床舞剑，立志收复中原。闻听祖逖被晋元帝司马睿用为豫州刺史，率军渡江，收复中原，刘琨立刻致书祖逖说："我枕戈待旦，志枭逆虏，常恐祖生先吾着鞭。"后常以"祖生鞭"为勉人努力进取的典故。（见《晋书·刘琨传》）

㊴**盛席**：亦作盛筵，盛大的筵席。明清禁书《世无匹奇传》第五回云："当下盛席款留，写了合同议单，兑足银两。"[唐]王勃《滕王阁诗序》云："胜地不常，盛筵难再。"**华筵**：盛美的筵席。[唐]杜甫《法曹郑霞邱石门宴集》云："能吏逢联璧，华筵直一金。"

㊵**解醉知茶力**：茶有解酒的功力。[三国魏]张揖《广雅》云："喝茶可以醒酒，又可以提神。"[唐]刘肃《大唐新语》引綦毋旻《茶饮序》云："获益则归功茶力，贻患则不谓茶灾。"[宋]杨万里《桐庐道中》诗云："肩舆坐睡茶力短，野堠无人山路长。"

㊶**消愁识酒权**：酒有消愁的功效。[唐]郑谷《中年》诗云："情多最恨花无语，愁破方知酒有权。"曹操有"何以解忧？惟有杜康（酒名）"之名句（见《短歌行》）；陆游有"闲愁如飞雪，入酒即消融"的佳话（见《对酒》）。更妙的"酒消愁"说，是古代无名氏的《四不如酒》所云："刀不能剪心愁，锥不能解肠结，线不能穿泪珠，火不能销鬓雪；不如饮此神圣杯，万念千忧一时歇。"

㊷**丝剪芰荷开冻沼**：隋炀帝奢侈荒淫，大建宫苑，华丽至极。冬天，宫苑树花凋落，就命人用绿色丝帛制成花叶点缀，水池中也放上彩丝剪成的芰、荷、芡、菱等水生植物，以增游兴。（见《隋书·炀帝纪》）

㊸**锦妆凫雁泛温泉**：相传唐玄宗扩建华清宫汤池，规模宏丽，汤池内以玉莲为喷泉，又缝锦绣为凫雁，放于水中，乘小舟从中游嬉，极尽奢欲。（见《唐书·玄宗纪》）

㊹**帝女衔石，海中遗魄为精卫**：神话传说，炎帝之少女，名叫女娃，在东海游泳被淹死，化为精卫鸟。它记恨东海，决心衔西山之木石，填平东海。（见《山海经·北山经》）[晋]陶渊明《读山海经》诗云："精卫衔微木，将以填沧海。"

㊺**蜀王叫月，枝上游魂化杜鹃**：神话传说，战国时期，蜀主杜宇，号望帝，他命令鳖灵开凿巫山治水，鳖灵治水功高，望帝自以德薄，效法尧舜，禅位于鳖灵，帝号"开明"，望帝遂隐于西山。后来，鳖灵失国，望帝痛悔而死，其魂化为鹃鸟，春天夜夜登枝悲鸣，泪尽继而泣血。蜀民问它是谁，它说："我望帝魄也。"故称鹃鸟为杜鹃，又名子归。（见《华阳国志·蜀志》）

先韵部代表字

先　前　千　阡　笺　天　坚　肩　贤　弦　烟　燕
莲　怜　田　填　年　颠　巅　牵　妍　眠　渊　涓
边　编　悬　泉　迁　仙　鲜　钱　煎　然　延　诞
毡　羶　蝉　缠　连　联　篇　偏　扁　绵　全　宣
镌　穿　川　缘　鸢　捐　旋　娟　船　涎　鞭　铨
专　圆　员　乾　虔　愆　权　拳　椽　传　焉　鞯
褰　搴　汧　毡　铅　舷　跹　鹃　蠲　筌　痊　诠
悛　邅　鹯　鳣　旃　禅　婵　单　躔　颛　燃　涟
琏　便　翩　骈　癫　阗　畋　钿　沿　蜒　臙　毡

先韵律诗例选

村居即事

[宋] 翁　卷

绿遍山原白满川，子规声里雨如烟。
乡村四月闲人少，才了桑蚕又插田。

古风　入律的古风

古风：

诗体别称，即古体诗。《诗经》中有十五国风，后人引申把诗歌也称为"风"。唐代以后诗人们作古体诗，与格律诗相对，往往称之为"古风"或在题目上标明"古风"。例如李白作有《古风》五十九首。古风大致分为五古、七古。唐代以前，写诗不讲究平仄、对仗；用韵自由，可押平声韵，也可押仄声韵，中间还可以换韵；句式句数不拘，每句则有四言、五言、六言、七言、杂言诸体，句数也不限。唐人因而将这类诗歌称为古体诗，又称古诗、古风，并延续至今。除了五言、七言之外，还有所谓杂言。杂言是长短句杂在一起，主要是三字句、五字句、七字句，其中偶然也有四字句、六字句以及七字以上的句子。杂言诗一般不另立一类，而只归入七古。甚至篇中完全没有七字句，只要是长短句，也归入七古。这是习惯上的分类法，是没有什么理论根据的。比如杜甫的《石壕吏》五字二十四句，不讲平仄对仗，四句一换韵，还押入声韵。这首叙事诗属于古风。李白的杂言诗《蜀道难》也归类古风。

古绝：

古绝是和律绝对立的，就是不受律诗格律束缚。它是古体诗的一种。凡合于下面的两种情况之一的，应该认为古绝：(1)用仄韵；(2)不用律句的平仄，有时还不粘、不对。有些古绝是这两种情况兼有。律诗一般是用平声韵，律绝当然也是用平声韵。如果用了仄声韵，那就可以认为是古绝。例如：李绅的

《悯农》（其一）“锄禾日当午，汗滴禾下土。谁知盘中餐，粒粒皆辛苦”押的是仄声韵，平仄自由，其中“谁知盘中餐”全平声。李白的《静夜思》“床前明月光，疑是地上霜。举头望明月，低头思故乡”。“疑是”句“平仄仄仄平”，不合律句，“举头”句不粘，“低头”句不对，所以是古绝。五言古绝比较常见，七言古绝比较少见。

入律的古风：

律诗产生以后，诗人写诗不可能不受律诗的影响，在写古体诗时也出现了粘对和律句现象，特别在七言古诗中犹为常见。例如［唐］王勃的《滕王阁》：“滕王高阁临江渚，佩玉鸣鸾罢歌舞。画栋朝飞南浦云，珠帘暮卷西山雨。闲云潭影日悠悠，物换星移几度秋。阁中帝子今何在？槛外长江空自流。”前四句仄韵，后四句平韵，并且合律，很像两首律绝连在一起。这便是在古体诗的名义下，灵活入律的古风诗。唐代诗人高适、王维、白居易都写有入律的古风诗篇。

二 萧

qín duì guǎn fǔ duì piáo shuǐguài duì huā
琴对管，釜对瓢[1]，水怪对花
yāo qiū shēngduì chūn sè bái jiān duì hóng xiāo
妖[2]。秋声对春色[3]，白缣对红绡[4]。
chén wǔ dài shì sān cháo dǒu bǐng duì gōng yāo
臣五代[5]，事三朝[6]，斗柄对弓腰[7]。
zuì kè gē jīn lǚ jiā rén pǐn yù xiāo fēng dìng
醉客歌金缕[8]，佳人品玉箫[9]。风定
luò huā xián bù sǎo shuāng yú cán yè shī nán shāo
落花闲不扫[10]，霜余残叶湿难烧[11]。
qiān zǎi xīng zhōu shàng fù yì gān tóu wèi shuǐ bǎi
千载兴周，尚父一竿投渭水[12]；百
nián bà yuè qiánwángwàn nǔ shè jiāng cháo
年霸越，钱王万弩射江潮[13]。
róng duì cuì xī duì zhāo lù dì duì yún
荣对悴[14]，夕对朝[15]，露地对云
xiāo shāng yí duì zhōudǐng yīn hù duì yú sháo
霄[16]。商彝对周鼎[17]，殷濩对虞韶[18]。
fán sù kǒu xiǎo mán yāo liù zhàoduì sān miáo
樊素口，小蛮腰[19]，六诏对三苗[20]。
cháo tiān chē yì yì chū sài mǎ xiāo xiāo gōng zǐ
朝天车奕奕[21]，出塞马萧萧[22]。公子

yōu lán chóng fàng gě wáng sūn fāng cǎo zhèng lián biāo
幽兰重泛舸[23]，王孙芳草正联镳[24]。
pān yuè gāo huái céng xiàng qiū tiān yín xī shuài wáng
潘岳高怀，曾向秋天吟蟋蟀[25]；王
wéi qīng xìng cháng yú xuě yè huà bā jiāo
维清兴，尝于雪夜画芭蕉[26]。
gēng duì dú mù duì qiáo hǔ pò duì qióng
耕对读，牧对樵[27]，琥珀对琼
yáo tù háo duì hóng zhǎo guì jí duì lán ráo
瑶[28]。兔毫对鸿爪[29]，桂楫对兰桡[30]。
yú qián zǎo lù cáng jiāo shuǐ yuǎn duì shān yáo
鱼潜藻[31]，鹿藏蕉[32]，水远对山遥[33]。
xiāng líng néng gǔ sè yíng nǚ jiě chuī xiāo xuě diǎn
湘灵能鼓瑟[34]，嬴女解吹箫[35]。雪点
hán méi héng xiǎo yuàn fēng chuī ruò liǔ fù píng qiáo
寒梅横小院[36]，风吹弱柳覆平桥[37]。
yuè yǒu tōng xiāo jiàng là bà shí guāng bù jiǎn fēng
月牖通宵，绛蜡罢时光不减[38]；风
lián dāng zhòu diāo pán tíng hòu zhuàn nán xiāo
帘当昼，雕盘停后篆难消[39]。

译文

琴瑟对管弦，饭锅对水瓢，水怪对花妖。秋风对春色，白绢对红绫。冯道五代臣，子产事三朝，北斗星之柄对弯弓般的腰。酒醉高歌金缕曲，佳人吹玉

箫。风停花落满地不愿扫，霜大残叶湿潮难烧着。文王兴周，多亏渭水不再垂钓的姜子牙辅佐；钱王越地称霸，因造三千竹箭射退江潮，建钱塘保民一方。

荣光对憔悴，白天对夜晚，大地对高空。商代的彝对周朝的鼎，殷商的舞曲对虞舜的韶乐。樱桃樊素口，杨柳小蛮腰，西南六诏对三苗。上朝的车驾精神奕奕，出塞将士的战马萧萧鸣叫。公子在幽兰深处戏游船，王孙在芳草地上并马行。潘岳才高，曾在秋天吟咏蟋蟀写过《秋兴赋》；王维清雅，常在雪夜画芭蕉。

耕种对读书，牧人对樵夫，琥珀对琼瑶。兔毛对鸿爪，桂木桨对木兰船。鱼潜水藻中，鹿藏蕉叶里，水远对山遥。湘妃能鼓瑟，嬴女善吹箫。白雪梅花满小院，风吹新柳拂平桥。月光透窗入室，红烛虽灭屋内依旧明亮；风帘遮住门户，盘香虽停室内依然烟缕难消。

探源 解意

①**釜**：古时炊具，类似锅。《史记·赵世家》云：“域中悬釜而炊，易子而食。”**瓢**：剖开葫芦做成的舀水器。《论语·雍也》云：“一箪（竹碗）食，一瓢饮，在陋巷，人不堪其忧，回（孔子弟子颜回）也不改其乐。”

②**水怪**：水中怪物。[晋]木玄虚（华）《海赋》云：“其垠则有天琛水怪，鲛人之室。”**花妖**：亦称“花月妖”。唐武则天之侄武三思，权倾朝野，其妾素娥善弹五弦琴，常出三思所召之盛宴献艺。一次，梁国公狄仁杰赴武宴，素娥藏匿不出，三思入室，亦不见。忽闻屋角兰麝芬馥，附耳细听，乃素娥之音：“梁公乃现时正人，我不敢见。我乃花月之妖，梁公来，我不复生，武（三思）氏亦将无遗类（幸存者）。”（见《甘泽谣·素娥》）

③**秋声**：秋天的风声。秋天西风大作，草木零落，多肃杀声音，故称“秋声”。[北周]庾信《陆孤氏墓志铭》云：“树树秋声，山山寒色。”**春色**：春天的景色。[宋]叶绍翁《游园不值》：“春色满园关不住，一枝红杏出墙来。”

④**白缣**：供写字、画画用的白绢。《宋史·礼志》云：“坛上植竹枝

张画龙，其图以缣素。”**红绡**：用生丝织成的丝织品。[唐]白居易《琵琶行》云：“五陵年少争缠头，一曲红绡不知数。”

⑤**臣五代**：五代时的冯道，字可道，瀛州景城（今河北沧州西）人。后唐长兴三年，倡议校定《九经》，并组织刻印，开官府大规模刻书之端。后唐、后晋时，历任宰相；契丹（后辽）灭了后晋，又附契丹，任太傅；后汉、后周时，又任太师、中书令，死后被追封为“瀛王”。（见《五代史·冯道传》）

⑥**事三朝**：春秋郑国子产，政治家、思想家，改革家。历任郑国定公、献公、声公三朝国相，他推行法治并德治，抑制强宗，整理田制，安抚百姓，使郑国得以走向振兴，深受百姓爱戴。他被后世公认为宰相之典范。现河南新郑市西南径山保存有子产之墓。（见《左传·襄公》）

⑦**斗柄**：北斗星之柄。北斗七星，一至四星像斗，五至七星像柄。《鹖冠子·环流》云：“斗柄东指，天下皆春；斗柄南指，天下皆夏；斗柄西指，天下皆秋；斗柄北指，天下皆冬。”**弓腰**：舞时向后弯腰如弓。《梁书·羊侃传》云：“孙荆玉能反腰贴地，衔得席上玉簪。”

⑧**醉客歌金缕**：金缕：曲调名。这是元朝关汉卿《南吕·一枝花不伏老》中“伴的是金钗客，歌金缕，捧金樽，满泛金瓯（酒器）”曲意的化用。

⑨**佳人品玉箫**：秦穆公时，萧史善吹箫，穆公的女儿弄玉也爱吹箫，二人结为夫妻。后，萧史乘龙，弄玉乘凤，一同升天而去。[唐]杜甫《玉台观》云：“遂有冯夷来击鼓，始知嬴女（指秦穆公之女弄玉）善吹箫。”

⑩**风定落花闲不扫**：风停后落花不曾扫。这是宋朝邵棠《怀隐居》中“花落东风闲不扫”诗句的变化引用。**落花**：曾误为“落月”。邵棠的原诗是“花落东风闲不扫，莺啼晓日醉犹眠”。唐代诗人王维《田园乐》中也有“花落家童未扫，莺啼山客犹眠”类句，都是反映隐士的清闲生活。

⑪**霜余残叶湿难烧**：霜打的树叶湿难烧。元代诗人马致远的《夜行船·秋思》曲中有“带霜烹紫蟹，煮酒烧红叶（秋霜打过的叶子是潮湿红色）”两句。用霜打的湿叶烹蟹煮酒当然难烧。曹雪芹在《红楼梦》中写薛宝琴与史

湘云二人的对联有“烹茶冰渐沸（宝琴），煮酒叶难烧（湘云）”。用冰块烹茶，水当然开得慢；用霜打的红叶煮酒，叶当然难烧。

⑫**千载兴周，尚父一竿投渭水**：商朝末年，年已七八十岁的姜子牙（吕尚）整日在渭水之滨钓鱼，但用直钩且无饵，谓之“愿者上钩”，等明主来访他。周西伯（时任西部诸侯之长的周文王）将出猎，占卜者说他猎获的将是“霸王之辅”。文王果然在渭水边遇上了姜子牙。二人一见倾心，文王说：“吾太公（指文王之父季历）在世时就说过，欲兴周，必须有圣人来辅佐；吾太公望子（指姜子牙）久矣！”遂称姜子牙为“太公望”，拜为军师。姜子牙辅佐文王征伐，“天下（指商朝疆域）三分，其二归周”。后又辅佐武王伐纣（殷纣王）灭商，建立周朝。武王乃封姜子牙为齐王，成为齐国（今山东境内）之始祖。这是老年得志的典型。（见《史记·齐太公世家》）

⑬**百年霸越，钱王万弩射江潮**：传说五代吴越王钱镠，筑御潮铁柱于江中，怒潮汹涌，版筑不成。钱镠于是造竹箭三千，在垒雪楼命水犀军驾强弩五百齐射潮，迫使潮头趋向西陵，遂奠基而成塘，名曰“钱塘”。又建候潮通江等城门，置龙山浙江两闸，以阻江潮入河。（见宋孙光宪《北梦琐言》）[宋]苏轼《八月十五日看潮》诗云：“安得夫差水犀手，三千强弩射潮低。”

⑭**荣、悴**：荣光与憔悴，兴盛与衰败。[晋]潘岳《秋兴赋》诗云：“虽末士之荣悴兮，伊人情之美恶。”

⑮**夕、朝**：“朝夕”。[晋]潘岳《闲居赋》云：“灌园粥蔬，以供朝夕之膳。”

⑯**露地**：本是佛教语。喻三界（欲界、色界、无色界）的烦恼俱尽，处于没有覆蔽的地方。此借指露天大地。《法华经·譬喻品》云：“是时长者见诸子等安稳得出，皆于四衢道中露地而坐，无复障碍。”**云霄**：极高的天空；天际。[唐]杜甫《兵车行》诗云：“牵衣顿足拦道哭，哭声直上干云霄。”天际。《晋书·陶侃传》云：左吏上书王敦：“往年董督，径造湘城，志凌（凌驾）云霄，神机独断。”

⑰**商彝**：**彝**：古代青铜器的通称。**商彝**：商代盛酒之器，亦指宗庙之祭

器。《左传·襄公十九年·注》云："彝，常也，谓钟鼎为宗庙之常器。"**鼎**：古代用来烹煮食物的金属器具。盛行于商、周时代。**周鼎**：周朝的传国之宝，是政权的象征。《史记·秦始皇本纪》云："始皇还，过彭城，斋戒祷祠，欲出周鼎泗水。"

⑱**殷濩**：殷商的濩铎之声。濩铎：形容声音喧闹杂乱。无名氏《讲阴阳八卦桃花女》云："来到俺门前乱交加，不知是哪个，则听的热闹镬铎（同'濩铎'）。"**虞韶**：禹舜的箫韶之音。箫韶：相传是古代虞舜所作的乐曲。《尚书·益稷》："箫韶九成（奏过九遍），凤凰来仪。"《史记·孔子世家》云："[孔子]与齐太师语乐（讨论音乐），闻韶音，学之，三月不知肉味。"

⑲**樊素口，小蛮腰**：唐白居易的女伎樊素善歌、小蛮善舞，故他有诗曰："樱桃樊素口，杨柳小蛮腰。"意思是说：美姬樊素的嘴小巧鲜艳，如同樱桃；小蛮的腰柔弱纤细，如同杨柳。（见白居易《不能忘情吟·序》）

⑳**六诏**：唐代，我国西南部的少数民族称王为"诏"。当时有蒙嶲诏、越析诏、浪容诏、邆赕诏、施浪诏、蒙舍诏（地处最南，又称"南诏"），合称"六诏"，分布在今云南及四川西南部。唐开元年间，蒙舍诏吞并了其他各诏，史称"南诏"。后来，泛称云南为六诏。（见《旧唐书·南诏蛮》）[宋]陆游《晚登横溪阁》诗云："瘴雾不开连六诏，俚歌相答带三巴。"**三苗**：我国西南地区少数民族名。《史记·五帝本纪》云："三苗在江淮、荆州。"这就是说，三苗西徙以前，当居在长江中游以南地区。

㉑**朝天车奕奕**：谒见天子的车驾多而有序。**奕奕**：有次序。这是唐代诗人薛逢《贺杨收作相》中"阙下憧憧（来往不绝）车马尘，沈浮相次宦游身。须知金印朝天客，同是沙堤避路人"诗意的化用。

㉒**出塞马萧萧**：出塞将士的战马不停鸣叫。这是诗圣杜甫《兵车行》中"车辚辚，马萧萧，行人弓箭各在腰"诗意的化用。

㉓**公子幽兰重泛舸**：香花临河，公子哥们舟船相连游兴未已。**幽兰**：含香兰花。屈原《九歌·湘夫人》云："沅（洞庭湖沅水）有芷兮澧（洞庭湖澧水）有兰，思公子兮未敢言。"

㉔**王孙芳草正联镳**：芳草遍野，王孙子弟骑马并驾兴高忘归。**王孙**：旧时指贵族、官僚子弟；也是对贤人的尊称。**联镳**：联鞭，骑马同行。[南朝宋]谢灵运《悲哉行》云："萋萋（茂盛）春草生，王孙（指贵族官僚子弟）游有情。"《楚辞·招隐士》云："王孙游兮不归，春草生兮萋萋。"《世说新语·捷悟》云："王东亭……乘马出郊，时彦（彦，贤士）同游者连镳俱进。"

㉕**潘岳高怀，曾向秋天吟蟋蟀**：西晋文学家潘岳，又名潘安，字安仁，今河南中牟县人。才高，善政。曾任河阳令、著作郎。善写诗赋，词藻华丽，与陆机齐名。因秋日而感怀，著作《秋兴赋》吟咏蟋蟀："熠耀粲于阶闼兮，蟋蟀鸣乎轩屏。"（见《晋书·潘安传》）

㉖**王维清兴，尝于雪夜画芭蕉**：唐代诗人、画家王维，字摩诘，山西永济人。开元进士。曾官尚书右丞，故称"王右丞"。诗作以描绘田园生活著称，宣扬隐士生活和佛教禅理。兼通音乐，精绘画。善画山水松石，笔迹雄壮。其画不拘四时，画有《袁安卧雪图》，曾于雪夜画芭蕉。苏轼称他诗中有画，画中有诗。（见《旧唐书·王维传》）

㉗**牧樵**：樵夫与牧人，也泛指乡野之人。[宋]陆游《村居》诗云："樵牧相语欲争席，比邻渐熟约论婚。"

㉘**琥珀**：松柏树脂的化石。燃烧时有香气。入药，也可制饰物。[晋]张华《博物志·药物引神仙传》云："松柏脂入地，千年化为茯苓，茯苓化为琥珀。"琥珀又名"江珠"。**琼瑶**：美丽的玉石。《南史·隐逸传·邓侑》云："色艳桃李，质胜琼瑶。"

㉙**兔毫**：兔毛可以制笔，故用兔毫作为毛笔的代称。[唐]罗隐《寄虔州薛大夫》诗云："会得窥成绩，幽窗染兔毫。"**鸿爪**：鸿雁踏过雪泥遗留的爪痕，有"雪泥鸿爪"之典。比喻往事遗留的痕迹。[宋]苏轼《和子由渑池怀旧》诗云："人生到处知何似？应似飞鸿踏雪泥。泥上偶然留指爪，鸿飞那（哪）复计东西。"

㉚**桂楫兰桡**：桂木船桨，木兰船。**楫**：船桨。**桡**：船桨，借指船。[宋]苏轼《前赤壁赋》云："桂棹（船桨）兮兰桨，击空明（月光映照下的澄澈江水）

兮溯（逆）流光。”

㉛**鱼潜藻**：鱼藏水藻中。[元]孙大全《竹间亭》云：“悠悠水中鱼，出入藻与萍（浮萍）。”[唐]白居易《玩松竹二首》诗云：“栖凤安于梧，潜鱼乐于藻。”

㉜**鹿藏蕉**：郑人砍薪于野，遇鹿而毙之，藏于无水护城河，恐人看见，覆之以蕉，不胜喜悦。转眼间又找不到藏鹿之处了，他以为是做了个梦。后人以此比喻人世真假杂陈，得失无常。（见《列子·周穆王》）

㉝**水远山遥**：亦作水远山长，比喻路途遥远而艰险。[宋]汪元量《忆秦娥》词云：“心如焦，彩笺（书信）难寄，水远山遥。”[唐]许浑《将为南行陪尚书崔公宴海榴堂》诗云：“谩夸书剑无知己，水远山长步步愁。”

㉞**湘灵能鼓瑟**：相传舜的二妃娥皇、女英，因哀痛舜帝南巡而死，自溺于湘江，化为湘水之神，名曰“湘灵”。湘灵弹琴瑟以迎舜帝。[唐]李贺《帝子歌》云：“九节菖蒲石上死，湘神弹琴迎帝子。”《楚辞·远游》云：“使湘灵鼓瑟兮，令海若舞冯夷。”

㉟**嬴女解吹箫**：参看本韵注⑨。

㊱**雪点寒梅横小院**：白雪梅花溢小院。**横**：充溢。这是宋朝诗人卢梅坡《雪梅》中“梅雪争春未肯降（各不服气），骚人阁（同‘搁’）笔费（用心思）评章。梅须逊雪三分白，雪却输梅一段香”诗意的化用。

㊲**风吹弱柳覆平桥**：风吹细柳笼平桥。**覆**：笼盖。**平桥**：与路面齐平而无弧度的桥。这是唐代诗人温庭筠《杂曲歌辞·杨柳枝》中“苏小门前柳万条，毵毵金线拂平桥”诗意的化用。

㊳**月牖通宵，绛蜡罢时光不减**：月光通宵透窗入室，红烛虽然灭了，室内依旧明亮。**绛蜡**：红烛。[唐]张九龄《望月怀远》云：“灭烛怜光（令人疼爱的月光）满，披衣觉露滋。”

㊴**风帘当昼，雕盘停后篆难消**：风帘整天遮住门户，盘香即使停燃，室内烟缕难消。**篆**：盘香的烟缕。[宋]苏轼《宿临安净土寺》云：“闭门群动息，香篆起烟缕。”

萧韵部代表字

萧	箫	挑	貂	刁	凋	雕	彫	雕	迢	条	髫
跳	苕	调	枭	浇	聊	辽	寥	撩	寮	僚	尧
霄	消	宵	绡	销	超	朝	潮	嚣	骄	娇	焦
椒	饶	桡	烧	遥	徭	摇	谣	瑶	韶	昭	招
瓢	镳	苗	猫	腰	桥	乔	妖	飘	逍	潇	鸮
骁	翛	祧	鹪	鹩	鹩	缭	獠	嘹	夭	幺	邀
要	鹞	姚	樵	侨	燋	标	飙	嫖	漂	剽	徼

萧韵律诗例选

秋词

[唐] 刘禹锡

自古逢秋悲寂寥，我言秋日胜春朝。
晴空一鹤排云上，便引诗情到碧霄。

词和流派

词是“曲子词”的简称，起于唐代，盛于宋代。它上承唐诗，下启元曲，是我国诗歌的主要形式之一，也是格律诗的另一种形式。起初词是配乐的歌词，有曲调，特点是“倚声填词”，是能唱的；形式上看是“调有定格，字有定数，韵有定声”。到南宋时期，逐渐与音乐脱离，“词”不再用来歌唱，而成为一种独立的具有特殊格式的文学体裁。

词在我国文学史上最灿烂的时期是宋代，仅《全宋词》书就有一万九千九百多首。

词从风格上看，分两大流派：婉约派和豪放派。柳永、晏殊、欧阳修、秦观、周邦彦、李清照等词人的词风属于婉约派，艺术风格“词情蕴藉”，多为抒发悲观失望，个人哀怨，儿女私情，离愁别恨的消极情结。而以苏轼为代表的豪放派则是冲破这种限于个人失意伤感的狭窄范围，把词的内容扩展到大社会的方方面面，题材多种多样，可谓“无意不可入，无事不可言”。其艺术风格则是“气象恢弘”，为词坛带来了新的气象，为后代词苑开拓了新的创作道路。

婉约派词例：

雨霖铃

[宋] 柳 永

寒蝉凄切，对长亭晚，骤雨初歇。都门帐饮无绪，留恋处、兰舟催发。
执手相看泪眼，竟无语凝噎。念去去千里烟波，暮霭沉沉楚天阔。
多情自古伤离别，更那堪冷落清秋节！今宵酒醒何处，杨柳岸晓风残月。
此去经年，应是良辰好景虚设。便纵有千种风情，更与何人说！

豪放派词例：

念奴娇·赤壁怀古

[宋] 苏　轼

大江东去，浪淘尽，千古风流人物。故垒西边，人道是、三国周郎赤壁。乱石穿空，惊涛拍岸，卷起千堆雪。江山如画，一时多少豪杰！

遥想公瑾当年，小乔初嫁了，雄姿英发。羽扇纶巾，谈笑间、樯橹灰飞烟灭。故国神游，多情应笑我，早生华发。人生如梦，一樽还酹江月。

上面柳永词结构严密，心理刻画细致，抒情伤感，适合佳人曼声低唱，社会意义不大。而苏轼的词气势雄伟豪迈，一泻千里，给人以热爱生活、抱负远大，既浪漫又现实的感情传达，适合壮士引吭高歌。这两派词风的思想境界与写作技巧区别很大。

三肴

shī duì lǐ guà duì yáo yàn yǐn duì yīng

诗对礼[1]，卦对爻[2]，燕引对莺

tiáo chén zhōng duì mù gǔ yě zhuàn duì shān yáo

调[3]。晨钟对暮鼓[4]，野馔对山肴[5]。

zhì fāng rǔ què shǐ cháo měng hǔ duì shén áo

雉方乳，鹊始巢[6]，猛虎对神獒[7]。

shū xīng fú xìng yè hào yuè shàng sōng shāo wéi bāng

疏星浮荇叶[8]，皓月上松梢[9]。为邦

zì gǔ tuī hú liǎn cóng zhèng yú jīn kuì dǒu shāo

自古推瑚琏[10]，从政于今愧斗筲[11]。

guǎn bào xiāng zhī néng jiāo wàng xíng jiāo qī yǒu lìn

管鲍相知，能交忘形胶漆友[12]；蔺

lián yǒu xì zhōng duì wěn jǐng sǐ shēng jiāo

廉有隙，终对刎颈死生交[13]。

gē duì wǔ xiào duì cháo ěr yǔ duì shén

歌对舞，笑对嘲，耳语对神

jiāo yān wū duì hài shǐ tǎ suǐ duì luán jiāo

交[14]。焉乌对亥豕[15]，獭髓对鸾胶[16]。

yí jiǔ jìng mò qīng pāo yí qì duì tóng bāo

宜久敬，莫轻抛[17]，一气对同胞[18]。

zhài zūn gān bù bèi zhāng lù niàn tí páo huā jìng

祭遵甘布被[19]，张禄念绨袍[20]。花径

fēng lái féng kè fǎng chái fēi yuè dào yǒu sēng qiāo
风来逢客访[21]，柴扉月到有僧敲[22]。
yè yǔ yuán zhōng yì kē bù diāo wáng zǐ nài qiū
夜雨园中，一颗不雕王子柰[23]；秋
fēng jiāng shàng sān chóng céng juǎn dù gōng máo
风江上，三重曾卷杜公茅[24]。
yá duì shè lǐn duì páo yù qìng duì jīn
衙对舍，廪对庖[25]，玉磬对金
náo zhú lín duì méi lǐng qǐ fèng duì téng jiāo
铙[26]。竹林对梅岭[27]，起凤对腾蛟[28]。
jiāo xiāozhàng shòu jǐn páo lù guǒ duì fēngshāo
鲛绡帐[29]，兽锦袍[30]，露果对风梢[31]。
yáng zhōu shū jú yòu jīng tǔ gòng jīng máo duàn shé
扬州输橘柚，荆土贡菁茅[32]。断蛇
mái dì chēng sūn shū dù yǐ zuò qiáo shí sòng jiāo
埋地称孙叔[33]，渡蚁作桥识宋郊[34]。
hǎomèng nán chéng qióng xiǎng jiē qián piān jī jī liáng
好梦难成，蛩响阶前偏唧唧[35]；良
péng yuǎn dào jī shēngchuāng wàizhèng jiāo jiāo
朋远到，鸡声窗外正嘐嘐[36]。

译文

诗经对礼记，卦辞对爻辞，燕歌对莺调。晨钟对暮鼓，野味对山肴。野鸡要孵卵，喜鹊要筑巢，猛虎对狂獒。水中星光浮在荇叶上，一轮明月挂在松树枝梢上。治国兴邦靠人才，从政需有大胸怀。鲍叔牙推荐管仲护卫齐桓公，只因管鲍友情深如漆胶；廉颇蔺相如原先有成见，最后成为生死之交“将相和”。

歌对舞，笑对嘲，耳语对神交。错写焉乌或亥豕，灭痕用獭髓，接弦用鸾胶。敬要久，莫轻抛，志气相同如同胞。祭遵与兵士同衣被，张禄谢须贾赠绨袍。风来花径有客访，月照柴门有僧敲。夜雨园中，沙果树同情王祥，竟一颗沙果也不落下；秋风怒号，杜甫房上三重茅草被卷跑。

衙门对寒舍，粮仓对厨房，玉磬对金铙。竹林对梅岭，凤舞对龙腾。薄纱帐，锦绣袍，美味露果对雨叶风梢。橘柚扬州来，青茅荆州贡。孙叔敖斩蛇埋土中，宋郊为蚂蚁搭渡桥。阶前蟋蟀唧唧叫，烦我好梦难成；窗外鸡声叫喔喔，有良朋远到。

探源 解意

①**诗、礼**：**诗**：五经中之《诗经》；**礼**：五经中之《礼记》。

②**卦、爻**：《周易》中组成各卦的长短符号，谓之“爻”，“—”叫阳爻，“– –”叫阴爻，每三爻组成一卦，共可组成八卦，两卦变换组合可得六十四卦。每卦所表示的象征意义，谓之“象”。总论一卦之象的叫“卦象”，又叫“大象”；只论一爻之象的叫“爻象”，又叫“小象”。

③**燕引、莺调**：音调像燕子、黄莺鸣叫一样动听。**引**：一种乐曲体裁。[唐]欧阳炯《花间集序》诗云：“南国婵娟，休唱莲舟之引。”**调**：乐律、音调。《晋书·嵇康传》云：“因索琴弹之，而为《广陵散》，声调绝伦，遂以授康。”

④**晨钟、暮鼓**：佛寺早撞钟、暮击鼓以报时。[宋]陆游《短歌行》云：“百年鼎鼎世共悲，晨钟暮鼓无休时。”

⑤**野馔、山肴**：野味美食。**馔**：上等食品。**肴**：熟的鱼肉。[唐]王勃《山亭兴序》云：“黄精野馔，赤石神脂。”[宋]欧阳修《醉翁亭记》云：“山肴野蔌（蔬菜），杂然而前陈者，太守宴也。”[明]施耐庵《水浒传》第

31回："两口儿自去厨下安排些佳肴美馔酒食，管待武松。"

⑥**雉方乳，鹊始巢**：野鸡即将孵卵，喜鹊开始筑巢。**雉**：野鸡。[西汉]戴圣《礼记·月令》云："季冬之月（农历十二月）……雁北向，鹊始巢，雉雊（鸣）鸡乳（孵化）。"东汉中牟县令鲁恭，字仲康，治县以德化为重，不任刑罚，众皆信服。建初七年，郡国螟虫伤庄稼，竟不入中牟界。河南尹袁安不信，派主狱官肥亲视察。鲁恭陪视，坐于桑下。有雉过，止其旁，旁有儿童，肥亲曰："儿何不捕之？"儿曰："雉方将雏（孵小雉）。"肥亲瞿然而起，对鲁恭说："今来，欲察君之政绩。今虫不犯境，此一异也；化及鸟兽，此二异也；竖子（儿童）有仁心，此三异也。"遂回府实告袁安府尹。（见《后汉书·鲁恭传》）

⑦**猛虎、神獒**：凶猛的老虎，高大的狂犬。**獒**：一种凶猛的狗。[唐]舒元舆《坊州按狱》诗云："攫搏如猛虎，吞噬若狂獒。"

⑧**疏星浮荇叶**：稀疏的晨星像荇叶一样映在湖面上。这是宋朝诗人陈尧佐《林处士水亭》中"冷光（指映在水中的月光星光）浮荇叶，静影浸鱼竿"诗句的化用。**荇**：荇菜，水生植物。

⑨**皓月上松梢**：洁白的月亮像明灯一样挂在松梢上。这是唐代诗仙李白《送杨山人归嵩山》中"长留一片月，挂在东溪松"诗句的化用。

⑩**为邦自古推瑚琏**：自古兴国要靠德能高尚的人才。**为邦**：治理国家。**瑚琏**：贵重祭器，比喻能担大任的人才。《论语·公冶长》云："子贡（孔子的学生，名赐）问曰：'赐也何如？'子曰：'女（通"汝"，你），器也。'曰：'何器也？'曰：'瑚琏也。'"[唐]李华《卢郎中斋居记》云："公以瑚琏之器为郎官，以干将之断宰赤县。"

⑪**从政于今愧斗筲**：现今从政者量小才薄难成大事。**斗筲**：两种小量器，比喻气量狭小无大用的人。《论语·子路》云："[子贡]曰：'今之从政者何如？'子（孔子）曰：'噫，斗筲之人，何足算（谈论）也？'"

⑫**管鲍相知，能交忘形胶漆友**：春秋时期，齐人管仲与鲍叔牙二人友善，相知最深。齐桓公本由鲍叔牙护卫回国即位，鲍叔牙却向桓公举荐管仲，授以国政，位在鲍叔牙之上，使齐国得以称霸。管仲知恩，常说："生

我者父母，知我者鲍子也。”后人以“管鲍交”作为交谊深厚之典。（见《史记·管仲列传》）

⑬**蔺廉有隙，终对刎颈死生交**：战国时期，赵国大夫蔺相如不畏强秦，完璧归赵，有大功，被封为宰相，位在大将军廉颇之上。廉颇不服，屡次阻拦相如车驾示威。蔺相如为维护赵国将相团结，以防外侵，一再改道回避廉颇。廉颇得知相如真意后，负荆向蔺相如请罪，遂成刎颈之交，传为“将相和”的著名佳话。（见《史记·廉颇蔺相如列传》）

⑭**耳语**：附耳低语。《古诗为焦仲卿妻作》云：“下马入车中，低头共耳语。”**神交**：心神结交。《汉书·上叙传·答宾戏》云：“殷（中宗武丁）说（傅岩奴隶傅说）梦发于傅岩，周（周文王）望（太公望）兆动于渭滨，齐（齐桓公）宁（宁戚放牛歌于康衢，齐桓公举为大夫）激声于康衢，汉良（张良下邳遇黄石公受《太公兵法》）受书于邳沂，皆俟（等待）命而神交，匪（同‘非’）言词之所信。”

⑮**焉乌**：原意为乌鸦，这里指字形相似。乌字繁体“烏“与“焉”字形似而易讹，甚至“焉烏成馬（马的繁体）”。[宋]宋祁《代入乞出表》云：“书思记命，目不辨于焉乌。”**亥豕**：原意为猪，这里将字形近似的错字称为“亥豕”之误。《吕氏春秋·察传》云：“子夏之晋，过卫，有读《史记》者曰：“晋师三豕涉河。子夏曰；‘非也，是己亥也。夫己与三相近，豕与亥相似。’至于晋而问之，则曰晋师己亥涉河也。”

⑯**獭髓**：传说獭的骨髓与玉屑、琥珀屑相和，可以灭瘢痕。[宋]苏轼《再和杨公济梅花十绝》云：“檀心已作龙涎吐，玉颊何烦獭髓医？”**鸾胶**：传说海上有凤麟洲，多仙人，用凤喙麟角合煎作膏，名“续弦胶”，能粘弓弩断弦。（见汉东方朔《十洲记》）[唐]刘兼《秋夜书怀呈戎州郎中》云：“鸾胶处处难寻觅，断尽相思寸寸肠。”

⑰**宜久敬，莫轻抛**：《诗经》上有一篇弃妇哀怨丈夫淫于新婚而弃旧室的长诗：“德音莫违（山盟海誓不背离），及尔同死（白头偕老共生死）；……宴尔新婚（而今你又有新欢），不我屑与（竟把我抛弃）。”（见《诗经·邶风·谷风》）

⑱**一气**：一伙。《红楼梦》云：“还有舅舅做保山（像山一样稳固可靠的

保人），他们都是一气。”**同胞**：同父母所生的兄弟。《汉书·东方朔传》云：“同胞之徒，无所容居。”同乡同国的人也称“同胞”。

⑲**祭遵甘布被**：东汉名将祭遵，字弟孙，颍阳人。曾从光武帝刘秀征河北。建武二年，拜征虏将军，封颍阳侯，为人克己奉公。在军中，与士卒共甘苦，盖布制衣被，所得赏赐皆分与将士，家无余财。（见《后汉书·祭遵传》）

⑳**张禄念绨袍**：战国魏人范雎（旧时误作“范睢”），一作“范且”，字叔。初随魏大夫须贾，被诬有通齐之嫌。后潜逃入秦，任相，封侯，更名曰张禄。魏人以为雎已死。后来，魏使须贾赴秦，雎穿破烂衣服见贾，贾不知雎为秦相，曰：“范叔何一寒至此？”遂取己绨袍赠之。（见《史记·范雎传》）

㉑**花径风来逢客访**：这是诗圣杜甫《客至》中“花径不曾缘客扫，蓬门今始为君开”诗句的化用。

㉒**柴扉月到有僧敲**：唐代诗人贾岛进京参加科举考试，在驴背上想出两句诗：“鸟宿池边树，僧敲月下门。”起初想用“推”字，又觉“敲”字较好，并聚精会神地不断作“推”和“敲”的手势斟酌，拿不定主意。到京后，请教京兆尹韩愈，韩愈说：“作‘敲’字佳矣。”后人们以“推敲”作为斟酌研究问题的代称。（见《刘公嘉话》）

㉓**夜雨园中，一颗不雕王子柰**：汉末著名孝子、琅琊临沂人王祥，幼年丧母，继母不慈，多加刁难，命祥护园中柰（果木，又名“沙果”），言果落则鞭打王祥。祥抱树大哭，柰果竟一颗不落。（见《晋书·王祥传》）

㉔**秋风江上，三重曾卷杜公茅**：唐代大诗人杜甫，在四川成都西郊浣花溪畔刚盖起一座茅屋（“杜甫草堂”）竟被秋风吹破。年迈的杜甫在其《茅屋为秋风所破歌》诗作中写道：“八月秋高风怒号，卷我屋上三重茅。……[群童]公然抱茅入竹去，唇焦口燥呼不得，归来倚杖自叹息。”

㉕**廪**：粮仓。《孟子·滕文公上》云：“今也，滕（国名）有仓廪府库，则是厉（损害）民而以自养也。”**庖**：厨房。《孟子·梁惠王上》云：“庖有肥肉，厩有肥马，民有饥色，野有饿莩（通‘殍’，饿死的人），此率兽

而食人也。”

㉖**玉磬**：古代玉制乐器。《周礼·明堂位》云：“拊搏，玉磬，揩击，大琴，大瑟，中琴，小瑟，四代之乐器也。”**金铙**：古代铜制乐器。《周礼·地官·鼓人》云：“以金铙止鼓，以金铎通鼓。”郑玄《注》：“铙如铃无舌，有柄，执而鸣之，以止击鼓。”

㉗**竹林**：三国魏末年，司马氏当权，陈留的阮籍、谯国的嵇康、河内的山涛、河南的向秀、阮籍之侄阮咸、琅琊的王戎、沛人刘伶七人，相与友善，崇尚老庄之学，轻视礼法，规避尘俗，常集于竹林之下，饮酒弹唱，纵情清谈，时人称为“竹林七贤”。（见《世说新语·任诞》）**梅岭**：江西广东交界之大庾岭，古称“塞岭”。相传汉武帝时，有庾姓将军筑城岭下，故又称“大庾岭”。唐玄宗大臣张九龄督所属于此开凿新路时，令多植梅树，故又称“梅岭”。（见《读史方舆纪要·江西》）

㉘**起凤腾蛟**：亦作“腾蛟起凤”。比喻人的才华焕发。[唐]王勃《滕王阁序》云：“腾蛟起凤，孟学士之词宗；紫电青霜，王将军之武库。”

㉙**鲛绡帐**：用鲛人所织的丝绢、薄纱做的帐子。传说，南海有鲛人，水居如鱼，眼能泣珠。不停织绩，常出卖绡帐，轻疏透明，冬天寒风不入，夏天能生凉气。（见[晋]张华《博物志》）

㉚**兽锦袍**：用织有兽形图案的锦绣做成的袍。[唐]杜甫《寄李十二白二十韵》云：“龙舟移棹晚，兽锦夺袍新。”（参见“四支”韵注⑨）

㉛**露果**：明朝万历年间，户部侍郎杨果目睹江苏兴化车路河南北两厢隔垛上瓜果累累，诗兴大发遂题《两厢瓜圃》诗一首，并将该景区命名为“两厢瓜圃”。传说，“两厢瓜圃”里长有一种珍贵稀有的瓜果珍品——露果，它一度被列为贡品。后来失传。清嘉庆年间，时任两淮都转运使的曾燠在扬州又品尝到由兴化县教谕史炳赠送的露果，遂作题为《谢史恒斋寄馈兴化所产露果》的诗歌盛赞露果之美味：“甘露一以霖，雨足阙都弥……谁能盛露去？偏洒千杨枝。”（见《昭阳十二景·两厢瓜圃》）“露果”与“风梢”对仗，当是指“露珠”，露珠似果粒。[汉]郭宪《洞冥记》云：“满室云起，五色照人，着于草树，皆成五色露珠。”**风梢**：风的尽头。[宋]晏几道

《扑蝴蝶·风梢雨叶》云："风梢雨叶，绿遍江南岸。"

㉜**扬州输橘柚，荆土贡菁茅**：古帝夏禹划疆域为九州，依据各州土地肥瘦、出产物品，定出各州贡品内容：扬州贡"厥篚织贝（竹筐装贝锦），厥包橘柚"；荆州贡"包匭（杨梅）菁茅（滤酒用的茅草）"。（见《尚书·禹贡》）

㉝**断蛇埋地称孙叔**：春秋楚人孙叔敖，儿时在路上遇见一条两头蛇，便杀而埋之。回家后，忧愁不食。母问其故，敖哭着说："儿今见一条两头蛇，听人说，见两头蛇者必死。我想自己是要死的人了，不能再让后见之人又死，便把它杀死埋了。"然而，孙叔敖竟不死。长大后，他三任令尹而不喜，三次去职而不悔。（见《太平广记117卷·苏叔敖》、《史记·循吏传》）

㉞**渡蚁作桥识宋郊**：传说，宋代宋郊看见自家屋前的蚁穴被雨冲坏，蚁为雨溺，他编竹为桥，让蚂蚁爬到了干处，被救。（见《宋史·宋郊传》）[明]冯梦龙《警世通言》卷五云："毛宝放龟悬大印，宋郊渡蚁占高魁。"

㉟**好梦难成，蛩响阶前偏唧唧**：愁思萦心难入梦，更有蛩鸣来烦人。这是元朝无名氏《云窗梦》中"薄设设衾寒枕冷，愁易感好梦难成"和《古代经典爱情诗句大全》中" 睡去依依随雁断（音信隔绝），惊回故故恼蛩鸣"诗句的化用。

㊱**良朋远到，鸡声窗外正嘐嘐**：窗外鸡声胶胶叫，继闻良友敲柴门。旧俗认为，鸡鸣有客到。这是诗圣杜甫《羌村三首》中"群鸡正乱叫，客至鸡斗争。驱鸡上树木，始闻扣柴荆"诗句的化用。

肴 巢 交 郊 茅 嘲 钞 包 胶 爻 苞 梢
蛟 教 庖 匏 坳 敲 胞 抛 鲛 崤 啁 鞘
抄 螯 咆 哮

采莲曲

[清] 蒲松龄

两船相望隔菱茭，一笑低头暗眼抛。
他日人知与郎遇，片言谁信不曾交。

词的分类：

词分两类，长的词，也就是慢曲子叫“慢”；短小的词称“令”。“慢”分中调和长调。字数适中的词叫中调，比较长的词叫长调。具体地说，五十八字以内的词，称为小令；从五十九字到九十一字的词，称为中调；九十二字以上的词，都称为长调。

由于词长短形式不同，所以分段形式也不同。全词不分段的叫单调；有两段组成的叫双调，中调一般由两段组成，如同两段歌词一样；长调由于字数多，分三段的，也就是段落重叠三次的叫三叠，分四段的，重叠四次的叫四叠。四叠词很少。词的“段”不叫上下段，叫上下片或上下阕，也不叫一叠二叠或者上叠下叠。

举例：

单调：

调笑令

[唐] 韦应物

河汉，河汉，晓挂秋城漫漫。愁人起望相思，江南塞北别离。离别，离别，河汉虽同路绝。

（换了三次韵，平仄韵交替。）

双调：

点绛唇

[宋] 李清照

蹴罢秋千，起来慵整纤纤手。露浓花瘦，薄汗轻衣透。

见客人来，袜刬金钗溜。和羞走，倚门回首，却把青梅嗅。

（上阕二十字，下阕二十一字，仄韵。）

三叠：

兰陵王·丙子送春

[宋] 刘辰翁

送春去，春去人间无路。秋千外，芳草连天，谁遣风沙暗南浦？依依甚意绪，漫忆海门飞絮。乱鸦过、斗转城荒，不见来时试灯处。

春去，最谁苦。但箭雁沉边，梁燕无主，杜鹃声里长门暮。想玉树凋土，泪盘如露，咸阳送客屡回顾，斜日未能度。

春去，尚来否？正江令恨别，庾信愁赋。二人皆北去。苏堤尽日风和雨。叹神游故国，花记前度。人生流落，顾孺子，共夜语。

（三片，句式不同，仄韵。）

四叠：

梁州令叠韵

[宋] 晁补之

田野闲来惯，睡起初惊晓燕。樵青走挂小帘钩，南园昨夜，细雨红芳遍。
平芜一带烟光浅，过尽南归雁。俱远。凭阑送目空肠断。
好景难常占，过眼韶华如箭。莫教鶗鴂送韶华，多情杨柳，为把长条绊。
清樽满酌谁为伴，花下提壶劝；何妨醉卧花底，愁容不上春风面。

（梁州令原为双调，加了一倍成四叠，一百字，仄韵。四叠词很少。）

四　豪

jiāo duì cí　dí duì hāo　shān lù duì jiāng
茭对茨，荻对蒿，山麓对江

gāo　yīnghuáng duì dié bǎn　mài làng duì sōng tāo
皋[1]。莺簧对蝶板[2]，麦浪对松涛[3]。

qí jì zú　fènghuáng máo　měi yù duì jiā bāo
骐骥足[4]，凤凰毛[5]，美誉对嘉褒[6]。

wén rén kuī dù jiǎn　xué shì shū tù háo　mǎ yuán
文人窥蠹简[7]，学士书兔毫[8]。马援

nánzhēng zài yì yǐ　zhāngqiān xī shǐ jìn pú tao
南征载薏苡[9]，张骞西使进葡萄[10]。

biàn kǒu xuán hé　wàn yǔ qiān yán cháng wěi wěi　cí
辨口悬河，万语千言常亹亹[11]；词

yuán dào xiá　lián piān lěi dú zì tāo tāo
源倒峡，连篇累牍自滔滔[12]。

méi duì xìng　lǐ duì táo　yù pú duì jīng
梅对杏，李对桃，棫朴对旌

máo　jiǔ xiān duì shī shǐ　dé zé duì ēn gāo
旄[13]。酒仙对诗史[14]，德泽对恩膏[15]。

xuán yí tà　mèng sān dāo　zhuō yì duì guì láo
悬一榻[16]，梦三刀[17]，拙逸对贵劳[18]。

yù táng huā zhú rào　jīn diàn yuè lún gāo　gū shān
玉堂花烛绕[19]，金殿月轮高[20]。孤山

kàn hè pán yún xià shǔ dào wén yuán xiàng yuè háo
看鹤盘云下[21]，蜀道闻猿向月号[22]。
wàn shì cóng rén yǒu huā yǒu jiǔ yīng zì lè bǎi
万事从人，有花有酒应自乐；百
nián jiē kè yì qiū yí hè jìn wú háo
年皆客，一丘一壑尽吾豪[23]。
tái duì shěng shǔ duì cáo fēn mèi duì tóng
台对省[24]，署对曹[25]，分袂对同
páo míng qín duì jī jiàn fǎn zhé duì huí cáo
袍[26]。鸣琴对击剑[27]，返辙对回艚[28]。
liáng jiè zhù cāo zhuō dāo xiāng chá duì chún láo
良借箸[29]，操捉刀[30]，香茶对醇醪[31]。
dī quán guī hǎi dà kuì tǔ jī shān gāo shí shì
滴泉归海大，篑土积山高[32]。石室
kè lái jiān què shé huà táng bīn zhì yǐn yáng gāo
客来煎雀舌[33]，画堂宾至饮羊羔[34]。
bèi zhé jiǎ shēng xiāng shuǐ qī liáng yín fú niǎo zāo
被谪贾生，湘水凄凉吟鵩鸟[35]；遭
chán qū zǐ jiāng tán qiáo cuì zhù lí sāo
谗屈子，江潭憔悴著离骚[36]。

译文

干草对蒺藜，芦荻对青蒿，山脚对江边。黄莺声如簧，蝴蝶翅花板，麦浪对松涛。千里马，凤凰毛，美誉对嘉奖。文人爱读书，学士好书法。马援南征

带回薏仁，张骞西域传进葡萄。能言善辩，口若悬河，滔滔不绝不知疲倦；下笔有神，气势豪迈，连篇累牍写不完。

梅对杏，李对桃，人才济济对皇家军旄。酒仙李白对杜甫诗史，道德对恩泽。陈蕃为徐稚备一榻，王浚梦见梁上挂了三把刀，愚拙贪乐对贵在勤劳。玉堂花烛明，金殿月轮高。孤山上看飞鹤盘云下，艰难蜀道听猿猴向月号。世间万事从人，有花有酒自寻快乐；人生不过百年，山水之间豪爽高歌。

政府台对省，机构署对曹，分手离别对好友同袍。弹琴对击剑，返车对回船。张良借箸献策刘邦，曹操曾扮卫士捉刀，香茶对酒肴。滴泉汇聚归大海，筐筐黄土积山高。石屋有客煮嫩茶，华堂宾至有羊羔。贾谊被贬长沙，凄凉湘水边吟咏《鹏鸟赋》；屈原遭诋毁流浪沅湘，忧愤憔悴而著《离骚》。

探源 解意

①**山麓**：山脚。[宋]苏辙《寄济南李公择》诗云：“岱阴皆平坦，济南附山麓”。**江皋**：江岸。

②**莺簧**：黄莺叫声如笙簧。[宋]欧阳修《奉酬长文舍人出城见示之句》云：“清浮酒蚁醅初拨，暖入莺篁（通‘簧’）舌渐调。”[宋]邵雍《共城十吟》云：“风触莺簧健，烟舒柳叶匀。”**蝶板**：蝴蝶身子虽小，翅膀大如花板、手扇。[元]王和卿《醉中天·咏大蝴蝶》云：“两翅驾东风，三百座名园一采一个空。谁道风流种？唬杀寻芳的蜜蜂。轻轻的飞动，把卖花人扇过桥东。”

③**麦浪**：风吹麦苗，起伏如浪。宋代著名词人苏轼的《南歌子》写道：“日薄花房绽，风和麦浪轻。夜来微雨洗郊垧。正是一年春好、近清明。”**松涛**：风撼松林，声如波涛。宋代著名书画家赵孟頫的《西湖灵隐寺对联》写道：“龙涧风回，万壑松涛连海气；鹫峰云敛，千年挂月印湖光。”

④**骐骥足**：日奔千里的良马。比喻杰出的人才。刘备任命庞统为耒阳县令。不久，庞统因渎政而被免官。鲁肃得悉，写信对刘备说：“庞统不

只是个县令之才，让他当州官，才能发挥骐骥足（千里马）之才。”（见《三国志·庞统传》）

⑤**凤凰毛**：比喻羽毛珍贵，人才优秀。唐代诗人元稹在《寄赠薛涛》诗中称赞薛涛是“言语巧偷鹦鹉舌，文章分得凤凰毛”。特指像父辈的风采。《世说新语·容止》云：“王敬伦（劭）风姿似父（王导），……桓（温）公望之曰：‘大奴固自有凤毛。’”

⑥**美誉**：美好的名誉。[明]宋濂《赠定岩上人入东序》诗云：“美誉流于四方，纯行信于四众。”**嘉褒**：嘉奖与赞扬。[宋]王安石《参知政事欧阳修曾祖某赠某官制》云：“图任以登於右府，褒嘉当及其前人。”

⑦**文人窥蠹简**：文人爱读书。**蠹简**：易遭蠹虫蛀蚀的书籍，泛指书籍。这是宋朝诗人陆游《初夏杂兴》中“终日颓然蠹简中”和《掩扉》中“一编蠹简从吾好”诗句的变化引用。

⑧**学士书兔毫**：学士好书法。**书兔毫**：用兔毛制作成的毛笔写字，泛指书法。这是唐代诗人贯休《笔 》中“莫讶书绅（写字）苦，功成在一毫”诗句的变化引用。

⑨**马援南征载薏苡**：东汉马援，字文渊，茂陵（今陕西兴平东北）人。初依隗嚣，后归光武。建武十七年，任伏波将军，南征平交趾起义。在交趾，常以薏苡实（仁）为食。南方薏苡实大，军还时，载回一车，欲作种子。（见《后汉书·马援传》）

⑩**张骞西使进葡萄**：西汉张骞，字子文，成固（今陕西城固）人。武帝时从卫青击匈奴，以军功封博望侯。他曾两次出使西域。元鼎二年以中郎将衔第二次出使西域之乌孙时，分遣副使去大宛、康居、月氏、大夏等国，西北诸国方与汉通，使中原铁器、纺织品等传入西域，西域的音乐、良马、葡萄等传入中原。（见《汉书·张骞传》）

⑪**辨口悬河，万语千言常亹亹**：辨（通“辩”）口悬河：指说话滔滔不绝，能言善辩。**亹亹**：不知疲倦。这是《隋书·裴蕴传》中“蕴亦机辩，所论法理，言若悬河”和唐代诗人郑谷《燕》中“千言万语无人会（无人懂说的是什么），又逐流莺过短墙”诗句的化用。

⑫词源倒峡，连篇累牍自滔滔：**词源倒峡**：指诗文雄健有力，气势豪迈。**连篇累牍**：形容文辞冗长。这是诗圣杜甫《醉歌行》中“词源倒流三峡水，笔阵横扫千人军”和《隋书·李谔传》中“连篇累牍，不出月露（指辞藻华美而内容空乏的诗文）之形”诗句的化用。

⑬棫朴：两种优质木名，意谓棫朴丛生，根枝茂密，共相附着。比喻人才济济国家兴盛。《诗经·大雅·棫朴》云：“芃芃(茂盛)棫朴，薪之槱(积柴燃烧以祭天)之；济济辟王（指周文王），左右趣（趋附）之。”**旌旄**：军旗的一种。[唐]李频《陕府上姚中丞》云：“关东领藩镇，阙下授旌旄。”

⑭酒仙：唐代诗人李白，字太白，少年即显露才华，吟诗作赋，好行侠义。他的诗风雄奇豪放，想象丰富语言流转自然，音律和谐多变。他嗜酒成癖，自称“酒仙”。[唐]杜甫《饮中八仙歌》云：“李白一斗诗百篇，长安市上酒家眠。天子呼来不上船，自称臣是酒中仙。”**诗史**：唐代诗人杜甫，字子美，自幼好学，知识渊博，有政治抱负。善诗好赋，其诗歌创作对历代文人产生巨大影响，宋代以后被尊为“诗圣”。他的许多优秀诗作显示了唐朝从开元盛世，转向分裂衰微的历史过程，因此被称作“诗史”。《新唐书·杜甫传赞》云：“甫（杜甫）又善陈时事，律切精深，至千言不少衰，世号诗史。”

⑮德泽：德化与恩惠。《韩非子·解老》云：“有道之君，外无怨仇于邻敌，而内有德泽于人民。”**恩膏**：犹“恩泽”。恩惠像雨露润泽万物。[明]张三丰《云水前集·赤壁怀古》诗云：“为雨为云最有神，莫将尘梦拟真人。仙环隐隐从空下，一片恩膏一片春。”[唐]刘禹锡《经伏波神祠》云：“自负霸王略，安知恩泽侯（不以功受爵，而出于皇帝私恩，故称‘恩泽侯’，以别于功臣侯）。”

⑯悬一榻：东汉徐稚，字孺子，家贫，以农耕自给。人荐其出仕，皆不就。其名望传世，高官大人多愿与之交游。太守陈蕃，正直清廉，不喜交际，唯善遇徐稚，特设一榻，备徐稚来时所卧，徐去则榻悬起。（见《后汉书·徐稚传》）

⑰梦三刀：晋朝开国元勋王浚，曾任巴郡太守、广汉太守。传说，他做

梦看见卧室屋梁上挂着三把刀子，一会儿又加一把。他向部下说梦，部下皆奉承说：三把刀合为“州”字，又加一把，是“益”的意思，看来您要升官到益州去了。（见《晋书·王浚传》）

⑱**拙逸贵劳**：**拙逸**：愚拙的安逸，指贪图安乐。**贵劳**：尊贵的勤劳，指忧患劳苦。[宋]欧阳修《五代史伶官传序》云：“忧劳（忧患劳苦）可以兴国，逸豫（贪图安乐）可以亡身，自然之理也。”

⑲**玉堂花烛绕**：这是北周庾信《和咏舞》中“洞房花烛明，燕（通‘宴’）余双飞轻”诗意的化用。**玉堂**：本指华丽的殿堂，或豪华的宅第，此指新婚洞房。**花烛**：彩饰蜡烛，婚礼时多用花烛。

⑳**金殿月轮高**：这是唐代诗人王昌龄《春宫曲》中“昨夜风开露井桃，未央（未央宫）前殿月轮高”诗意的化用。**金殿**：帝王宫殿。**月轮**：圆月亮。

㉑**孤山看鹤盘云下**：宋朝隐者林逋，字君复。性格恬淡好古，不趋市利。长年隐居于杭州西湖之孤山，终身不娶，以植梅养鹤为伴，有客来，则令童子放鹤，林逋见鹤必棹舟归来。故称“梅妻鹤子”。（见宋沈括《梦溪笔谈·人事》）

㉒**蜀道闻猿向月号**：[唐]朱使欣《道峡似巫山》云：“江如晓天静，石似暮云张。征帆一流览，宛若巫山阳。……猿鸣孤月夜，再使泪沾裳。”[宋]陆游《三峡歌》云：“朝云暮雨浑虚语，一夜猿啼月明中。”

㉓**万事从人，有花有酒应自乐；百年皆客，一丘一壑尽吾豪**：这两句是说，人生百年犹如过客一样暂住世间，应尽情地赏花饮酒，放浪山水之间，不枉一生。《古诗十九首》云：“浩浩阴阳移，年命如朝露。人生忽如寄，寿无金石固。”[三国魏]曹丕《善哉行》云：“人生如梦，多忧何为？”[三国魏]曹操《短歌行》云：”“对酒当歌，人生几何？”

㉔**台省**：汉有尚书台，三国魏有中书省，都是代表皇帝发布政令的中枢机关。后因以“台省”指政府的中央机关。《旧唐书·刘祥道传》云：“汉魏以来，权归台省，九卿皆为常伯属官。”[唐]杜甫《醉时歌》诗云：“诸衮省衮登台省，广文先生官独冷。”

㉕**署曹**：官署名。[唐]白居易《初除主客郎中知制诰与王十一等同宿话旧》诗云："紫垣曹署荣华地，白发郎官老丑时。"

㉖**分袂**：离别。[晋]干宝《搜神记》云："[秦女]取金枕一枚，与度（孙道度）为信，乃分袂泣别。"[唐]李山甫《别杨秀才》云："如何又分袂，难话别离情。"**同袍**：穿同样的服装。谓兄弟。比喻战友、好友。《诗经·秦风·无衣》云："岂曰无衣，与子同袍。"诗写春秋时期，吴国侵犯楚国，楚大夫申包胥向秦国求救，秦哀公答应与同袍战斗。[元]辛文房《唐才子传·鲍溶》云："与李端公益少同袍，为尔汝（不分彼此）交。"

㉗**鸣琴**：弹琴。春秋时，孔子弟子宓子贱任单父（鲁邑）令，不下堂，以弹名琴治单父，治理得很好。之后巫马期接任单父令，每天早出晚归，事必躬亲，把单父管理得也很好。巫马期问宓子贱，这是什么原因。宓子贱说："我之谓任人，子（您）之谓任力。任力者故劳，任人者故逸。"（见《吕氏春秋·察贤》）**击剑**：以剑对刺分胜负。《史记·司马相如传》云："少时好读书，学击剑。"

㉘**返辙**：回车。**辙**：车辙。晋朝文学家、思想家阮籍，常独自驾车，不走常道，无目的地漫游，车到穷境，就"恸哭而返"。（见《晋书·阮籍传》）**回艚**：回舟。**艚**：船。晋代书法家王羲之之子王徽之，字子猷，性格豪爽洒脱，放荡不羁。官至黄门侍郎。居山阴时，忽然想念故友戴逵（字安道），当时戴逵居于剡地（今浙江嵊县西），便驾舟雪夜造访，一夜方至，舍舟登陆。至戴之门而不入，竟乘舟而返。人问其故，子猷说："本乘兴而来，兴尽而返，何必见安道？"（见《世说新语·任诞》）

㉙**良借箸**：**借箸**：为人出谋划策。汉王刘邦三年，楚霸王项羽围刘邦于荥阳，刘邦恐惧。郦食其劝刘邦学商汤伐夏桀而封桀之后代于杞地、武王伐殷纣而封纣之后代于宋国的办法，复立被秦国所灭的六国之后代，借以取信六国，共同抗楚。刘邦说："好极了！"刚要吃饭，刘邦以郦生计说与张良。张良说："若依此计，陛下之大事去矣！"刘邦问："为什么？"张良借用刘邦面前的箸（吃饭筷子），指画形势筹算，列出八条不可复立六国后代的理由。刘邦大悟。（见《史记·留侯世家》）

㉚**操捉刀**：魏武帝曹操要接见匈奴使者，自以为相貌不足雄威匈奴，于是让崔琰代己，扮成魏王，自己扮成卫士，捉刀立于床头。接见后，曹操让人问使者对魏王的印象。使者说："魏王雅望非常，然床头捉刀人乃真英雄也！"（见《世说新语·容止》）

㉛**香茶**：清香之茶。[唐]李嘉佑《与从弟正字从兄兵曹宴集林园》云："竹窗松户有佳期，美酒香茶慰所思。"**醇醪**：味厚的美酒。[唐]高适《宋中遇林虑杨十七山人因而有别》云："檐前举醇醪，灶下烹只鸡。"

㉜**滴泉归海大，篑土积山高**：大海不拒细流，筐土积成高山。秦始皇拟逐客除异己，李斯上书说："是以太（泰）山不让（不舍弃）土壤，故能成其大；河海不择细流，故能成其深；王者不却众庶，故能明其德。"（见李斯《谏逐客书》）[宋]释法泰《颂古》诗云："汝水向东流，楚水从南至。皆归大海中，咸淡同一味。"伪《尚书·旅獒》云："为山九仞，功亏一篑（篑，筐子）。"

㉝**石室客来煎雀舌**：**石室**：石洞，常指仙人所居之岩洞。**雀舌**：嫩茶芽。这是宋朝诗人梅尧臣《答宣城张主簿遗鸦山茶次其韵》中"纤嫩如雀舌，煎烹比露牙"和予山居《茶仑诗》中"谁把嫩香名雀舌，定来北客未曾尝"诗句的化用。

㉞**画堂宾至饮羊羔**：**画堂**：华丽的堂舍。**羊羔**：指"羊羔酒"。这是宋朝大文豪苏东坡《二月三日点灯会客》诗意的概括。诗曰："江上东风浪接天，苦寒无赖破春妍。试开云梦羔儿酒，快泻（卸）钱塘药王船。"[元]杨公远《雪》诗云："彻夜阴风恣怒号，谁家帐底饮羊羔。"

㉟**被谪贾生，湘水凄凉吟鹏鸟**：鹏鸟俗称猫头鹰。西汉文学家兼政论家贾谊，亦名贾生，西汉洛阳人。文帝召为博士，超迁至太中大夫。好议国家大事，所论多见施行。后遭重臣周勃、灌婴排挤，被贬任长沙王太傅。长沙任内，有鹏鸟飞入他的屋内，人云鹏鸟现，主人必死，以为不祥之兆，加之感伤身世不顺，遂作《鹏鸟赋》抒怀。（见《史记·屈原贾生列传》）

㊱**遭谗屈子，江潭憔悴著离骚**：战国末期，楚国贵族、伟大诗人屈原，名平，字原。学识渊博。初辅佐怀王，任左徒、三闾大夫。他主张彰明

法度，举贤授能，东联齐国，西抗强秦，深得怀王信任。后楚怀王听信贵族子兰、靳尚等人的谗言而将其去职。屈原怨恨怀王耳不聪，目不明，听信谗谄邪曲，不容刚正不阿之臣，因而“忧愁幽思而作《离骚》”。顷襄王时又被放逐，长期流浪于沅湘流域。他的政治主张不被采纳，自感自己无力挽救楚国的危亡，楚都郢城被秦军攻破后，屈原“至于江滨，被（披）发行吟泽畔；颜色憔悴，形容枯槁”，怀石沉汨罗江而死。（见《史记·屈原贾生列传》）

豪韵部代表字

豪　毫　操　髦　绦　猱　褒　鼇　刀　萄　桃　糟
旄　袍　挠　蒿　涛　皋　号　陶　曹　遭　羔　高
噪　搔　毛　滔　骚　韬　缫　膏　牢　醪　逃　劳
濠　壕　舠　饕　洮　淘　叨　咷　篙　熬　翱　遨
嗷　臊

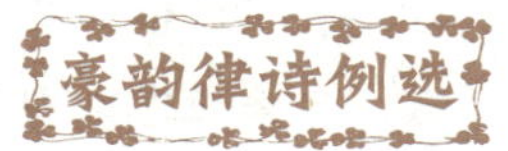

塞下曲

[唐]卢　纶

月黑雁飞高，单于夜遁逃。
欲将轻骑逐，大雪满弓刀。

词牌词调

词牌：就是词的格式的名称。律诗只有四个格式，而词有一千多个格式。每一个格式起的名字就叫词牌。同一个格式往往有几个变体，有时候同一个格式有几种名称，是因各家叫名不同的原因。

词牌大致来源三种情况：

(1)本来是乐曲的名称。如《菩萨蛮》、《西江月》、《蝶恋花》等。

(2)摘取一首词中的几个字作为词牌。如《忆秦娥》、《谢秋娘》、《念奴娇》等。

(3)本来就是词的题目。如《踏歌词》、《舞马词》、《渔歌子》等。

大多数词有自己词的标题，词牌代表格式，词题代表内容，两者不发生关系。词牌《浪淘沙》完全可以不讲浪不讲沙，比如毛泽东的《采桑子》是词牌，而词的标题是《重阳》。

词调：词最初叫“曲子词”，是配音乐的，每个词牌都有自己的乐谱，每首乐谱都有表达感情的声腔调门儿，就像现在说的某首歌曲或乐曲标的是C调F调D调的意思一样，要有一个发声和演奏的定调标准。词调就是曲子词的声调，每一个宫调各表达不同的声情，宋人作词是要择调的，比如黄钟宫、仙吕宫、双调、商调等。宋代制有七音十二律七十二调八十四宫。宫调与诗词的韵律是相通的。什么宫调适宜什么场合演唱是有规定的。自从词与音乐分离以后，宫调乐谱丢失，词调不再多提，只说词牌了。

五 歌

wēi duì jù shǎo duì duō zhí gàn duì píng
微对巨，少对多，直干对平
kē fēng méi duì dié shǐ yǔ lì duì yān suō
柯①。蜂媒对蝶使②，雨笠对烟蓑③。
méi dàn sǎo miàn wēi tuó miào wǔ duì qīng gē
眉淡扫④，面微酡⑤，妙舞对清歌⑥。
qīng shān cái xià gé báo mèi jiǎn chūn luó jiàng xiàng
轻衫裁夏葛⑦，薄袂剪春罗⑧。将相
jiān xíng táng lǐ jìng bà wáng zá yòng hàn xiāo hé
兼行唐李靖⑨，霸王杂用汉萧何⑩。
yuè běn yīn jīng qǐ yǒu yì qī céng qiè yào xīng
月本阴精，岂有羿妻曾窃药⑪；星
wéi yè xiù làng chuán zhī nǚ màn tóu suō
为夜宿，浪传织女漫投梭⑫。
cí duì shàn nüè duì kē piāo miǎo duì pó
慈对善，虐对苛，缥缈对婆
suō cháng yáng duì xì liǔ nèn ruǐ duì hán suō
娑⑬。长杨对细柳⑭，嫩蕊对寒莎⑮。
zhuī fēng mǎ wǎn rì gē yù yè duì jīn bō
追风马⑯，挽日戈⑰，玉液对金波⑱。
zǐ zhào xián dān fèng huáng tíng huàn bái é huà gé
紫诏衔丹凤⑲，黄庭换白鹅⑳。画阁

jiāng chéng méi zuò diào lán zhōu yě dù zhú wéi gē
江城梅作调[21]，兰舟野渡竹为歌[22]。

mén wài xuě fēi cuò rèn kōng zhōng piāo liǔ xù yán
门外雪飞，错认空中飘柳絮[23]，岩

biān pù xiǎng wù yí tiān bàn luò yín hé
边瀑响，误疑天半落银河[24]。

sōng duì zhú xìng duì hé bì lì duì téng
松对竹，荇对荷[25]，薜荔对藤

luó tī yún duì bù yuè qiáo chàng duì yú gē
萝[26]。梯云对步月[27]，樵唱对渔歌[28]。

shēng dǐng zhì tīng jīng é běi hǎi duì dōng pō
升鼎雉[29]，听经鹅[30]，北海对东坡[31]。

wú láng āi fèi zhái shào zǐ lè xíng wō lì shuǐ
吴郎哀废宅[32]，邵子乐行窝[33]。丽水

liáng jīn jiē dài yě kūn shān měi yù zǒng xū mó
良金皆待冶[34]，昆山美玉总须磨[35]。

yǔ guò huáng zhōu liú lí sè càn huá qīng wǎ fēng
雨过皇州，琉璃色灿华清瓦[36]；风

lái dì yuàn hé jì xiāng piāo tài yè bō
来帝苑，荷芰香飘太液波[37]。

lóng duì jiàn cháo duì wō jí dì duì dēng
笼对槛，巢对窝，及第对登

kē bīng qīng duì yù rùn dì lì duì rén hé
科[38]。冰清对玉润[39]，地利对人和[40]。

hán qín hǔ róng jià é qīng nǚ duì sù é
韩擒虎[41]，荣驾鹅[42]，青女对素娥[43]。
pò tóu zhū cǐ hù zhé chǐ xiè kūn suō liú kè
破头朱泚笏[44]，折齿谢鲲梭[45]。留客
jiǔ bēi yīng hèn shǎo dòng rén shī jù bù xū duō
酒杯应恨少[46]，动人诗句不须多[47]。
lǜ yě níng yān dàn tīng cūn qián shuāng mù dí cāng
绿野凝烟，但听村前双牧笛[48]；沧
jiāng jī xuě wéi kàn tān shàng yì yú suō
江积雪，惟看滩上一渔蓑[49]。

小对大，少对多，直干对横杈。蜜蜂传媒对蝴蝶信使，雨笠对蓑衣。眉淡描，面微红，妙舞对清歌。夏葛裁轻衫，春罗剪薄衣。出将入相、文武双全的是唐朝名将李靖，王道与霸道并用、德刑并重的是汉相萧何。月亮本阴气精华，哪有羿妻偷药“嫦娥奔月”之故事；织女星牵牛星是天上星宿，织女投梭织布只是神话传说。

慈祥对善良，凶虐对严苛，缥缈对舞旋。长杨对细柳，嫩蕊浓花对秋草寒莎。追风马，倒日戈，美酒玉液对金波。丹凤衔紫诏兆吉瑞，王羲之书《黄庭经》换白鹅。黄鹤楼上听笛“梅花落”，木兰舟野渡“竹枝词”为歌。门外飞雪，错认空中飘柳絮；岩边瀑布哗哗响，疑是九天落银河。

松树对青竹，荇菜对荷花，木莲对藤萝。登云对步月，樵夫唱对渔夫歌。鸡上鼎，鹅听经，孔融对东坡。吴融哀伤项羽烧毁阿房宫，邵雍苏门山下自建安乐窝。金沙江之金待冶炼，昆山美玉也需打磨。皇城雨过，华清宫的琉璃瓦更加干净灿烂；风吹帝苑，太液池芰荷飘香四溢满清波。

笼对槛，巢对窝，三元及第对进士登科。冰清对玉润，地利对人和。韩擒虎生俘陈后主，荣驾鹅鲁国贤大夫，霜雪青女对月中嫦娥。段秀实怒起夺笏狠击叛将朱泚之头，谢鲲调戏良女被织梭横击断了牙齿。留客酒杯总嫌少， 动人诗句不须多。绿野云烟，但听村前双牧笛；大雪纷飞，唯见江滩一渔蓑。

探源 解意

①**直干**：挺直的树干。[宋]王安石《古松》云："森森直干百余寻（古长度，八尺为一寻），高入青冥不附林。"**平柯**：横生的枝茎。**柯**：草木的枝茎。[南朝梁]吴均《与朱元思书》云："夹岸高山，皆生寒树。……横柯上蔽（横斜的树枝遮日），在昼犹昏（白天也很昏暗）；疏条交映，有时见日。"

②**蜂媒蝶使**：花间飞舞的蜂蝶。比喻为男女双方撮合或传递书信的人。[宋]周邦彦《六丑·蔷薇谢后作》词云："多情为谁追惜，但蜂媒蝶使，时扣窗隔。"

③**雨笠烟蓑**：常指隐士的服装。[宋]苏轼《书晁说之考牧图后》云："烟蓑雨笠长林下，老去而今空见画。"

④**眉淡扫**：不涂脂描眉，留自然之貌。[唐]张祜《集灵台》云："却嫌脂粉污颜色，淡扫娥眉朝至尊。"

⑤**面微酡**：酒醉后脸上泛红的容貌。**酡**：饮酒面红貌。《楚辞·招魂》："美人既醉，朱颜酡些。"[唐]刘禹锡《百舌吟》诗云："酡颜侠少停歌听，堕珥妖姬和睡闻。"

⑥**妙舞清歌**：亦作"清歌妙舞"，清亮的歌声，优美的舞蹈。[晋]葛洪《抱朴子·知止》云："轻体柔声，清歌妙舞。"

⑦**轻衫裁夏葛**：用夏葛裁的轻衫。**夏葛**：夏日用的精细葛布。《庄子·让王》云："冬日衣皮毛，夏日衣葛絺（精细的葛布）。"

⑧**薄袂剪春罗**：用春罗剪的薄袖。**春罗**：精细丝织品。**袂**：袖子。[宋]陈藻《剪春罗》诗云："待到百花零落尽，从头子细剪春罗。"[唐]李远

《立春日》云："钗斜穿彩燕，罗薄剪春虫。"

⑨**将相兼行唐李靖**：唐初军事家、开国名将李靖，本名药师，京兆三原（今陕西三原东北）人。文武双全，以武能治军，以文善理政。唐高祖李渊时，任行军总管；太宗时，任兵部尚书，先后平吴，破突厥，定吐谷浑，功业极伟，封卫国公。大臣王珪对太宗说："才兼文武，出将入相，臣不如李靖。"（见《唐书·李靖传》《贞观政要》）

⑩**霸王杂用汉萧何**：汉相萧何治国，采取霸道（靠武力、刑罚、权势治天下）王道（以儒家的"仁义"治天下）兼施。萧何：沛县（今属江苏）人。秦时，曾为沛县吏。后佐刘邦起义，灭掉秦朝，身任丞相。楚汉战争中，荐韩信为大将，自己以丞相身份留守关中，输送军粮援战。汉朝天下既定，论功第一，封酂侯。他延秦法制定汉朝律令，著《九章律》。（见《史记·萧相国世家》）

⑪**月本阴精，岂有羿妻曾窃药**：神话传说，后羿从西王母处求得不死之药，羿妻嫦娥偷吃后，奔上月亮。此即"嫦娥奔月"之典故。（见《淮南子·览冥训》）但自古就有人否认"嫦娥奔月"之说。汉朝丁鸿在《日食上封事》中说："月者阴精，盈毁（月圆月消）有常（是自然规律）。"哪有嫦娥偷药奔月之事。

⑫**星为夜宿，浪传织女漫投梭**：这是中国最早关于星的故事。织女星牵牛星分属天上星宿，中间隔着银河。神话传说，织女星是天上王母的孙女，私自下凡嫁于牛郎，生儿育女。王母得知后大怒，将织女抓回天界，用玉簪划出天河一道，将牛郎织女隔在天河天边。织女思念牛郎和一双儿女，哀怨王母，哪里还有心思投梭织锦啊！（见任昉《述异记》）。**浪传**：谬传。

⑬**缥缈**：高远隐约貌。[唐]白居易《长恨歌》诗云："忽闻海外（边远地区）有仙山，山在虚无缥缈间。"**婆娑**：畅快舒适，盘旋起舞。[唐]姚合《游阳合岸》诗云："醉时眠石上，肢体自婆娑。"

⑭**长杨**：指"长杨宫"。旧址在今陕西周至县东南。本为秦旧宫，汉时重加修饰，为秦、汉时游猎的地方。内有垂杨数亩，故称"长杨宫"。（见《三辅黄图·宫》）**细柳**：指"细柳营"。旧址在今陕西咸阳西南。汉文帝时，

大臣周勃之子周亚夫为将军，屯军细柳，防备匈奴。军营纪律严明，文帝亲往劳军，亚夫传令：御马不得驰驱。既入，“按辔徐行”。

⑮**嫩蕊**：含苞蕊花欲放。[唐]杜甫《滕王亭子》诗云：“清江锦石伤心丽，嫩蕊浓花满目斑。”**寒莎**：秋寒莎草凋萎。[宋]张抡《醉落魄》诗云：“寒莎败壁蛩吟切，沈沈（沉沉）永漏灯明灭。”

⑯**追风马**：名贵的骏马。[晋]崔豹《古今注·鸟兽》云：“秦始皇有名马七：一曰追风，二曰白兔，三曰蹑景，四曰奔电，五曰飞翮，六曰铜爵，七曰晨凫。”[北魏]杨衒之《洛阳伽蓝记·法云寺》：“[元琛]在秦州，多无政绩，遣使向西域求名马，远至波斯国，得千里马，号曰‘追风赤骥’。”

⑰**挽日戈**：传说春秋时期，鲁阳公与韩国有仇而开战，战犹酣，日将落，阳公持戈挥日，太阳随即倒退三舍（一舍三十里），天大亮，继续对战。（见《淮南子·览冥训》）

⑱**玉液**：美酒。[唐]白居易《效陶潜体诗》诗云：“开瓶泻罇中，玉液黄金卮。”**金波**：美酒。[元]高文秀《好酒赵元遇上皇》云：“你教我断了金波绿醸，却不等闲的虚度时光。”形容其色如金，在杯中浮动如波，故称“金波”。[元]张养浩《普天乐·画船开套》曲云：“影摇动城郭楼台，杯斟的金波滟滟。”

⑲**紫诏衔丹凤**：丹凤衔诏是帝王受命的瑞应。传说，商朝末，有凤凰衔紫诏（古时皇帝诏书用紫泥封，泥上盖印，故称“紫诏”）游文王之都，送达于姬发，后称帝“周武王”。（见《春秋元命苞》）[汉]焦延寿《焦氏易林》云：“凤凰衔书，赐我玄圭，封为晋侯。”

⑳**黄庭换白鹅**：东晋书法家王羲之，出身贵族，官至右军将军。生性爱鹅。一次，去参观山阴道士养的白鹅。观后，要求买鹅。道士说：“请为我观（道院）写《道德经》（经查证，王羲之写给道士的是《黄庭经》，全称《黄庭外景经》，传说亦为老子所作，共三篇，并非《道德经》），将以群鹅相赠。”羲之欣然写毕，提笼鹅而归，甚乐。（见《晋书·王羲之传》）

㉑**画阁江城梅作调**：黄鹤楼上听《梅花落》。**画阁**：指江城（今武汉市）

黄鹤楼。**梅作调**：指笛曲梅花落。[唐]李白《与史郎中钦听黄鹤楼上吹笛》诗云："黄鹤楼中吹玉笛，江城五月落梅花（'梅花落'曲）。"

㉒**兰舟野渡竹为歌**：木兰舟里传《竹枝词》。**兰舟**：木兰舟，船的美称。**竹为歌**：指唐刘禹锡所创的乐府名《竹枝词》。《竹枝词》多写男女爱情和乡土风俗的内容。[唐]白居易《竹枝词》云："竹枝苦怨怨何人，夜静山空歇又闻。蛮儿巴女齐声唱，愁杀江楼病使君（指白居易自己。使君是对州郡长官的尊称。当时白居易是忠州郡守）。"

㉓**门外雪飞，错认空中飘柳絮**：晋代才女谢道韫，聪慧有才智。一次，天下大雪，道韫之叔父谢安（晋朝大臣）问侄儿胡儿："大雪纷飞何所似？胡儿曰：'撒盐空中差可拟'（好比从空中往地上撒盐巴）。"道韫曰："未若柳絮因风起（不如说像风起柳絮空中飞）。"谢安大赞侄女奇才。（见《晋书·王凝之妻谢氏传》）

㉔**岩边瀑响，误疑天半落银河**：唐代诗人李白游庐山香炉峰瀑布，作《望庐山瀑布》诗云："日照香炉生紫烟，遥看瀑布挂前川。飞流直下三千尺，疑是银河落九天。"

㉕**荇荷**：荇菜与荷花。[唐]李邕《斗鸭赋》云："避参差之荇菜，随菡萏之荷花。"

㉖**薜荔**：木本植物，又名木莲。果实形似莲房，可入药。屈原《离骚》云："揽木根以结茝兮，贯薜荔之落蕊。"**藤萝**：泛指有匍匐茎和攀援茎的植物。[唐]崔颢《游天竺寺》云："青翠满寒山，藤萝覆冬沼。"

㉗**梯云步月**：亦作"步云登月"。形容志向远大。**梯云**："登云"。[明]谢谠《四喜记·赴试秋闱》云："我劝你休（莫要）带怜香惜玉心，顿忘步云登月志。"

㉘**樵唱渔歌**：也称"樵歌渔唱"，樵夫渔夫的歌声。[唐]杜荀鹤《献郑给事》诗云："化行邦域二年春，樵唱渔歌日日新。"[宋]曹冠《燕喜词·哨遍》词云："听江渚、樵歌渔唱。"

㉙**升鼎雉**：商朝殷高宗武丁设鼎祭成汤，有飞雉升鼎耳而鸣。问其臣祖巳，巳以为是灾异的征兆，劝王修德，国因此而中兴。（见《尚书·高

宗肜日》）

㉚**听经鹅**：传说清朝康熙年间，南岳祝圣寺住持杨晓堂（法号明哲），收养了一只鹅和一只猿，鹅猿随僧入定（僧人修行的一种方法，端坐闭眼，心神专注）、听经。时人湖南巡抚王之枢有诗云："猿知入定惊无物，鹅怪听经亦解人。"

㉛**北海**：指孔北海。汉朝末年，文学家孔融能诗善文，为人恃才负气。曾任北海郡太守，时称"孔北海"。（见《汉书·孔融传》）**东坡**：苏轼，北宋文学家、书画家，字子瞻，眉州眉山（今属四川）人。元丰年间，因"乌台诗案"以"谤讪新政"之罪被贬谪黄州（今湖北黄冈）时，筑室东坡，因此自称东坡居士。（见《宋史·苏轼传》）

㉜**吴郎哀废宅**：西楚霸王项羽进入秦都咸阳，烧毁阿房宫。唐代诗人吴融，字子华，作《废宅》诗一首，中有"几树好花虚白昼，满厅花草易黄昏。放鱼池涸蛙争聚，栖燕梁空雀自喧。不独凄凉眼前事，咸阳一火便寒原。"

㉝**邵子乐行窝**：北宋哲学家邵雍，字尧夫，先祖范阳人，幼随父迁共城（今河南辉县）。隐居苏门山百泉之旁，自号"安乐先生"，屋为"安乐窝"。**自谓**："所寝之室谓之'安乐窝'，不求过美，唯求冬暖夏凉。"后迁居洛阳达三十年。朝廷屡授其官，不赴。与司马光过从甚密。他认为太极是宇宙的本原，太极永恒不变，而天地万物则皆有消长、有始终。程颢叹邵雍有"内圣外王之学"。（见《宋书·邵雍传》）

㉞**丽水良金皆待冶**：丽水之金虽良好，都待冶炼。**丽水良金**：产金之丽水，有两种说法：一说长江支流金沙江，二说云南丽水县北之丽江，亦称丽水。《旧唐书·贾耽传》云："泸南贡丽水之金，漠北献余吾之马。"

㉟**昆山美玉总须磨**：昆山之玉虽美丽，总须琢磨。**昆山**：昆仑山的简称，西起帕米尔高原东部，横贯新疆西藏间，东延入青海境内。**昆山玉**：以产于新疆和田的"和田玉"最有名。《史记》载李斯上书曰："今陛下致昆山之玉，有隋（指'隋珠'。隋侯见伤蛇，敷药救之。后蛇潜江中衔大珠以报）和（指'和氏璧'）之宝。"

㊱**雨过皇州，琉璃色灿华清瓦；皇州**：指帝都长安（今西安）。**华清瓦**：指建筑华丽的华清宫，华清宫中有温泉，名为华清池，杨贵妃于此洗浴。[唐]卢纶《华清宫》诗云："水气朦胧暖画梁（华丽的屋梁），一回开殿满山香。宫娃几许经歌舞，白首翻令忆建章（汉武帝在长安修建的宫殿）。"[唐]白居易《长恨歌》诗云："春寒赐浴华清池，温泉水滑洗凝脂。"

㊲**风来帝苑，荷芰香飘太液波**：**帝苑**：指帝王苑林。**太液**：指太液池。汉、唐、元等朝都建有太液池。[唐]罗隐《宿荆州江陵驿》诗云："风动芰荷香四散，月明楼阁影相侵。"

㊳**及第登科**：科举考试中选的叫"及第"，从乡试、会试、殿试都是第一名者，叫"三元及第"。隋唐时期，及第登科只指考中进士；明清时期则指殿试的前三名。

㊴**冰清玉润**：晋代卫玠娶乐广之女为妻。卫玠有"诸王三子，不如卫家一儿"之美誉；乐广在海内更有重名。故裴叔道称赞说："妻父有冰清之姿，女婿有璧润（亦作"玉润"）之望。"后以"冰清玉润"作为岳父与女婿的美称。（见《世说新语·言语》、《卫玠别传》）

㊵**地利人和**：地理上的有利形势和人气上的同心协力。《孟子·公孙丑下》云："天时不如地利（城池险阻牢固），地利不如人和。"

㊶**韩擒虎**：隋朝大将，字子通，河南东垣（今河南新安）人。能文能武，以胆略著称。受隋文帝委任，率隋兵渡江攻入建康（今南京），生俘陈后主陈叔宝，因功进位上柱国。（见《隋书·韩擒虎传》）

㊷**荣驾鹅**：春秋末期鲁国贤大夫。据《鲁史》记载，鲁昭公稠死后，执掌鲁国政权的上卿季孙氏要将阙公氏陪葬，荣驾鹅劝阻道："你如将活人殉葬，后代必将以你今天的举动为耻辱。"制止了季孙氏的愚忠行为。鲁昭公死后，拟由其弟宋继位。而季孙氏想夺位当鲁国君主，以荣耀后代子孙。荣驾鹅说："生者不能忠于死者，还想夺其继承者之权，必不为世人敬服。"又一次制止了季孙氏的妄念。

㊸**青女**：神话中主管霜雪的神。《淮南子·天文》云："至秋三月，地气不藏，乃收其杀。百虫蛰伏，静居闭户。青女乃出，以降霜雪。"**素**

娥：神话中月亮上的嫦娥。[南朝宋]谢庄《月赋》云："引玄兔于帝台，集素娥于后庭。"或曰是天河神女，叫"素女"。相传，晋朝谢端在邑下得一大螺，贮瓮中养之。一日早出潜归，在篱外偷窥，见一少女从瓮中出。问从何来，答曰："我天汉（银河）中白水素女。"（见晋陶潜《搜神后记》）[唐]李商隐《霜月》诗云："青女素娥俱耐冷，月中霜里斗婵娟。"

㊹**破头朱泚笏**：唐朝节度使朱泚在长安召僚属议事，欲叛唐窃位。与会的司农卿段秀实"怒而起，夺座中源休之笏击中泚头，秀实遇害"。（见《旧唐书·段秀实传》）

㊺**折齿谢鲲梭**：晋代谢鲲挑逗调戏邻家女，邻女在织布，遂投梭抗拒，织梭折断谢鲲两颗牙齿。从此称妇女抗拒男子挑诱为"投梭"。（见《世说新语·赏誉》）

㊻**留客酒杯应恨少**：留客饮酒总嫌少。[唐]王维《送元二使安西》诗云："劝君更尽（再喝）一杯酒，西出阳关无故人。"[唐]白居易《劝酒》诗云："劝君一盏君莫辞，劝君两盏君莫疑，劝君三盏君始知。"

㊼**动人诗句不须多**：孟浩然是与王维齐名的著名唐代诗人，早年隐居鹿门山，曾游历东南各地，以诗自适（为乐）。四十岁游长安，考进士不中，返回原籍襄阳，五十刚过便病逝。诗圣杜甫在《遣兴》诗作中，追念孟浩然，并盛赞孟浩然的诗，写道："吾怜孟浩然，裋褐（破旧粗布短衣）即长夜（死后埋葬）。赋诗何必多，往往凌（超过）鲍（鲍照）谢（灵运、惠连、玄晖'三谢'）"

㊽**绿野凝烟，但听村前双牧笛**：王安石《和圣俞农具诗十五首其五牧笛》诗云："绿草无端倪，牛羊在平地。芊绵杳霭间，落日一横吹。"[宋]雷震《村晚》云："草满池塘水满陂，山衔落日浸寒漪。牧童归去横牛背，短笛无腔信口吹。"

㊾**沧江积雪，惟看滩上一渔蓑**：大雪纷飞，唯见江岸蓑笠一钓翁。[唐]柳宗元《江雪》云："千山鸟飞绝，万径人迹灭。孤舟蓑笠翁，独钓寒江雪。"

歌韵部代表字

歌 多 罗 河 戈 阿 和 波 科 柯 陀 娥
蛾 鹅 萝 荷 何 过 磨 螺 禾 珂 蓑 婆
坡 呵 哥 轲 沱 鼍 拖 驼 跎 柁 佗 颇
峨 俄 摩 么 娑 莎 迦 靴 痾

歌韵律诗例选

马 嵬

[清]袁 枚

莫唱当年长恨歌，人间亦自有银河。
石壕村里夫妻别，泪比长生殿上多。

词谱（一）

词谱本应是记录词调的各种体式而分类编排的工具书，其内容是对曲调和声律内容的具体描写。后来，由于曲谱和歌法失传，传下来的词谱少了宫调的曲谱，而只是文字的声韵谱，即汇集各种词牌的字数、句数、平仄以及韵律等字、声配合的有关规定，以供词人填词使用。每个词牌都有一个词谱（声韵谱），或者多个词谱，“又一体”是很常见的。清康熙年间编的《钦定词谱》所收集的八百二十六个词牌就有二千三百零六体词谱。但词人真正用来填词的词谱只占少数。

下面列举一些常用词谱：

忆江南（名望江南　、梦江南　　27字）

平(平)仄，(仄)仄仄平平。(仄)仄(平)平平仄仄，(平)平(仄)仄仄平平。(仄)仄仄平平

忆江南

[唐]白居易

江南好，风景旧曾谙。日出江花红胜火，春来江水绿如蓝。能不忆江南？

菩萨蛮　（44字）

(平)平(仄)仄平平仄　，平平(仄)仄平平仄。(仄)仄仄平平，(仄)平平仄平　。(平)平平仄仄，　(仄)仄平平仄。(仄)仄仄平平，(仄)平平仄平。

菩萨蛮　（大柏地）

毛泽东

赤橙黄绿青蓝紫，　谁持彩练当空舞。雨后复斜阳，关山阵阵苍。当年鏖战急，　弹洞前村壁。　装点此关山，今朝更好看。

采桑子（44字，又名丑奴儿）

(平)平(仄)仄平平仄，(仄)仄平平。(仄)仄平平，(仄)仄平平(仄)仄平。

(平)平(仄)仄平平仄，(仄)仄平平。(仄)仄平平，(仄)仄平平(仄)仄平

采桑子 （重阳）

毛泽东

人生易老天难老，岁岁重阳。今又重阳，战地黄花分外香。
一年一度秋风劲，不似春光。胜似春光，寥廓江天万里霜。

说明：㊣、㊀为可仄可平。

六麻

qīng duì zhuó měi duì jiā bǐ lìn duì jīn
清对浊，美对嘉，鄙吝对矜

kuā huā xū duì liǔ yǎn wū jiǎo duì yán yá
夸[1]。花须对柳眼[2]，屋角对檐牙[3]。

zhì hé zhái bó wàng chá qiū shí duì chūn huá
志和宅[4]，博望槎[5]，秋实对春华[6]。

qián lú pēng bái xuě kūn dǐng liàn dān shā shēn xiāo
乾炉烹白雪[7]，坤鼎炼丹砂[8]。深宵

wàng lěng shā chǎng yuè biān sài tīng cán yě shù jiā
望冷沙场月[9]，边塞听残野戍笳[10]。

mǎn yuàn sōng fēng zhōng shēng yǐn yǐn wéi sēng shè bàn
满院松风，钟声隐隐为僧舍[11]；半

huāng huā yuè xī yǐng yī yī shì dào jiā
窗花月，锡影依依是道家[12]。

léi duì diàn wù duì xiá yǐ zhèn duì fēng
雷对电，雾对霞，蚁阵对蜂

yá jì méi duì huái jú niàng jiǔ duì pēng chá
衙[13]。寄梅对怀橘[14]，酿酒对烹茶[15]。

yí nán cǎo yì mǔ huā yáng liǔ duì jiān jiā
宜男草[16]，益母花[17]，杨柳对蒹葭[18]。

bān jī cí dì niǎn cài yǎn qì hú jiā wǔ xiè
班姬辞帝辇[19]，蔡琰泣胡笳[20]。舞榭

gē lóu qiān wàn chǐ, zhú lí máo shè liǎng sān jiā

歌楼千万尺，竹篱茅舍两三家[21]。

shānzhěn bànchuáng, yuè míng shí mèng fēi sài wài; yín

珊枕半床，月明时梦飞塞外[22]；银

zhēng yì qǔ, huā luò chù rén zài tiān yá

筝一曲，花落处人在天涯[23]。

yuán duì quē, zhèng duì xié, xiào yǔ duì zī

圆对缺，正对斜，笑语对咨

jiē. shěn yāo duì pān bìn, mèng sǔn duì lú chá

嗟[24]。沈腰对潘鬓[25]，孟笋对卢茶[26]。

bǎi shé niǎo, liǎng tóu shé, dì lǐ duì xiān jiā

百舌鸟[27]，两头蛇[28]，帝里对仙家[29]。

yáo rén fū shuài tǔ, shùn dé bèi liú shā. qiáo shàng

尧仁敷率土[30]，舜德被流沙[31]。桥上

shòu shū céng nà lǚ, bì jiān tí jù yǐ lǒng shā

授书曾纳履[32]，壁间题句已笼纱[33]。

yuǎn sài tiáo tiáo, lǔ qì fēng shā hé kě jí; cháng

远塞迢迢，露碛风沙何可极[34]；长

shā miǎo miǎo, xuě tāo yān làng xìn wú yá

沙渺渺，雪涛烟浪信无涯[35]。

shū duì mì, pǔ duì huá, yì hú duì cí

疏对密，朴对华，义鹘对慈

yā. hè qún duì yàn zhèn, bái zhù duì huáng má

鸦[36]。鹤群对雁阵[37]，白苎对黄麻[38]。

dú sān dào yín bā chā sù jìng duì xuān huá
读三到[39]，吟八叉[40]，肃静对喧哗。
wéi qí jiān bǎ diào chén lǐ bìng fú guā yǔ kè
围棋兼把钓[41]，沉李并浮瓜[42]。羽客
piàn shí néng zhǔ shí hú chánqiān jié sì zhēng shā
片时能煮石[43]，狐禅千劫似蒸沙[44]。
dǎngwèi cū háo jīn zhàng lǒngxiāng zhēn měi jiǔ táo
党尉粗豪，金帐笼香斟美酒；陶
shēngqīng yì yín dāngróng xuě chuòtuán chá
生清逸，银铛融雪啜团茶[45]。

清澈对浑浊，美人对嘉朋，尖酸对狂大。花蕊对柳芽，屋脚对翘檐。张志和隐居的宅院，博望侯张骞的木筏，春天赏花，秋收其果。乾炉煮雪茶，坤鼎炼丹砂。深夜沙场月色寒，边塞胡笳悲声残。满院松风，寺庙之地钟声隐隐约约；半窗月光，僧人的禅杖锡环锵锵作响。

打雷对闪电，浓雾对彩霞，蚂蚁交战排阵对蜜蜂簇拥蜂王。陆凯寄友一枝梅对陆绩为母偷橘怀藏，酿酒对煮茶。忘忧草，益母花，杨柳青对蒹葭苍。班婕妤拒绝与皇帝同坐辇，蔡文姬泪写《胡笳十八拍》。唱歌跳舞的高楼千万尺，低矮简陋的竹篱茅舍两三家。半倚珊瑚枕，月夜梦中飞塞外与征人相会；古筝奏一曲，感怀花落秋寒远人还在天涯。

圆对缺，正对斜，笑语对赞叹。沈约腰瘦对潘安鬓白，孟宗冬笋对卢仝新茶。百舌鸟，两头蛇，金陵帝里对白云仙居。尧帝之仁遍及九州，舜帝之德传布四方。张良为黄石公穿鞋，获赠兵书，王播做了宰相，惠昭寺题诗被碧纱保护。边塞迢迢，戈壁流沙无边际；长沙渺渺，雪涛烟浪飞天涯。

疏对密，朴对华，侠义鹘对慈孝鸭。鹤列对雁队，白苎对黄麻。朱熹读书

心到眼到口到，温庭筠下笔前叉手八次吟成八韵，肃静对喧哗。下着围棋又钓鱼，夏日消暑沉李又浮瓜。道家修炼煮白石为粮，野狐修行妄想蒸沙成饭。武夫党尉粗犷豪爽，销金帐下畅饮羊羔美酒；学士陶谷清雅闲逸，用银锅雪水煮团茶细细品尝。

探源 解意

①**鄙吝**：尖酸。心胸狭窄。[唐]高适《苦雨寄房四昆季》诗云：“携手流风在，开襟鄙吝祛。”**矜夸**：骄傲自大。[北齐]颜之推《颜氏家训·文章》诗云：“孙楚（西晋诗人，性情凌傲，‘才藻卓绝，爽迈不群’）矜夸凌上，陆机犯顺履险。”

②**花须、柳眼**：形容春天柳抽叶，花吐蕊。**花须**：花蕊如胡须。**柳眼**：初生柳叶如睡眼初展。[唐]李商隐《二月二日》诗云：“花须柳眼各无赖，紫蝶黄蜂俱有情。”

③**屋角**：屋子偏僻角落处。[宋]王安石《客至当饮酒》诗云：“天提两轮（指日月）光，环我屋角走。”**檐牙**：屋檐端处翘如牙。[唐]杜牧《阿房宫赋》云：“廊腰缦回，檐牙高啄（像鸟在半空飞啄）。”

④**志和宅**：唐代诗人张志和，原名龟龄，字子同，婺州金华（今属浙江）人。十六岁入太学，擢明经。肃宗时命待诏翰林，授左金吾卫录事参军。后贬黜南浦尉，赦还后不复仕，隐居江湖，以“太虚（天空）为庐（屋），明月为伴”，自号“烟波钓徒”。善歌词，能书画、击鼓、吹箫。作品有《渔父词》、《玄贞子》。（见《新唐书·张志和传》）

⑤**博望槎**：**博望**：古地名，在今河南方城西南。汉武帝派张骞出使西域，有功，封为“博望侯”。传说张骞出使西域大夏时，曾乘槎（木筏）寻河源，故称“博望槎”。经月，槎至一处，见城郭和州府，室内有一女织，又见一男牵牛饮河。始知已到牛郎、织女星。（见《荆楚岁时记》）

⑥**秋实春华**：指种果树，春赏其花，秋收其果。文人常用来比喻文采与德行。三国魏曹植家丞邢颙，品行高洁，庶子刘桢美于文辞，曹植亲刘

桢而疏邢颙。刘桢则上书谏曰："私惧观者将谓君侯习近不肖，礼贤不足，采庶子之春华，忘家丞之秋实。"（见《三国志·魏书·邢颙传》）[北齐]颜之推《颜氏家训·勉学》云："夫学者，犹种树也，春玩其华，秋登其实。讲论文章，春华（通'花'）也；修身利行，秋实也。"其意是重文采，不可轻德行。

⑦**乾炉烹白雪**：**乾炉**：鼎器，亦作"乾鼎"，是古代烹煮用的器具，道家用为炼丹容器。道家认为鼎器效法天地（乾坤），故有"乾炉坤鼎"或"乾鼎坤炉"之称。烹白雪，指煮茶。[宋]张伯端《悟真篇》云："先法乾坤为鼎器，次抟乌兔药来烹。"[唐]陆羽《茶经》云："以滓（渣滓）煮之，及沸，则重华累沫（水面泡沫一层），皤皤然（洁白貌）若积雪耳。"

⑧**坤鼎炼丹砂**：道家认为用丹砂可炼成长生药。[唐]李白《飞龙引二首》云："黄帝铸鼎于荆山，炼丹砂。丹砂成黄金，骑龙飞上太清家。"

⑨**深宵望冷沙场月**：这是唐代诗人王昌龄《塞上曲》中"骝马新跨白玉鞍，战罢沙场月色寒"诗意的化用。

⑩**边塞听残野戍笳**：这是诗圣杜甫《后出塞五首》中"悲笳数声动，壮士惨不骄"诗意的化用。

⑪**满院松风，钟声隐隐为僧舍**：这是唐代诗人张继《枫桥夜泊》中"姑苏（江苏苏州）城外寒山寺，夜半钟声到客船"诗意的化用。[唐]郎士元《柏林寺南望》："溪上遥闻精舍钟，泊舟微径度深松"。

⑫**半窗花月，锡影依依是道家**：**锡影**：锡杖，僧人出门云游所持的禅杖，杖头有锡环，振时作锡锡声。**依依**：隐隐约约的样子。**道家**：指佛舍。[晋]竺僧度《答杨苕华书》云："披袈裟，振锡杖，饮清流，咏波若。"

⑬**蚁阵蜂衙**：**蚁阵**：两群蚂蚁交战时排列的战阵，亦作"蚁战"。**蜂衙**：群蜂簇拥蜂王，像百官上朝衙参。[宋]陆游《睡起至园中》云："更欲世间同省事，勾回蚁阵放蜂衙。"[明]康海《中山狼》云："谁弱谁强排蚁阵，争甜争苦闹蜂衙。"

⑭**寄梅**：南北朝时，宋国陆凯与范晔友善，曾自江南寄梅花一枝给远在长安的范晔，并赠诗一首："折花逢驿使，寄与陇头人。江南无所有，

聊赠一枝春。”（见[南朝]盛弘之《荆州记》）**怀橘**：三国吴郁林太守陆绩，通天文、历算。六岁时到袁术家做客，袁术给他吃橘子，绩偷装三枚于怀中。拜别时，橘子掉落地上，袁术说：“你来做客，还偷装橘子？”陆绩下跪说：“我想拿回去给母亲吃。”袁术听了，更加器重陆绩。后以“怀橘”为孝亲之典。（见《三国志·吴书·陆绩传》）

⑮**酿酒**：造酒。《史记·孟尝君列传》：“[冯驩]乃多酿酒，买肥牛，召诸取钱者。”**烹茶**：煮茶。[汉]王褒《僮约》云：“臛芋脍鱼，炰鳖烹茶。”

⑯**宜男草**：一名忘忧草。萱草的别名。旧时迷信，说孕妇佩萱草则生男孩，故名。[前蜀]杜光庭《录异记》云：“妇人带宜男草，生儿。”

⑰**益母花**：一名茺蔚子。草药名。《本草纲目·草四茺蔚》云：“此草及子皆茺盛密蔚，故名茺蔚，其功宜于妇人及明目益精，故有益母之称。”

⑱**杨柳**：杨树和柳树的合称。杨枝上挺，柳枝下垂。[宋]柳永《雨霖铃》词云：“杨柳岸晓风残月。”**蒹葭**：荻苇和芦苇的合称，皆为常见水草，用来比喻微贱。《韩诗外传》云：“闵子（孔子弟子）曰：‘吾出蒹葭之中，入夫子（指孔子）之门。’”

⑲**班姬辞帝辇**：汉成帝游后苑，命班婕妤同辇，班婕妤说：“古代圣贤之君，都有名臣在旁；只有末代皇帝才亲近女色。”固辞。成帝钦佩。（见《汉书·班婕妤传》）

⑳**蔡琰泣胡笳**：东汉女诗人蔡琰，字文姬，陈留（今河南杞县南）人。东汉文学家、书法家蔡邕之女。博学有才辩，通音律。初嫁河东卫仲道，夫亡无子，归娘家。汉末，天下大乱，为董卓部将所获，归南匈奴左贤王，生二子，居匈奴十二年。曹操以金璧赎归汉朝，再嫁董祀。作《悲愤诗》、《胡笳十八拍》，叙其流匈奴，归汉朝，与亲子离别的悲悯与矛盾心情。（见《后汉书·董祀妻传》）

㉑**舞榭歌楼千万尺，竹篱茅舍两三家**：这是诗圣杜甫《水槛遣心二首》中“去郭（离城）轩楹敞，无村（眼前方无村庄）眺望赊（远）。……城中十万户，此地两三家”诗意的化用。反映的是城乡差别，城市富人住的是

千万尺高的舞榭歌楼，乡下人住的是低矮简陋的竹篱茅舍。诗圣杜甫经过长年颠沛流离生活，安身于成都草堂，他不羡慕城中的舞榭歌楼，而极欣赏乡间竹篱茅舍的幽静环境。

㉒**珊枕半床，月明时梦飞塞外**：这是女子秋夜因思念戍边丈夫而欹枕苦思。[唐]王维《伊州歌》云：“清风明月苦相思，荡子从戎十载余；征人去时殷勤嘱，归雁来时数附书。”

㉓**银筝一曲，花落处人在天涯**：这是女子秋夜因思念旅外丈夫而鼓筝抒发伤感情怀。**花落**：指秋季。[唐]王维《秋夜曲》云：“桂魄（指月亮）初生秋露微，轻罗已薄未更衣。银筝夜久殷勤弄，心怯空房不忍归。”[唐]薛涛《春望词四首》云：“花开不同赏，花落不同悲。欲问相思处，花开花落时。”

㉔**笑语**：说笑。《诗经·小雅·楚茨》云：“礼仪卒度（礼节仪容合规矩），笑语卒获（嬉笑言语尽适当）。”**咨嗟**：赞叹。[宋]欧阳修《赠无为军李道士》云：“李师琴纹如卧蛇，一弹使我三咨嗟。”亦作“叹息”。[唐]吴兢《雁门太守行》云：“[王涣]病卒，老少咨嗟。”

㉕**沈腰**：南朝梁尚书令沈约，字文休，武康（今浙江省武康县）人。笃志好学，博通群书。历仕宋、齐、梁三朝。因体弱多病，腰围减损，故称“沈腰”。后以“沈腰”作为身体瘦损的代称。（见《南史·沈约传》）**潘鬓**：西晋文学家潘岳，又名潘安。曾任河阳令、著作郎。善写诗赋。两鬓于三十二岁即出现白发，故称“潘鬓”。比喻未老先衰。

㉖**孟笋**：三国吴司空孟宗，一名孟仁，字恭武，江夏人，以孝著称。其母病，想吃笋，时值严冬无笋，宗入竹林悲泣哀叹，笋竟出生。（见《三国志·吴书·孙皓传·注引楚国先贤传》）**卢茶**：唐代诗人卢仝，号玉川子，济源(今属河南)人，在其《走笔谢孟谏议寄新茶》诗篇中，描述了连喝七碗新茶的感受：一碗喉吻润；两碗破孤闷；三碗搜枯肠，惟有文字五千卷；四碗发轻汗，平生不平事，尽向毛孔散；五碗肌骨清；六碗通仙灵；“七碗吃不得也，唯觉两腋习习清风生”，简直是飘飘欲仙了。

㉗**百舌鸟**：反舌，也称“鹠鹏”，因其鸣声反复如百鸟之音，故名。

立春后鸣啭不已，夏至后即无声，入冬即死。[唐]杜甫《百舌》云：“百舌来何处？重重只报春。”[唐]郭愔《百舌诗》云：“百舌鸣高处，弄音无常则。”

㉘**两头蛇**：状似两个头的蛇。[唐]刘恂《岭表录异》云：“[两头蛇]一头有口眼，一头似头而无口眼。”传说见两头蛇者必死，楚国孙叔敖为了除害，杀两头蛇，埋掉，结果孙叔敖并未死。（见汉贾谊《新书·春秋》、《世说新语·德行》）

㉙**帝里**：指帝王居住的地方。《晋书·王导传》云：“建康，古之金陵，旧为帝里，孙仲谋、刘玄德俱言王者之宅。”[唐]杜甫《寄高适岑参三十韵》诗云：“无钱居帝里，尽室在边疆。”**仙家**：仙人居住的地方。《海内十洲记》云：“元洲在北海中，地方三千里，去南岸十万里，上有五芝玄涧亦多仙家。”[唐]杜甫《滕王亭子》诗云：“春日莺啼修竹里，仙家犬吠白云间。”

㉚**尧仁敷率土**：尧帝之仁遍及全域。**率土**：所有管辖的地域。这是宋朝欧阳修《端午帖子词二十首·皇帝合六首》中“尧仁浃九区”诗句的化用。原诗是：“舜舞来遐俗，尧仁浃（遍及）九区（九州）。五兵消以德，何用赤灵符。”

㉛**舜德被流沙**：舜帝之德传布四方。**流沙**：泛指我国西北地区。这是唐代马植《奉和白敏中圣道和平致兹休运岁终功就合咏盛明呈上》中“舜德尧仁化犬戎”诗句的化用。原诗是：“舜德尧仁化犬戎（古对西北地区少数民族的称呼），许提河陇款皇风。指挥貔武皆神算，恢拓乾坤是圣功。”

㉜**桥上授书曾纳履**：张良刺秦始皇不中，逃匿下邳，在圯生（桥名）上遇一老人。老人把鞋子丢到河里，命张良捡出，并令张良给自己穿上。张良无奈地照办了。老人说：“孺子可教也。”遂授予张良《太公兵法》，说：“读此书则为王者师矣。后十年兴。十三年孺子见我济北，谷城山下黄石即我矣。”后张良成为刘邦的重要谋士。张良随高祖刘邦过济北，果见谷城山下黄石，便取而祠之。（见《史记·留侯世家》）

㉝**壁间题句已笼纱**：唐代进士、尚书左仆射王播，太原人。累任盐铁

转运使，后封太原郡公。少孤贫，客居扬州惠昭寺木兰院，随僧斋食，为诸僧所不礼。王播做了宰相，重游惠招寺，见自己昔日在该寺壁上所题诗句，寺僧改用碧纱盖护，于是他又题诗曰："二十年来尘扑面（墙上诗被灰尘覆盖），如今始得碧纱笼。"（见五代王定保《起自寒苦》）

㉞**远塞迢迢，露碛风沙何可极**：边塞遥远，飞沙走石无边无际。[唐]杨炯《折杨柳》云："边地遥无极，征人去不还。"[唐]杜甫《送人从军》。诗："今日度沙碛，累月断人烟。"碛：不生草木的沙石地。

㉟**长沙渺渺，雪涛烟浪信无涯**：沙漠辽阔，一旦风雪漫天，沙雪浪烟翻滚，遮天盖地。[唐]岑参《走驯师奉送封大夫出师西征》诗云："走马川行雪浪边，平沙莽莽黄入天。轮台九月风夜吼，一川碎石大如斗。"

㊱**义鹘**：行侠仗义的猛鹘。[唐]杜甫作《义鹘行》诗云，"阴崖有苍鹰，养子黑柏颠。白蛇登其巢，吞噬恣朝餐。"雌鹰向鹘诉苦，猛鹘奋击长空，觅得白蛇，断其首，穿其肠，为鹰报仇。（见杜甫《义鹘行》）**慈鸦**：也称"孝乌"。传说乌鸦能反哺其母故称"慈鸦"。杜甫《题桃树》诗云："帘户每宜通乳燕，儿童莫信（信手，随便）打慈鸦。"

㊲**鹤群**：[唐]司空图《自河西归山二首》诗云："鹤群长扰三珠树，不借人间一只骑。"鹤群：也称"鹤列"，比喻兵卒排阵如鹤之飞行行列。[唐]独狐及《风后八阵图记》云："握机制胜，作为阵图……彼魏之鹤列，郑之鱼丽（军阵名），周之熊罴（比喻勇士），昆阳之虎豹（比喻士兵勇猛）。"**雁阵**：雁飞行时排成的"一"字或"人"字队形。[唐]王勃《滕王阁诗序》云："渔舟唱晚，响穷彭蠡（鄱阳湖）之滨；雁阵惊寒，声断衡阳之浦。"

㊳**白苎黄麻**：**白苎**："白麻"，苎，苎麻，色白，故称"白麻"，亦作"白纻"。旧时写诏书，皆用白纸，唐高宗时，以白纸易蠹，改用白麻布。凡立皇后太子、施赦、讨伐、除免三公将相，皆用白麻书。**黄麻**：指用来书写诏书的黄麻纸。凡慰劳军旅发诏，用黄麻纸。[唐]白居易《见于给事暇日上直寄南省诸郎官诗因以戏赠》云："黄麻敕胜长生箓，白纻词嫌内景篇。"

㊴**读三到**：南宋哲学家、教育家朱熹，字符晦，别号“紫阳”，今江西婺源人。博极群书，广注典籍。从事教育五十余年，强调启发式教学。他认为读书必须做到：心到、眼到、口到，才能有所得。他在《训学斋规·读书写文字》中说：“余尝谓读书有三到，谓：心到、眼到、口到。……三到之中，心到最紧。心既到矣，眼口岂不到乎？”

㊵**吟八叉**：唐代诗人温庭筠，字飞卿，太原人。文思敏捷，能诗善赋，亦善鼓琴吹笛。写文章运笔前，叉手专心构思，叉八次就吟成八韵，时人称他为“温八叉”或“温八吟”、“温八韵”。其诗词与李商隐齐名，时称“温李”。（见[宋]孙光宪《北梦琐言·温李齐名》）

㊶**围棋兼把钓**：下围棋又钓鱼。这是唐代诗人温庭筠《送襄州李中丞赴从事》中“把钓看棋高兴尽，焚香起草宦情疏”诗句的化用。

㊷**沉李并浮瓜**：沉李瓜于凉水。**李**：水果李子。炎夏人们把瓜果沉于井里或冷水中使凉，作夏日游宴消暑食品，故有“沉李浮瓜”之说。这是三国魏曹丕《与朝歌令吴质书》中“浮甘瓜于清泉，沉朱李于寒冰”诗句的化用。

㊸**羽客片时能煮石**：道家修炼能煮石成饭。羽客：亦称“羽人”，神话中有羽翼的人，即“仙人”。晋代葛洪在其《神仙传》中说：有个叫白石先生的人，常煮白石为粮。[唐]韦应物《寄全椒山中道士》诗云：“涧底束荆薪，归来煮白石。”

㊹**狐禅千劫似蒸沙**：野狐狸修行，虽经千次灾难磨炼，也像蒸沙成饭一样，不可能成仙。**劫**：梵语“劫波”的略称。意为极长的一个时期。佛教认为世界万物每几千万年将俱毁一次，这叫一劫。然后重新开始。**蒸沙**：想把沙石蒸成饭。比喻不可能成的事。《楞严经》云：“是故阿难若不断淫，修禅定者，如蒸沙石，经百千劫，只名热沙。何以故？此非饭，本沙石成故。”

㊺**党尉粗豪，金帐笼香斟美酒；陶生清逸，银铛融雪啜团茶**：五代后周翰林学士陶谷之妾，原是党进（太尉）的家姬。一天下雪，陶谷取雪水煮茶给其妾吃，并问妾：“在党家享受过这种趣味吗？”妾曰：“党进是个粗

人武夫，怎知给此乐趣；但能在销金帐（用金线装饰的帐子）底下逍遥，浅斟低唱，饮羊羔美酒。”陶谷大感惭愧。（见[宋]胡仔《苕溪渔隐丛话》）

麻韵部代表字

麻　花　霞　家　茶　华　沙　车　牙　蛇　瓜　斜
邪　芽　嘉　瑕　纱　鸦　遮　叉　奢　涯　夸　巴
耶　嗟　遐　加　笳　赊　槎　差　揸　杈　蟆　骅
虾　葭　袈　裟　砂　衙　桠　呀　琶　杷

过故人庄

[唐] 孟浩然

故人具鸡黍，邀我至田家。
绿树村边合，青山郭外斜。
开轩面场圃，把酒话桑麻。
待到重阳日，还来就菊花。

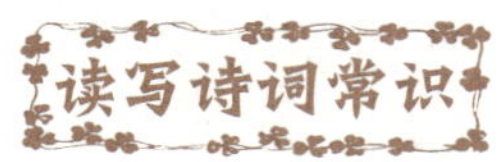

词谱（二）

卜算子（44字）

[仄]仄仄平平，[仄]仄平平仄。[仄]仄平平仄仄平，[仄]仄平平仄。

[仄]仄仄平平，[仄]仄平平仄。[仄]仄平平仄仄平，[仄]仄平平仄。

卜算子（咏梅）

毛泽东

风雨送春归，飞雪迎春到。已是悬崖百丈冰，犹有花枝俏。

俏也不争春，只把春来报。待到山花烂漫时，她在丛中笑。

忆秦娥（46字）

平[平][仄]，[平]平[仄]仄平平仄。平平[仄]（叠三字），[仄]平[平]仄，仄平平仄。

[平]平[仄]仄平平仄，[平]平[仄]仄平平仄。平平仄（叠三字），[仄]平[平]仄，仄平平仄。

忆秦娥 （娄山关）

毛泽东

西风烈，长空雁叫霜晨月。霜晨月，马蹄声碎，喇叭声咽。

雄关漫道真如铁，而今迈步从头越。从头越，苍山如海，残阳如血。

清平乐 （46字）

[平]平[仄]仄，[仄]仄平平仄。[仄]仄[平]平平仄仄，[仄]仄[平]平[仄]仄。

[平]平[仄]仄平平，[平]平[仄]仄平平。[仄]仄[平]平[仄]仄，[平]平[仄]仄平平。 （后阕换平声韵）

清平乐 （六盘山）

毛泽东

天高云淡，望断南飞雁。不到长城非好汉，屈指行程二万。

六盘山上高峰，红旗漫卷西风。今日长缨在手，何时缚住苍龙？

浪淘沙　（54字）

㊀仄仄平平，㊀仄平平。㊥平㊀仄仄平平。㊀仄㊥平平仄仄，㊀仄平平。（前后阕同）

浪淘沙　（北戴河）

毛泽东

大雨落幽燕，白浪滔天。秦皇岛外打鱼船。一片汪洋都不见，知向谁边？

往事越千年，魏武挥鞭。东临碣石有遗篇。萧瑟秋风今又是，换了人间。

七 阳

tái duì gé zhǎo duì táng zhāo yǔ duì xī
台对阁，沼对塘，朝雨对夕
yáng yóu rén duì yǐn shì xiè nǚ duì qiū niáng
阳[1]。游人对隐士[2]，谢女对秋娘[3]。
sān cùn shé jiǔ huícháng yù yè duì qióng jiāng
三寸舌[4]，九回肠[5]，玉液对琼浆[6]。
qín huáng zhào dǎn jìng xú zhào fǎn hún xiāng qīng píng
秦皇照胆镜[7]，徐肇返魂香[8]。青萍
yè xiào fú róng xiá huáng juàn shí tān bì lì chuáng
夜啸芙蓉匣[9]，黄卷时摊薜荔床[10]。
yuán hēng lì zhēn tiān dì yì jī chéng huà yù rén
元亨利贞，天地一机成化育[11]；仁
yì lǐ zhì shèng xián qiān gǔ lì gāng cháng
义礼智，圣贤千古立纲常[12]。

hóng duì bái lǜ duì huáng zhòu yǒng duì gēng
红对白，绿对黄，昼永对更
cháng lóng fēi duì fèng wǔ jǐn lǎn duì yá qiáng
长[13]。龙飞对凤舞[14]，锦缆对牙樯[15]。
yún biàn shǐ xuě yī niáng gù guó duì tā xiāng
云弁使[16]，雪衣娘[17]，故国对他乡[18]。
xióng wén néng xǐ è yàn qǔ wèi qiú huáng jiǔ rì
雄文能徙鳄[19]，艳曲为求凰[20]。九日

gāo fēng jīng luò mào　mù chūn qū shuǐ xǐ liú shāng
高峰惊落帽[21]，暮春曲水喜流觞[22]。
sēng zhàn míng shān　yún rào mào lín cáng gǔ diàn　kè
僧占名山，云绕茂林藏古殿[23]；客
qī shèng dì　fēng piāo luò yè xiǎng kōng láng
栖胜地，风飘落叶响空廊[24]。

shuāi duì zhuàng　ruò duì qiáng　yàn shì duì xīn
衰对壮，弱对强，艳饰对新
zhuāng　yù lóng duì sī mǎ　pò zhú duì chuān yáng
妆[25]。御龙对司马[26]，破竹对穿杨[27]。
dú bān mǎ　shí qiú yáng　shuǐ sè duì shān guāng
读班马[28]，识求羊[29]，水色对山光。
xiān qí cáng lǜ jú　kè zhěn mèng huáng liáng　chí cǎo
仙棋藏绿橘[30]，客枕梦黄粱[31]。池草
rù shī yīn yǒu mèng　hǎi táng dài hèn wèi wú xiāng
入诗因有梦[32]，海棠带恨为无香[33]。
fēng qǐ huà táng　lián bó yǐng fān qīng xìng zhǎo　yuè
风起画堂，帘箔影翻青荇沼[34]；月
xié jīn jǐng　lù lu shēng dù bì wú qiáng
斜金井，辘轳声度碧梧墙[35]。

chén duì zǐ　dì duì wáng　rì yuè duì fēng
臣对子，帝对王，日月对风
shuāng　wū tái duì zǐ fǔ　xuě yǒu duì yún fáng
霜。乌台对紫府[36]，雪牖对云房[37]。

xiāng shān shè zhòu jǐn táng bù wū duì yán láng
香山社，[38]昼锦堂，[39]蔀屋对岩廊。[40]

fēn jiāo tú nèi bì wén xìng shì gāo liáng pín nǚ
芬椒涂内壁，[41]文杏饰高梁。[42]贫女

xìng fēn dōng bì yǐng yōu rén gāo wò běi chuāng liáng
幸分东壁影，[43]幽人高卧北窗凉。[44]

xiù gé tàn chūn lì rì bàn lǒng qīng jìng sè shuǐ
绣阁探春，丽日半笼青镜色；[45]水

tíng zuì xià xūn fēng cháng tòu bì tǒng xiāng
亭醉夏，熏风常透碧筒香。[46]

译文

亭台对楼阁，沼泽对池塘，朝雨对夕阳。游人对隐士，谢道韫对杜秋娘。能说会道三寸舌，忧伤悲痛九回肠，玉液对琼浆。传说秦始皇有面照胆镜，徐肇的返魂香能使人起死回生。芙蓉匣里的青萍宝剑时常夜啸，发黄的书籍摆满了薜荔做的床。元亨利贞，天地化育世上万物；仁义礼智，老祖宗立下了千古纲常。

红对白，绿对黄，白天对黑夜。龙飞对凤舞，锦彩船绳对象牙桅杆。蜻蜓云弁使，鹦鹉雪衣娘，故国对他乡。韩愈曾写《祭鳄鱼文》赶走鳄鱼，司马相如为卓文君写琴歌《凤求凰》。九月九孟嘉登高不知帽被风吹落，三月三王羲之聚友曲水流觞雅兴高。僧人占名山，古老神殿藏在云雾深山里；游客访胜地，哪知胜地荒凉落叶满空廊。

衰对壮，弱对强，艳抹对新妆。复姓御龙对司马，势如破竹对百步穿杨。读史书，结高士，水色对山光。掰开硕大绿橘，两位仙人在里面说笑下棋，卢生自叹穷困，邯郸一枕黄粱美梦享尽荣华富贵。谢灵运只要梦弟惠连就会想出佳句，宋代迂怪彭渊材竟恼恨海棠无香。风吹到楼堂，掀动珠帘的影子投在青

草池塘里；月光斜照水井，提水辘轳的吱呀吱呀声穿过梧桐墙。

大臣对子民，皇帝对王位，日月对风霜。御史乌台对仙人紫府，佛僧山上雪牖对云房。白居易的香山九老会，宰相韩琦回到故宅昼锦堂。花椒和泥涂内壁，银杏树木做屋梁。齐国贫女靠邻家的余光纺线织布，隐士陶渊明躺在北窗下纳凉。仕女丽日游春，郊外芳草平展如青镜；水亭醉夏，风吹荷叶酒杯别样香。

探源 解意

①**朝雨**：早晨雨水。[唐]王维《送元二使安西》诗云：“渭城朝雨浥轻尘，客舍青青柳色新。”**夕阳**：傍晚阳光。[唐]李商隐《登乐游原》诗云：“夕阳无限好，只是近黄昏。”

②**游人**：[宋]欧阳修《醉翁亭记》云：“树林阴翳，鸣声上下，游人（欧阳修及其从人）去而禽鸟乐也。”**隐士**：[唐]刘禹锡《途中早发》诗云：“隐士应高枕，无人问姓名。”

③**谢女**：晋代安西将军谢奕之女谢道韫，是王凝之之妻，聪慧有才辩。一次，王凝之之弟王献之与宾客谈论，词理将屈，谢道韫屏于障幕后为献之申辩，客中无人能驳倒。又一次，天下大雪，道韫之叔父谢安（晋朝大臣）问侄儿胡儿：“大雪纷飞何所似？胡曰：‘撒盐空中差可拟（好比从空中往地上撒盐巴）。’道韫曰：‘未若柳絮因风起（不如说像风起柳絮空中飞）。’”谢安大赞侄女奇才。（见《晋书·王凝之妻谢氏传》）**秋娘**：唐代金陵人杜秋娘，十五岁成为镇海节度使李锜之妾。元和年间，锜谋叛被杀，秋娘被收入宫，为宪宗宠爱。穆宗即位后，被赐归故乡，穷老无依至终。善诗，其《金缕衣》：“劝君莫惜金缕衣，劝君惜取少年时。花开堪折直须折，莫待无花空折枝。”世称佳作。此“秋娘”后为“年老色衰妇女”的代称。又，唐代李德裕的家姬，名谢秋娘，李德裕镇守浙西时，谢秋娘去世，遂作《望江南》曲（亦称《梦江南》）示怀。此“秋娘”后为“妓女”的代称。

④**三寸舌**：舌虽三寸小，但能言善辩。战国时期，说客毛遂随赵平原

君使楚，以善辩之词，向楚王晓以利害，说服楚王救赵。平原君对毛遂说："毛先生以三寸之舌，强于百万之师。"（见《史记·平原君列传》）

⑤**九回肠**：内心忧伤悲痛，犹如肠在腹中旋转。[南朝梁]徐陵《在北齐与杨仆射书》云："朝千悲而掩泣，夜万绪而回肠。"司马迁《报任少卿书》云："肠一日而九回。"

⑥**玉液**：美酒的代称。[唐]白居易《效陶潜体诗》云："开瓶泻罇中，玉液黄金卮（酒杯）。"**琼浆**：也是比喻美酒。[唐]杜甫《寄韩谏议》云："星宫之君醉琼浆，羽人（仙人）稀少不在旁。"

⑦**秦皇照胆镜**：迷信传说，汉高祖刘邦初入咸阳宫，宫中藏一镜子，宽四尺，高五尺九寸，人来照之，影则倒见。用手扪心，能见肠胃五脏；如人有邪心，则胆张心动。秦始皇常用来照宫人，见胆张心动者，则杀之。（见汉刘歆《西京杂记》）

⑧**徐肇返魂香**：传说汉武帝时，西域月氏国贡返魂香三枚，大如燕卵，黑如桑椹。燃此香，病者闻之即起；死未三日者，熏之即活。又传，徐肇遇苏德音，授以返魂香，燃之，能起上世忘魂。（见汉东方朔《海内十洲记》）

⑨**青萍夜啸芙蓉匣**：匣里放的宝剑常发夜啸。**青萍**：宝剑名。**芙蓉匣**：刻有芙蓉花饰的剑匣。传说，上古帝王颛顼有一把宝剑，平日装在匣子里，如果某地将发生刀兵祸乱，它就会从匣子里飞出来，指向该方，并发出像龙吟虎啸的鸣叫声，提醒朝廷防患于未然。（见[晋]王嘉《拾遗记》）[宋]陆游《长歌行》诗云："国仇未报壮士老，匣中宝剑夜有声。"

⑩**黄卷时摊薜荔床**：这是宋朝朱敦儒《浪淘沙·康州泊船》中"拥被换残香，黄卷堆床"和金代完颜璹《沁园春·壮岁耽书》中"壮岁耽书（酷爱读书），黄卷青灯，留连寸阴"词意的化用。**黄卷**：佛道两家用黄纸写的道书或佛经。泛指书籍。**薜荔**：又称木莲。常绿藤木，蔓生，叶椭圆形。**薜荔床**：多指隐士以草木当睡床。

⑪**元亨利贞，天地一机成化育**：天地怀有"元亨利贞"四德，所以万物生长化育。元亨利贞：出于《周易·乾卦》"乾，元亨利贞"。[唐]孔颖达《周易正义》引《子夏传》说："元，始也；亨，通也；利，和也；贞，

正也。”认为乾卦“四德”意味着阳气始生万物，物生而通顺，能使万物和谐，并且坚固而得其终。[宋]程颐在所著《易传》中，依据孔说，将此四字解释为“元者万物之始，亨者万物之长，利者万物之遂，贞者万物之成”。以元亨利贞为天地生长万物的四种德行。

⑫**仁义礼智，圣贤千古立纲常**：君子恪守“仁义礼智”纲常，定能为民干番事业。**纲常**：三纲五常的简称。“三纲”是指“君为臣纲，父为子纲，夫为妻纲”，要求为臣、为子、为妻的必须绝对服从于君、父、夫，同时也要求君、父、夫为臣、子、妻作出表率。“五常”即仁、义、礼、智、信，是用以调整、规范君臣、父子、兄弟、夫妇、朋友等人伦关系的行为准则。

⑬**昼永**：亦作“永昼”，漫长的白天。[宋]林逋《病中谢马彭年见访》云：“山空门自掩，昼永枕频移。”**更长**：亦作“长更”，漫长的黑夜。[南唐]李煜《三台令》云：“不寐倦长更，披衣出户行。”

⑭**龙飞、凤舞**：形容气势奔放。[宋]苏轼《表忠观碑》云：“天目之山，苕水出焉，龙飞凤舞，萃于临安。”

⑮**锦缆、牙樯**：有彩纹的船绳和饰有象牙的桅杆。[唐]杜甫《秋兴》诗云：“珠帘绣柱围黄鹄，锦缆牙樯起百鸥。”

⑯**云弁使**：蜻蜓。称蜻蜓为“云弁使”，比喻它是空中的快速使者。**弁**：急速。据说蜻蜓的飞行速度每秒可达40米，既可直入云霄，又可突然回转，甚至可以后退飞行。另外，观察蜻蜓的活动可以判断天气的变化。小暑前后，若见蜻蜓成群地在田野上空低飞，可判定很快将出现高温天气；立秋前后，若见蜻蜓成群地在田野上空低飞，则可判定很快将有云雨来临。

⑰**雪衣娘**：白鹦鹉。唐天宝年间，岭南献白鹦鹉，养于宫中，岁久颇聪慧，通晓言词，玄宗和杨贵妃皆呼为“雪衣女”，左右呼为“雪衣娘”。（见唐郑处诲《明皇杂事》）

⑱**故国**：祖国；故乡。[唐]杜甫《上白帝城》诗云：“取醉他乡客，相逢故国人。”**他乡**：异乡。[唐]王维《九月九日忆山东兄弟》诗云：“独在异乡为异客，每逢佳节倍思亲。”

⑲**雄文能徙鳄**：传说唐时广东恶溪（今之韩江）有鳄鱼为害百姓，新任潮州刺史韩愈令判官把一只猪一只羊，投到溪中祭鳄，并作了一篇《祭鳄鱼文》，令鳄鱼限期滚开，如不听就要收拾它们。祭毕当晚，溪中狂风雷电骤起，不多日，溪水干涸，自此潮州无鳄鱼之患。（见《旧唐书·韩愈传》）

⑳**艳曲为求凰**：传说西汉词赋家司马相如，爱上了回归成都娘家的新寡卓文君，遂作《琴歌》向文君求爱，歌中有"凤兮凤兮归故乡，遨游四海求其皇（凰）。"文君之父卓王孙不许，二人逃离成都私奔。（见《汉书·司马相如传》）另有佚名《凤求凰琴歌》曰："有美人兮，见之不忘，一日不见兮，思之如狂。凤飞遨翔兮，四海求凰，无奈佳人兮，不在东墙。将琴代语兮，聊写衷肠，愿言配德兮，携手相将。何时见许兮，慰我徬徨，不得于飞兮，使我沦亡，使我沦亡。"

㉑**九日高峰惊落帽**：传说，九月九日，东晋重臣桓温的参军孟嘉随桓温游龙山，风起，孟嘉的帽被风吹落，嘉竟不自觉，径直如厕，良久未出。桓温令佐吏取起嘉帽，并命孙盛作文嘲嘉，放嘉座上。嘉归来见文，即回文应答，为自己落帽失礼辩护，文采四溢，四坐惊叹俱服。（见《晋书·孟嘉传》）唐元稹《答姨兄胡灵之见寄五十韵》诗云："登楼王粲望，落帽孟嘉情。"

㉒**暮春曲水喜流觞**：旧俗，三月三日，众人聚集水滨饮宴，以祛除不祥。在水上放置酒杯，杯流行，停在谁前，当即取饮，称为"流觞曲水"。[晋]王羲之《临河叙》云："此地有崇山峻岭，茂林修竹，又有清流激湍，映带左右，引以为流觞曲水。"

㉓**僧占名山，云绕茂林藏古殿**：唐代侍御史吴融游浙江法华寺时，写《题越州法华寺》诗云："寺在五峰阴，穿缘一径寻。云藏古殿暗，石护小房深。"

㉔**客栖胜地，风飘落叶响空廊**：宋朝金溪尉王镃，宋亡后遁逸为道士，隐居湖山。他在《宿香严院》诗中写道："地炉煨火柏枝香，借宿寒寮到上方。山近白云归古殿，风高黄叶响空廊。"元代散曲家徐再思登临长江边的江皋楼眺望前朝的甘露寺，他看到古寺旧址的破败荒凉景象，遂作《人

月圆·甘露怀古》曲曰："江皋楼观前朝寺，秋色入秦淮。败垣芳草，空廊落叶，深砌苍苔。"抒发了吊古伤今的情怀及天涯孤旅的人生况味。

㉕**艳饰**：同"艳妆"，艳妆浓抹。[宋]周密《武林旧事》云："清明前后十日，城中仕女艳饰。"[南朝齐]王融《春游回文诗》云："低吹杂纶羽，薄粉艳妆红。"**新妆**：女子新颖别致的打扮修饰。[唐]李白《清平调》词云："借问汉宫谁得似？可怜飞燕倚新妆。"

㉖**御龙**：复姓。传说夏朝刘累学养龙，以侍夏侯孔甲，孔甲能吃能喝，遂赐刘累姓御龙氏。（见《史记·夏本纪》）又比喻驾驭才智之士。[宋]陆佃《埤雅·释鱼》云："《孙绰子》曰：'高祖（刘邦）御龙，光武（刘秀）御虎。'龙，韩（韩信）彭（彭越）之类；虎，耿（耿弇）邓（邓晨）之类。"**司马**：复姓。周宣王时有个叫程伯休父的人，任司马官，后改姓司马氏。（见《史记·太史公自序》）又是官名，相传少昊帝始设。唐代白居易贬官江州司马时，他作《琵琶引》诗写道："座中泣下谁最多，江州司马青衫湿。"

㉗**破竹**：比喻做事顺利无阻。三国后期，晋武帝司马炎吞并了蜀国后，又出兵灭吴。有人担心吴国立国长久，立灭它不切实际，主张慎行。大将杜预坚决主战，他说："今兵威已振，譬如破竹，数节之后，皆迎刃而解，无复着手处也。"在杜预的指挥下，晋军一鼓作气，攻占了吴国国都建业，终于统一了全国。（见《晋书·杜预传》）**穿杨**：比喻善射高手。古代，楚国有个叫养由基的人，善于射箭，距杨叶百步而射之，百发百中。这句是"百步穿杨"的故事。（见《战国策·西周策》）

㉘**读班马**：读班固的《汉书》、司马迁的《史记》。

㉙**识求羊**：结识西汉求仲、羊仲两位高士。西汉哀帝时兖州刺史蒋诩，字符卿，桂陵人。廉直有名望。王莽摄政，以病归乡，卧不出门。舍中竹下开三径，唯故友求仲、羊仲从之游。二仲也都是崇廉而逃官埋名的。（见《汉书·王贡两龚鲍传附蒋诩》、汉赵岐《三辅决录》）

㉚**仙棋藏绿橘**：传说，巴邛人家有橘园，霜后有两橘大如三斗盎。剖开，有两老叟在弈棋，谈笑自若。一叟曰："橘中之乐不减商山（指'商山四皓'，四老隐士），但不得深根固蒂，为愚人摘下耳。"后人称下象棋为"橘

中乐”。(见唐牛僧孺《幽怪录》)

㉛**客枕梦黄粱**：唐代卢生在邯郸客店自叹穷困，道士吕翁从囊中取出一个枕头给卢生。卢生入睡后，做梦娶了美丽而富有的崔氏为妻，又中了进士，为相十年，有五子十孙，皆婚姻美满，官运亨通，成了世间一大望族。卢生享尽荣华富贵，年逾八十，临终时惊醒了。睡梦时间竟不及店家煮一顿黄粱饭的工夫，故有“黄粱梦”之典故。(见《枕中记》)

㉜**池草入诗因有梦**：南朝宋诗人谢灵运，极赏识从弟谢惠连。他说：“我每写篇章，如能见到惠连，就能神奇地得到佳语。”一次，在永嘉西堂构思诗章，竟日不就，忽梦见惠连，即得“池塘生春草，园柳变鸣禽”之佳句，自以为是得神助。(见谢灵运《登池上楼》)

㉝**海棠带恨为无香**：宋元时期僧人惠洪在《冷斋夜话·刘渊材迂阔好怪》文中写道：“吾(彭渊材)平生无所恨，所恨者五事耳。……第一恨鲥鱼多骨，第二恨金橘大酸，第三恨莼菜性冷，第四恨海棠无香，第五恨曾子固不能作诗。”闻者大笑。

㉞**风起画堂，帘箔影翻青荇沼**：这是明朝诗人刘侗《帝京景物略·毋净业寺再送张仲》诗意的化用。原诗云：“小楼帘箔影，密共柳丝垂。若得舟行处，便可投竿隐。”**画堂**：有画饰的楼堂。**帘箔**：饰有金玉珠玑的帘子。**青荇沼**：长青荇的池塘。

㉟**月斜金井，辘轳声度碧梧墙**：这是唐代诗人陆龟蒙《井上桐》诗意的化用。原诗云：“美人伤别离，汲井长待晓。愁因辘轳(用来从深井汲水的装置)转，惊起双栖鸟。独立傍银床，碧桐风袅袅。”南朝梁费昶《行路难》诗云：“唯闻哑哑城上乌，玉栏金井牵辘轳。”南唐谷主李煜《采桑子》词曰：“辘轳金井梧桐晚，几树惊秋，昼雨新愁，百尺虾须在玉钩。”**金井**：井栏上有雕饰的井，通常为石雕围栏。

㊱**乌台**：“御史台”或“御史府”，亦称“乌府”，专司弹劾之职。明清改名“都察院”。《汉书·朱博传》云：“是时御史府吏舍百余区井水皆竭；又其府中列柏树，常有野乌数千栖宿其上，晨去暮来，号曰‘朝夕乌’。”此即“乌台”之由来。**紫府**：或作“紫台”，道家称是神仙仙人

居所。《抱朴子·祛惑》云："及到天上，先过紫府，金床玉几，晃晃昱昱，真贵处也。"班固《汉武帝内传》云："上元夫人语帝曰：阿母今以琼笈妙韫，发紫台之文，赐汝八会之书，五岳真形，可谓至珍且贵。""紫台"亦作"紫宫"，是帝王居所。[唐]杜甫《咏怀古迹》诗云："一去紫台连朔漠，独留青冢向黄昏。"

㊲**雪牖云房**：僧道和隐士的居所，多在高山，故称"雪牖云房"。牖：窗户。[唐]姚鹄《题终南山隐者居》云："夜吟明雪牖，春梦闭云房。"

㊳**香山社**：亦称"香山九老"、"九老会"。唐武宗会昌五年二月，诗人白居易在洛阳香山与胡杲、吉皎、刘真、郑据、卢贞、张浑七人举行尚齿会，各赋诗记事。同年夏，又有李元爽及僧如满也告老回洛，举行九老尚齿会，并绘图书姓名、年龄，题为"九老图"。(见《新唐书·白居易传》)另有卢真、狄兼谟也曾与会，但年未七十，而未列九老中。（见白居易《九老图诗序》）再者，宋李昉罢相后，居京师（开封），与张好问、李运、宋琪、武允成、僧人赞宁、魏丕、杨徽之、朱昂，作九老会。（见[宋]王禹偁《左街僧录通惠大师文集序》）

㊴**昼锦堂**：北宋韩琦、章得象皆曾任宰相，当官回乡，均建有"昼锦堂"。韩琦的故宅，位于河南安阳东南，欧阳修曾作有《相州昼锦堂记》。

㊵**蔀屋**：用草席盖顶之屋，泛指穷人的简陋居室。[宋]王安石《寄道光大师》云："秋雨漫漫夜复朝，可嗟蔀屋望重霄。"**岩廊**：高峻的廊庑。借指君王朝见群臣和处理政事的地方。《汉书·董仲舒传》云："闻虞舜时，游于岩廊之上垂拱无为，而天下太平。"[汉]桓宽《盐铁论·忧边》云："今九州岛岛岛同域，天下一统，陛下优游岩廊，览群臣极言（充分发表意见）。"

㊶**芬椒涂内壁**：这是宋朝司马光《春贴子词·皇后阁》中"沟暖冰初断，窗晴雪半消。余寒不足畏，涂壁尽芳椒。"诗意的化用。**芬椒**：有芳香味的花椒。汉代皇后所居宫室，以椒和泥涂内壁，取花椒具温、香、多子之特性，称为"椒房"。

㊷**文杏饰高梁**：这是西汉司马相如《长门赋》中“刻木兰以为榱（椽子）兮，饰文杏以为梁”诗意的化用。**文杏**：银杏树，是作屋梁用的高级木材。

㊸**贫女幸分东壁影**：贫家女欲与东邻妇共烛纺绩，邻妇不允。贫女说：“我家贫无钱买烛，我借你一点烛灯余光照明，得点方便，你有什么可惜的？”邻女遂允。（见《史记·樗里子甘茂列传》）

㊹**幽人高卧北窗凉**：这是晋朝陶渊明《与子俨等疏》中“常言五六月中，北窗下卧，遇凉风暂至，自谓是羲皇上（安然无忧的伏羲氏时代）人”语意的化用。**幽人**：指隐士。

㊺**绣阁探春，丽日半笼青镜色**：**绣阁**：本指女子华丽的居室，代指富家女子。**探春**：都城仕女正月十五观灯后，去郊外宴游叫“探春”，泛指春游。**丽日**：明媚的阳光。**半笼**：笼罩大片。**青镜色**：广阔的郊野芳草平展如青镜。[唐]张大安《奉和别越王》云：“丽日开芳甸（长满芳草的郊野），佳气积神京（帝都）。”[元]贯云石《斗鹌鹑·忆别》曲云：“风物熙，丽日迟，连天芳草正萋萋。”

㊻**水亭醉夏，熏风常透碧筒香**：三国魏历城（今山东济南市）北有使君林避暑地。正始年间，每到三伏之际，郑懿便率宾僚到此避暑，取大莲叶置于砚格上，盛酒二升，用簪刺叶心，令与叶柄通，屈茎上轮菌如象鼻，传吸之，名为“碧筒杯”。（见[唐]段成式《酉阳杂俎·酒食》）[宋]苏轼《泛舟城南》云：“碧筒时作象鼻弯，白酒微带荷心苦。”

阳韵部代表字

阳　杨　扬　香　乡　光　昌　堂　章　张　王　房
芳　长　塘　妆　常　凉　霜　藏　场　央　鸯　秧
狼　床　方　浆　殇　粱　娘　庄　黄　仓　皇　装
觞　襄　骧　相　湘　箱　创　亡　忘　芒　望　偿
尝　樯　坊　囊　郎　唐　狂　强　肠　康　冈　苍
匡　荒　遑　行　妨　棠　翔　良　航　疆　粮　穰
将　墙　桑　刚　祥　详　洋　粱　量　羊　伤　汤
彰　璋　猖　商　防　筐　煌　凰　徨　纲　茫　臧
裳　昂　丧　漳　嫜　阊　螀　蒋　僵　韁　羌　枪
抢　锵　疮　杭　鲂　盲　篁　簧　隍　惶　璜　攘
瀼　亢　阆　廊　浪　琅　粱　邙　旁　滂　傍　骦
当　珰　糖　沧　鸧　尪　扬　泱　殃　扬　佯

阳韵律诗例选

山亭夏日

[唐]高　骈

绿树阴浓夏日长，楼台倒影入池塘。
水晶帘动微风起，满架蔷薇一院香

词谱（三）

沁园春（114字）

仄⃝仄平平，仄⃝仄平平，仄仄仄平。仄平平仄仄，平⃝平仄⃝仄；平⃝平仄⃝仄，仄⃝仄平平。仄⃝仄平平，平⃝平仄⃝仄，仄⃝仄平平仄⃝仄平。平平⃝仄，仄平⃝平仄⃝仄，仄⃝仄平平。

平⃝平仄⃝仄平平。仄⃝仄仄、平平仄⃝仄平。仄平⃝平仄⃝仄，平⃝平仄⃝仄；平⃝平仄⃝仄，仄⃝仄平平。仄⃝仄平平，平⃝平仄⃝仄，仄⃝仄平平仄⃝仄平。平平⃝仄（或仄平仄），仄平⃝平仄⃝仄，仄⃝仄平平。（前后阕的后九句字数平仄相同。此调用对仗多）

沁园春·雪

毛泽东

北国风光，千里冰封，万里雪飘。望长城内外，惟余莽莽；大河上下，顿失滔滔。山舞银蛇，原驰蜡象，欲与天公试比高。须晴日，看红装素裹，分外妖娆。

江山如此多娇，引无数英雄竞折腰。惜秦皇汉武，略输文采；唐宗宋祖，稍逊风骚。一代天骄，成吉思汗，只识弯弓射大雕。俱往矣，数风流人物，还看今朝。

蝶恋花 （60字，又名鹊踏枝）

仄⃝仄平⃝平平仄仄，仄⃝仄平平，仄⃝仄平平仄。仄⃝仄平⃝平平仄仄（或仄平仄）。平⃝平仄⃝仄平平仄。（前后阕同）

蝶恋花·答李淑一

毛泽东

我失骄杨君失柳？杨柳轻飏，直上重霄九。问讯吴刚何所有。吴刚捧出桂花酒。

寂寞嫦娥舒广袖，万里长空且为忠魂舞。忽报人间曾伏虎。泪飞顿作倾盆雨。

满江红（93字）

(仄)仄平平，(平)(平)仄、(平)平(仄)仄。(平)(仄)仄、(仄)平(平)仄，(仄)平(平)仄。(仄)仄(平)平平仄仄，(平)平(仄)仄平平仄。仄(仄)平、(仄)仄仄平平，平平仄。

(仄)(平)仄，平(仄)仄；(平)(仄)仄，平平仄。仄平平仄仄、仄平平仄。(仄)仄(平)平平仄仄，(平)平(仄)仄平平仄。仄(平)平、(仄)仄仄平平，平平仄。

（此调常用入声韵，且多用对仗）

满江红

[宋]岳 飞

怒发冲冠，凭栏处、潇潇雨歇。抬眼望、仰天长啸，壮怀激烈。三十功名尘与土，八千里路云和月。莫等闲、白了少年头，空悲切！

靖康耻，犹未雪；臣子恨，何时灭？驾长车踏破、贺兰山缺。壮志饥餐胡虏肉，笑谈渴饮匈奴血。待从头、收拾旧山河，朝天阙。

念奴娇 （100字，又名百字令、酹江月、大江东去）

(平)平(仄)仄，仄平(平)、(仄)仄(平)平平仄（或仄平平(仄)仄、(仄)平平仄）。(仄)仄(平)平平仄仄，(仄)仄(平)平平仄。(仄)仄平平，(平)平(仄)仄，仄仄平平仄。(平)平(平)仄，(平)平平仄平仄。

(平)仄(平)仄平平（或(平)平(仄)仄平平），(平)平平仄（或(仄)仄平平），(仄)仄平平仄。(仄)仄(平)平平仄仄，(仄)仄(平)平平仄。(仄)仄平平，平平(仄)仄，(仄)仄平平仄。(平)平(平)仄，(平)平平仄平仄。（此调多用入声韵。前后阕的后七句字数平仄相同）

念奴娇（赤壁怀古）

[宋]苏 轼

大江东去，浪淘尽、千古风流人物。故垒西边，人道是，三国周郎赤壁。乱石穿空，惊涛拍岸，卷起千堆雪。江山如画，一时多少豪杰！

遥想公瑾当年，小乔初嫁了，雄姿英发。羽扇纶巾，谈笑间，樯橹灰飞烟灭。故国神游，多情应笑，我早生华发。人生如梦，一樽还酹江月。

（这是按词谱断句的，诵读仍按语法结构）

八　庚

xíng duì mào　sè duì shēng　xià yì duì zhōu
形对貌，色对声，夏邑对周

jīng　jiāng yún duì jiàn shù　yù qìng duì yín zhēng
京①。江云对涧树，玉磬对银筝②。

rén lǎo lǎo　wǒ qīng qīng　xiǎo yàn duì chūn yīng
人老老③，我卿卿④，晓燕对春莺。

xuán shuāng chōng yù chǔ　bái lù zhù jīn jīng　gǔ kè
玄霜舂玉杵⑤，白露贮金茎⑥。贾客

jūn shān qiū nòng dí　xiān rén gōu lǐng yè chuī shēng
君山秋弄笛⑦，仙人缑岭夜吹笙⑧。

dì yè dú xīng　jìn dào hàn gāo néng yòng jiàng　fù
帝业独兴，尽道汉高能用将⑨；父

shū kōng dú　shuí yán zhào kuò shàn zhī bīng
书空读，谁言赵括善知兵⑩。

gōng duì yè　xìng duì qíng　yuè shàng duì yún
功对业，性对情，月上对云

xíng　chéng lóng duì fù jì　làng yuàn duì péng yíng
行⑪。乘龙对附骥⑫，阆苑对蓬瀛⑬。

chūn qiū bǐ　yuè dàn píng　dōng zuò duì xī chéng
春秋笔⑭，月旦评⑮，东作对西成⑯。

suí zhū guāng zhào chéng　hé bì jià lián chéng　sān jiàn
隋珠光照乘，和璧价连城⑰。三箭

三人唐将勇⑱，一琴一鹤赵公清⑲。汉帝求贤，诏访严滩逢故旧⑳；宋廷优老，年尊洛社重耆英㉑。

昏对旦，晦对明，久雨对新晴。蓼湾对花港㉒，竹友对梅兄㉓。黄石叟㉔，丹丘生㉕，犬吠对鸡鸣㉖。暮山云外断，新水月中平㉗。半榻清风宜午梦㉘，一犁好雨趁春耕㉙。王旦登庸，误我十年迟作相㉚；刘蕡不第，愧他多士早成名㉛。

译文

形象对面貌，颜色对声音，夏代国都对周朝京城。江上云对山涧树，玉磬对银筝。敬养老人，夫妻敬爱，早晨的燕子对春天的黄莺。裴航用玉杵百日捣仙药，汉武帝设金柱承露盘接仙水甘露。洞庭商人夜泊君山饮酒吹笛，缑岭仙人王子乔夜吹笙好像凤鸣。刘邦兴汉，在于他的善用将帅之道；父书空读，赵括只是纸上谈兵不会变通。

功劳对业绩，性格对心情，明月上升对浮云游动。乘龙快婿对攀附名人，仙境阆苑对海上蓬莱。孔子春秋笔，许劭月旦评，春天耕作对秋季收成。隋侯之珠耀车明，和氏璧价值连城。唐将薛仁贵三箭定天山，宋人赵汴为官清正出行常一鹤一琴。汉光武帝求贤，富春江访故旧诏请严光出山；宋朝廷优待老臣，洛阳汇聚耆英饮酒赋诗。

黄昏对清晨，黑暗对光明，久雨对新晴。蓼花湾对花港鱼，竹友对梅兄。黄石公，丹丘生，犬吠对鸡鸣。日暮时云层隔断山，无风时月亮倒映在平静的江水中。简易床清风凉午睡好梦，一场适时春雨过后抓紧春耕。北宋贤士王旦任宰相，奸鬼王钦若十年难爬上；刘蕡博学而不第，可叹他“贤良对策”早已扬名。

探源 解意

①**夏邑**：夏朝的国都。《尚书·汤誓》云：“夏王率遏众力，率割夏邑（原城址在今山西夏县北）。”夏邑是中国历史上第一个王朝——夏朝建都的地方，素有禹都美称。禹王皇城遗址和司马光祖坟现存境内。传说中的始创采桑养蚕的嫘祖，商代宰相巫咸等都出生在这块宝地。**周京**：周朝之京城。《诗经·曹风·下泉》云：“忾我寤叹，念彼周京。”[宋]朱熹《集传》云：“周京，天子所居也。”

②**玉磬**：用玉制成的古代打击乐器。《国语·鲁语上》云：“[臧]文仲以鬯（同‘畅’）圭与玉磬，如齐（去齐国）告籴（买谷物）。”磬有“石磬”、“玉磬”之分。到了周朝，“磬”的地位已成为王权的象征，只有王宫中才能悬挂玉磬。**银筝**：用银装饰的筝。[唐]戴叔伦《白苎词》云：“回鸾转凤意自娇，银筝锦瑟声相调。”

③**人老老**：敬老人。《大学》云：“上老老而民兴孝，上长长（尊兄长）

而民兴弟（悌）。”

④**我卿卿**：卿卿：男女间的昵（亲爱）称。《世说新语·惑溺》云：“王安丰（戎）妇常卿（亲昵）安丰，安丰曰：‘妇人卿婿，于礼为不敬，后勿复尔。’妇曰：‘亲卿爱卿，是以卿卿（爱你），我不卿卿，谁当卿卿？’”

⑤**玄霜舂玉杵**：唐穆宗长庆年间，秀才裴航在蓝桥驿遇见织麻老妪的孙女云英，欲娶为妻，妪说：“我今老病，只有此孙女。昨有神仙给我灵丹一刀圭（指玄霜，神话中的一种仙药），但须用玉杵臼捣百日，方可吞服。你能寻得玉杵臼，我就把孙女许给你。”裴航求宽限百日，必携杵臼归。期内，航果从卞姓药铺买得，遂娶云英。二人后入玉峰洞为仙。（见《太平广记卷五十·裴航》）

⑥**白露贮金茎**：汉武帝迷信神仙，造承露盘以承甘露，当仙水喝。撑承露盘的两根铜柱谓之“金茎”。《三辅故事》云：“建章宫承露盘，高二十丈，大七围，以铜为之。上有仙人掌承露（接露水），和玉屑（指玉屑饭）饮之。”[西汉]班固《西都赋》云：“抗仙掌以承露，擢双立之金茎。”

⑦**贾客君山秋弄笛**：传说洞庭湖贾客（商人）吕乡筠，善吹笛。仲春月夜泊舟君山（在湖南洞庭湖口的小山，又名“湘山”）侧，饮酒吹笛于月下。忽一老父（仙人）泛舟至，与之共饮畅谈，说愿教乡筠吹笛，并从怀袖间取出笛子三管，大管有双臂合抱粗，次管如常人所用笛，小管细如笔杆。老父说，大管是吹给天帝听的，次管是吹给仙人听的，声音猛烈，在人间吹不得。这小管世人可以听，但怕一曲未完，众生就不安了。果真，老父吹了三声，湖上大风骤起，波浪激荡，鱼鳖喷跳；吹了五六声，则鸟兽叫噪，月色昏昧，舟人大恐。老父于是又饮酒数杯，摇着渔舟离去，渐渐隐没于湖波之中。（见[唐]谷神子《博异志·吕乡筠》）[明]高启《青丘子歌》云：“欲呼君山老父，携诸仙所弄之长笛，和我此歌吹月明。”

⑧**仙人缑岭夜吹笙**：传说骑鹤升天的王子乔，乃是周灵王太子晋，好吹笙，作凤凰鸣，悠游于伊洛之间。后遇道士浮丘公，接上嵩高山，留三十

余年。一天，太子晋在山上见到桓良，对良说："告诉我家，七月七日待我于缑氏山头。"届时，果望见太子晋乘白鹤，驻于山岭，举手谢时人，数日而去。（见[汉]刘向《列仙传·王子乔》）

⑨**帝业独兴，尽道汉高能用将**：汉高祖刘邦之所以能兴汉，在于他善于用将。他曾对诸将说："运筹帷帐之中，决胜于千里之外，吾不如子房（张良）；镇国家，抚百姓，给馈饷，不绝粮道，吾不如萧何；连百万之军，战必胜，攻必取，吾不如韩信。此三者，皆人杰也，吾能用之，此吾所以取天下也。"后来，刘邦以韩信欲叛汉将其擒获，问韩信："如我能将兵几何？"韩信说："陛下不过能将十万。"刘邦问韩信能领多少兵，韩信说："臣多多益善。"刘邦笑着说："多多益善，你为何被我擒获？"韩信说："陛下不能将兵，而善将将，此乃信所以为陛下擒也。"（见《史记·淮阴侯列传》）

⑩**父书空读，谁言赵括善知兵**：战国时期，赵奢是赵国的用兵名将。其子赵括自幼酷爱兵书，赵奢与其谈兵事，总难不住赵括。秦赵长平之战前，赵成王中秦将白起的反间计，免去大将廉颇之职而以赵括为将，结果大败。赵相蔺相如说："括（赵括）徒能读其父书传，不知变通。"指赵括只会死读书，纸上谈兵。（见《史记·廉颇蔺相如列传附赵奢》）

⑪**月上**：明月上升。[宋]欧阳修《生查子》词云："月上柳梢头，人约黄昏后。""月上"又是人名。佛教传说，月上是毗摩罗诘（旧译"维摩诘"）之女，母名"无垢"。女生时，身发妙光，胜于月照，因名"月上"。生未几，即大如八岁之女，容姿端正，求婚者不绝。月上说要自己择婿。择婿时，月上会集城内士人，当众升虚空唱佛经。大众听后，各止淫心，头面顶礼于女下。自此，月上女常到佛所与舍利弗（人名，与目连并为佛陀十大弟子中最重用之人）对扬经义，后转女身成男子，称"月上菩萨"。（见《月上女经》）[明]李贽《题绣佛精舍》云："可笑成男月上女，大惊小怪称奇事。"**云行**：浮云游动。[唐]吕温《送文畅上人东游》诗云："水止无恒地，云行不计程。"与"月上女"神话相配，"云行"当有涉及"巫山神女"神话之意。传说赤帝之女姚姬，未嫁而死，葬于巫山之阳，化为巫山之神。战国的楚

怀王游高唐，梦与能造行云、能为行雨的巫山神女相遇，神女说：“妾在巫山之阳，高丘之阻，旦为朝云，暮为行雨。”（见[战国楚]宋玉《高唐赋》）

⑫**乘龙**：语出汉朝刘向《列仙记》“弄玉乘凤，萧史乘龙，夫妇同仙去”典故。后称别人的女婿为“乘龙”。《楚国先贤传》云：“孙俊（《魏志》作‘黄尚’）字文英，与李元礼（膺），俱娶太尉桓焉（《魏志》作‘桓温’）女。时人谓桓叔元两女俱乘龙，言得婿如龙也。”**附骥**：亦作“附骥尾”，比喻攀附他人的名望而成名。《史记·伯夷传》云：“伯夷、叔齐虽贤，得夫子（孔子）而名益彰；颜渊虽笃学，附骥尾而行（品德）益显。”

⑬**阆苑**：阆风（山名，在昆仑之巅，相传为仙人所居）之苑，仙人居住之境。[唐]王勃《梓州郪县灵瑞寺浮图碑》云：“玉楼星峙，稽阆苑之全模；金阙霞飞，得瀛洲之故事。”[元]李好古《张生煮海》曲云：“你看那缥渺间十洲三岛，微茫处阆苑、蓬莱 。”[唐]李商隐《碧城》云：“阆苑有书多附鹤，女墙无处不栖鸾。”**蓬瀛**：蓬莱（在山东渤海）瀛洲（在河北河间县）。传说是仙人所居的二山名。《史记·秦始皇纪》云：“齐人徐市等上书，言海中有三神山，名曰蓬莱、方丈、瀛洲，仙人居之。”[唐]许敬宗《游清都观寻沉道士得清字》诗云：“幽人蹈箕颍（隐士居处），方士访蓬瀛。”

⑭**春秋笔**：春秋末期，思想家、政治家、教育家孔子根据鲁史修订的《春秋》，是我国第一部编年体史书，其文笔曲折而意含褒贬，“一字之褒，宠逾华衮（上公之服）之赠；片言之贬，辱过市朝之挞”，人称“春秋笔法”。（见《史记·孔子世家》）

⑮**月旦评**：东汉许劭，汝南人。他与从兄许靖俱有高名，好一起评论人物，每月更换评论题目，汝南人传为“月旦评”。曹操曾厚礼求评自己的人品，许劭说：“君清平之奸贼，乱世之英雄。”（见《汉书·许劭传》）

⑯**东作**：指春耕生产。《书经·尧典》云：“寅宾日出，平秩东作。”《传》云：“岁起于东，而始就耕，谓之东作。”**西成**：指秋季收获。《书经·尧典》云：“寅饯纳日，平秩西成。”《传》云：“秋，西方，万物成。”

⑰**隋珠光照乘，和璧价连城**：这是宋朝诗人陆游《书宛陵集后》中“赵璧连城价，隋珠照乘明”两句诗的化用。传说，汉东之国姬姓诸侯隋侯，见大蛇受伤，以药敷之。后蛇于江中衔大珠以报，故曰“隋侯之珠”。春秋时，赵惠文王得到楚国“和氏璧”，秦昭王闻之，使人向赵王送书，愿以十五城换璧。后以此形容璧之珍贵为“连城璧”。（见《史记·蔺相如列传》）《淮南子·览冥》云：“譬如隋侯之珠，和氏之璧，得之者富，失之者贫。”

⑱**三箭三人唐将勇**：唐朝大将薛仁贵领兵西征天山突厥。突厥有众十余万，令骁将数十人来挑战，薛仁贵三箭射杀三人，其余皆下马乞降，天山平定。凯旋时军中歌曰：“将军三箭定天山，壮士长歌入汉关。”

⑲**一琴一鹤赵公清**：宋神宗时，成都转运使赵汴，为官清廉，身无长物，仅以一琴一鹤相随。公出时，寓居旅舍，人们与他嬉戏，不以为意，鼓琴自娱。（见《宋史·赵汴传》）

⑳**汉帝求贤，诏访严滩逢故旧**：东汉严光，字子陵，会稽余姚人。少与光武帝刘秀同学，有高名。刘秀称帝，光改姓名隐遁。刘秀召光到京，授谏议大夫，不受，退隐于浙江富春山农耕、钓鱼自乐。后人名其耕钓处为“严陵濑”，亦称“严滩”。（见《后汉书·隐逸传》）

㉑**宋廷优老，年尊洛社重耆英**：宋神宗元丰五年，文彦博留守西京（洛阳），仿效唐代诗人白居易的“九老会”，聚居洛阳年高者十二人，于富弼第饮酒赋诗相乐。十二人中，唯司马光年不及七十，宴时尚齿不尚官，称“洛阳耆英会”。（见司马光《洛阳耆英会序》）

㉒**蓼湾**：蓼花湾。[宋]刘过《唐多令·解缆蓼花湾》词云：“解缆蓼花湾。好风吹去帆。二十年、重过新滩。”**花港**：杭州西湖十景之一。《西湖十景·花港观鱼》诗云：“深恨放生池，无端造鱼狱。今来花港（流入西湖的小溪）中，肯受人拘束？”乾隆皇帝当年南下江南游览花港时所题诗句“花家山下流花港，花着鱼身鱼嘬花”。

㉓**竹友**：东晋潇洒自适的名士王徽之（字子猷），性爱竹，以竹为友。他曾暂寄人空宅住，便令种竹，说：“何可一日无此君！”古人常以

梅、竹、松为“三友”。[清]朱耷《题三友图》云：“三友，岁寒梅竹松也。”**梅兄**：称梅为弟兄。[宋]杨万里《竹下和雪折梅》云：“梅兄冲雪来相见，雪片满须仍满面。”[元]戴良《对菊联句》云：“缔芳笑兰友，论雅傲梅兄。”

㉔**黄石叟**：亦作“黄石公”。传说黄石公是秦末汉初为避秦世之乱，隐于东海下邳的隐士，后得道成仙。汉初大臣张良，祖与父相继为韩国五世宰相。秦灭韩后，张良结交刺客在博浪沙（今河南原阳东南）谋杀秦始皇未中，逃到下邳（今江苏睢宁北），在下邳桥上遇到黄石公，黄石公三试张良后，授予《太公兵法》。张良后来以黄石公所授兵书助汉高祖刘邦夺得天下。汉朝建立，张良被封为留侯。（见《史记·留侯世家》）

㉕**丹丘生**：元丹丘，历史人物、隐士，李白好友。李白《将进酒》诗：“岑夫子，丹丘生，将进酒，杯莫停。”又，李白《西岳云台歌送丹丘子》诗：“云台阁道连窈冥，中有不死丹丘生。”

㉖**犬吠、鸡鸣**：传说汉淮南王成仙，家中鸡犬也随而升天。[汉]王充《论衡·道虚》云：“儒书言：淮南王学道，招会天下有道之人。……王遂得道，举家升天，畜产皆仙，犬吠于天上，鸡鸣于云中。”

㉗**暮山云外断，新水月中平**：这两句是唐代吏部侍郎崔湜改任襄阳刺史时所写《江楼夕望》诗中“楚山霞外（云外，高远之处）断，汉水月中平”的化用。

㉘**半榻清风宜午梦：半榻**：简易而称不上床铺的卧具。清风：清凉的风。[宋]李昂英《西樵岩》词云：“巨石卷阿驾半天，樵山风景岂虚传。……我来游遍登云谷，更借山僧半榻眠。”[宋]宋伯仁《瓜洲阻风》诗云：“狂风未许放归船，借得僧房半榻眠。落雁影收帆脚外，怒涛声到枕头边。”

㉙**一犁好雨趁春耕**：[清]姚鼐《山行》诗云：“布谷飞飞劝早耕，春锄扑扑趁初晴。”[唐]韦应物《观田家》诗云：“微雨众卉新，一雷惊蛰始，田家几日闲？耕种从此始。” [宋]朱淑真《膏雨》诗云：“一犁膏脉（肥沃土壤）分春陇，只慰农桑望眼中。”

㉚**王旦登庸，误我十年迟作相**：北宋宰相王旦，字子明，为人正直，荐人多厚重之士。他任宰相十一年之后，以病辞相，荐寇准继其位。被时人视为“五鬼”之一的王钦若，为人奸邪险伪，他力挤寇准去位，自己爬上相位。王旦死后，王钦若还曾扬言：“子明迟我十年宰相。”（见《宋书·王旦传》）

㉛**刘蕡不第，愧他多士早成名**：唐代进士刘蕡，博学善文，尤精《左氏春秋》。他崇尚王霸，有澄世（廓清世事）之志，憎恨太监干政专权。他在科举殿试应“贤良对策”时，因斥责宦官祸国，主考官不敢录取他。同场应试的李郃不平地说：“刘蕡下第，我辈登科，实厚颜矣！”（见《新唐书·刘蕡传》）

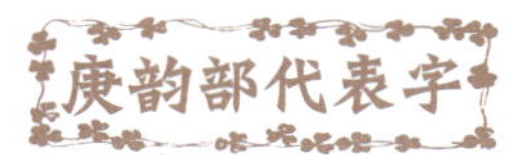

庚　更　羹　盲　横　觥　彭　亨　英　烹　平　评
京　惊　荆　明　盟　鸣　荣　莹　兵　兄　卿　生
甥　笙　牲　擎　鲸　迎　行　衡　耕　萌　氓　甍
宏　茎　罂　莺　樱　泓　橙　争　筝　清　情　晴
精　睛　菁　晶　旌　盈　楹　嬴　瀛　羸　营　婴
缨　贞　成　盛　城　诚　呈　程　声　征　正　轻
名　令　并　倾　萦　琼　峥　撑　嵘　鹏　秔　坑
铿　瘿　鹦　勍

赠汪伦

[唐]李　白

李白乘舟将欲行，忽闻岸上踏歌声。
桃花潭水深千尺，不及汪伦送我情。

词的格律要求

词是格律诗的另一种形式，每个词牌的字数句数都有一定的限制，而且字句的安排要受到严格的格律约束。由于词的形成与格律诗有密切关系，有的词牌也是由格律诗演变而来，所以在格律诗中应用的格律，对词也同样适用。只是在不同的词牌中，对格律的应用有不同的情况，需要从词谱中仔细体会。

押韵： 词是长短句组成，押韵：1. 平韵格，全首词都用平声韵脚。2. 仄韵格，全首词都用仄声韵脚。3. 平仄转韵格，可以先平后仄，也可先仄后平。4. 平仄韵交错格，即平仄交叉押韵。5. 平仄韵通押格，即韵母一样，声调不一样。总之，词的字句用韵比较灵活，比律诗用韵要宽些。

平仄、对仗、孤平：因词是长短句，词对两句间平仄对立或相粘以及对仗没有硬性规定，但句子防孤平，因为词有乐感美，原本是能唱的，孤平会失去音乐美感。

领句字：也叫一字豆，是词的特点之一。就是在某种特殊结构的句子中，以第一个字领本句后面的几个字，或兼领下面一句或两三句。这个领句字，叫“一字豆”。一字豆可领三到九字或两三句话。一字豆可以两字领或三字领。一字豆多用上声去声字。朗读时在领句字后都要稍作停顿。例如：“望长城内外”的“望”字是一字豆，领本句中四个字。“不如向、帘儿底下，听人笑语”，“不如向”是三个字的领句字。领句字在词中很多见，所以在一些词调中已成定式。

九 青

gēng duì jiǎ sì duì dīng wèi què duì tóng tíng

庚对甲①，巳对丁，魏阙对彤庭②。

méi qī duì hè zǐ zhū bó duì yín píng

梅妻对鹤子③，珠箔对银屏④。

yuān yù zhǎo lù fēi tīng hóng yàn duì jí líng

鸳浴沼⑤，鹭飞汀⑥，鸿雁对鹡鸰⑦。

rén jiān shòu zhě xiàng tiān shàng lǎo rén xīng

人间寿者相⑧，天上老人星⑨。

bā yuè hǎo xiū pān guì fǔ sān chūn xū jì hù huā líng

八月好修攀桂斧⑩，三春须系护花铃⑪。

jiāng gé píng lín yì shuǐ jìng lián tiān jì bì shí lán xián yǐ qún shān xiù xiàng yǔ yú qīng

江阁凭临，一水净连天际碧⑫；石栏闲倚，群山秀向雨余青⑬。

wēi duì luàn tài duì níng nà bì duì qū tíng

危对乱，泰对宁，纳陛对趋庭⑭。

jīn pán duì yù zhù fàn gěng duì fú píng

金盘对玉箸⑮，泛梗对浮萍⑯。

qún yù pǔ zhòng fāng tíng jiù diǎn duì xīn xíng

群玉圃⑰，众芳亭⑱，旧典对新型⑲。

qí niú xián dú shǐ mù shǐ zì héng jīng

骑牛闲读史⑳，牧豕自横经㉑。

qiū shǒu

秋首

tiánzhōnghé yǐngzhòng chūn yú yuán nèi cài huā xīn
田中禾颖重，春余园内菜花馨[23]。
lǚ cì qī liáng sài yuè jiāngfēng jiē cǎn dàn yán
旅次凄凉，塞月江风皆惨淡[24]；筵
qiánhuānxiào yān gē zhào wǔ dú pīng tíng
前欢笑，燕歌赵舞独娉婷[25]。

译文

庚对甲，巳对丁，宫外楼阙对皇室朱庭。梅花妻子对白鹤儿子，珍珠垂帘对银饰屏风。水上鸳鸯浴对鹭飞白沙汀，鸿雁对鹡鸰。人间寿者相，天上老寿星。八月磨好砍桂斧，三月系好护花铃。登上江阁黄鹤楼，只见碧空长江天际流；倚石栏杆，望雨后群山更加苍秀翠青。

危险对混乱，太平对安宁，登上台阶对步入廊庭。金盘对玉筷，水面的草梗对浮萍。昆山花圃，众芳汇聚，旧典籍对新制度。李密幼时骑牛勤读书，承宫放猪不忘去听经。七月田间谷穗重，三月园内菜花浓。旅途凄凉，塞外朔风冷月寒江十分惨淡；筵前欢笑，宫里燕歌赵舞美女娉婷袅娜。

探源 解意

①**庚甲**：旧时星命术士把人出生的年、月、日、时用干支配合成八字来表示，据以推算命运，谓之庚甲。又称年庚。[宋]岳珂《桯史·大小寒》云：“又为日者，弊帽持扇过其旁，遂邀使谈庚甲，问以得禄之期。”庚甲又借指年岁。[宋]洪迈《容斋随笔·实年官年》云：“至公卿任子，欲其早列仕籍，或正在童孺，故率增抬庚甲有至数岁者。”

②**魏阙**：古代宫门外两边高耸的楼观。楼观下常为悬布法令之所。亦

借指朝廷。《庄子·让王》云："身在江海之上，心居乎魏阙之下。"**彤庭**：汉皇宫以朱色漆中庭，称"彤廷"。《汉书》云："朝阳舍中庭，彤朱。"也泛指皇宫。[宋]苏轼《次韵答满思复》诗云："自甘茅屋老三间，岂意彤廷缀两班。"

③**梅妻、鹤子**：宋朝林逋，字君复。性格恬淡好古，不趋市利。长年隐居于杭州西湖之孤山，终身不娶，以植梅养鹤为伴，有客来，则放鹤致之，故称"梅妻鹤子"。（见[宋]括《梦溪笔谈·人事》）

④**珠箔、银屏**：饰有珍珠的垂帘和银饰屏风。**珠箔**：珠帘。[唐]白居易《长恨歌》诗云："揽衣推枕起徘徊，珠箔银屏逦迤开。"

⑤**鸳浴沼**：鸳鸯在水池中信自沉浮。**沼**：水池。[前蜀]韦庄《菩萨蛮》词云："桃花春水绿，水上鸳鸯浴。"

⑥**鹭飞汀**：白鹭在沙洲上自由飞降。**汀**：水边平坦的沙洲。[唐]杜甫《暮春》云："暮春鸳鹭立洲渚（水中小陆地），挟子翻飞还一丛。"[唐]王维《积雨辋川庄作》诗云："漠漠水田飞白鹭，阴阴（阴暗）夏木（大树。夏：大）啭黄鹂。"

⑦**鸿雁**：候鸟。春来北方繁殖，秋回南方越冬。《诗经·小雅·鸿雁》云："鸿雁于飞，肃肃其羽。"**鹡鸰**：亦作"脊令"，水滨鸟。巢于沙上，常在水边觅食。《诗经·小雅·常棣》云："脊令在原，兄弟急难。"后以"脊令"比喻兄弟之情。

⑧**人间寿者相**：佛教中有所谓"人我四相"，即我相、人相、众生相、寿者相。**寿者相**：指老人寿高的容貌。

⑨**天上老人星**："南极星"，是天上仅次于天狼星的第二亮星。古人认为它象征长寿，故又名"寿星"。唐庄宗的太监和凝与宫妃同观南极星时说："老人星是吉星。它的出现是天下太平、国泰民安的征兆。此乃吾国吾民之福啊！"

⑩**八月好修攀桂斧**：封建时代的科举乡试考期在秋季八月举行，称"秋闱"。乡试考中的称"举人"，第一名称"解元"。放榜之时，正值桂花飘香，故称"桂榜"，争登桂榜，即谓攀桂，或叫折桂。"攀桂斧"是借

"吴刚砍桂"的故事，意为"争登桂榜"之艰难。神话传说，月中有桂树，汉代人吴刚，因学仙有过，天帝罚他用斧砍月中桂树，桂树高五百尺，砍后伤口立即复合，所以吴刚砍桂永无止境。（见[晋]虞喜《安天伦》）

⑪**三春须系护花铃**：唐玄宗天宝年间，宁王李宪好声乐且爱花。至春时，于后花园中，以红丝为绳，密缀金铃，系于花梢之上，每有鸟鹊翔集，则令园吏掣铃索惊之以护花。（见[后周]王仁裕《花上金铃》）

⑫**江阁凭临，一水净连天际碧：江阁**：指耸立在武汉长江边的黄鹤楼。这是诗仙李白《黄鹤楼送孟浩然之广陵》中"故人西辞黄鹤楼，烟花三月下扬州。孤帆远影碧空尽，唯见长江天际流"诗意的化用。

⑬**石栏闲倚，群山秀向雨余青**：倚石栏杆，眺望雨后青翠秀丽的群山。雨余：雨刚过。这是宋代曹勋《山居杂诗》中"水阔夕阳红，雨余群山秀"诗意的化用。

⑭**纳陛**：步入宫殿台阶。《战国策·燕策三》："秦武阳（随荆轲赴咸阳刺秦王者）奉地图，以次进至陛。"纳陛又是古代帝王赐给有殊勋的诸侯或大臣的九种礼器之一。九赐之礼分别是：车马、衣服、乐、朱户、纳陛、虎贲、斧钺、弓矢、鬯。（见《礼记》）**趋庭**：快步走过庭院。一天，孔子立于庭院，其子孔鲤有礼貌地快步过庭院时，孔子问鲤："读过诗了吗？"鲤答："还没有。"孔子说："不读诗，就缺乏话题。"孔鲤回去后就努力学诗。又一天，孔子问鲤："学过礼了吗？"鲤答："还没有。"孔子说："不学礼，就难以立于世。"孔鲤回去后便刻苦学礼。后以"趋庭"为"承受父教"的代称。（见《论语·季氏》）

⑮**金盘、玉箸**：金制圆盘，玉制筷子。奢侈餐具用品，或对餐具的美称。[汉]辛延年《羽林郎》诗云："就我求珍肴，金盘脍鲤鱼。"[明]何景明《鲥鱼》诗云："银鳞细骨堪怜汝，玉箸金盘敢望传。""金盘"又比喻日月。[宋]陆游《金山观日出》诗云："遥波蹙红鳞，翠霭开金盘。"元萨都刺《织女图》诗云："西楼月落金盘倾，暖霞拂地海棠晓。""玉箸"亦作"玉筯"。佛教称人死后下垂的两道鼻涕为"玉筯"。（参见上卷"十四寒"韵注⑲）

⑯**泛梗、浮萍**：亦作“泛（漂浮）萍浮梗”，浮动在水面的浮萍和草茎。比喻飘荡无主。[唐]徐夤《别》诗云：“酒尽欲终问后期，泛萍浮梗不胜悲。”

⑰**群玉圃**：中国自古就把昆仑山称为“群玉之山”、“万山之祖”。传说群玉山上有瑶圃，是西王母所居之地。（见《山海经·玉山》）楚国伟大诗人屈原在《离骚》诗中有“吾与重华游兮瑶之圃，登昆仑兮食玉英”名句。

⑱**众芳亭**：众花聚会的亭台。[唐]李山甫《牡丹》诗云：“邀勒春风不早开，众芳飘后上楼台。数苞仙艳火中出，一片异香天上来。”诗人常用众芳比喻各色贤人。屈原《离骚》云：“昔三后之纯粹兮，固众芳之所在。”

⑲**旧典**：旧典籍；旧制度。[汉]班固《东都赋》云：“唯子颇识旧典，又徒驰骋乎末流。”**新型**：新典籍；新制度。[晋]陶渊明《桃花源诗并记》诗云：“俎豆（祭祀）犹古法，衣裳无新制。”

⑳**骑牛闲读史**：隋朝末年，瓦岗寨农民起义军领袖李密，字玄邃，长安（今陕西西安）人。幼年即勤奋好学。他听说名师包恺在缑山，便蒲草作鞍骑牛，牛角挂《汉书》且行且读，去缑山拜师。（见《新唐书·李密传》）

㉑**牧豕自横经**：东汉侍中祭酒承宫，少孤，八岁为人牧豕（猪）。乡里徐子盛以《春秋经》教授学生数百人，承宫过其门下，常与诸生一起听经，兼为诸生拾柴。执苦数年，勤学不倦。宫经典既明，便归乡教授，终成大儒。（见《后汉书·承宫传》）又，西汉宰相公孙弘，少贫，为人放猪，勤于学，常带经卷而读。年五十后位至丞相。（见《汉书·公孙弘传》）

㉒**秋首田中禾颖重**：七月，田间谷穗饱满沉重。**秋首**：“首秋”，农历七月。**禾颖**：带芒的谷穗。这是《诗经·大雅·生民》中“实发实秀（谷茎健拔穗又多），实坚实好（粒坚粒饱），实颖实栗（谷穗沉重产量高）”诗意的化用。

㉓**春余园内菜花馨**：三月，园内菜花芳香浓郁。**春余**：“余春”，晚春，指农历三月。**馨**：香气远闻。清朝王文怡在《安宁道中即事》诗中描述油菜花时写道：“夜来春雨润垂杨，春水新生不满塘。日暮平原风过处，菜花香杂豆花香。”

㉔**旅次凄凉，塞月江风皆惨淡**：旅途寄居悲惨凄凉。[唐]高适《除夜作》："旅馆寒灯独不眠，客心何事转凄然。"

㉕**筵前欢笑，燕歌赵舞独娉婷**：**娉婷**：舞姿优美的样子。古时燕赵人善歌舞，后以"燕歌赵舞"泛指美妙的歌舞。[唐]卢照邻《长安古意》诗云："罗襦宝带为君解，燕歌赵舞为君开。"[明]徐复祚《红梨记·豪宴》云："我府中歌童舞女虽多，端没有这妮子娉婷袅娜。"

青韵部代表字

青 经 泾 形 刑 型 陉 亭 庭 廷 霆 蜓
停 丁 仃 馨 星 腥 醒 俜 灵 龄 玲 伶
零 听 汀 冥 溟 铭 瓶 屏 萍 荧 萤 荥
扃 埛 蜻 硎 苓 聆 瓴 翎 鸰 娉 婷 宁
暝 瞑

秋　夕

［唐］杜　牧

银烛秋光冷画屏，轻罗小扇扑流萤。
天阶夜色凉如水，卧看牵牛织女星。

诗与词的区别

诗与词都属于诗的范围，只是形式上有所区别罢了。

从声韵上看，律诗用平声韵，而词用韵可平可仄；律诗韵位固定，除第一句外，不能用邻韵，而词任用。词不要求对仗，而律诗要求必须对仗。

从字句上看，律诗绝句定句定字不分段，按诗律创作；词是长短句还可分三段四段，词是遵照词律按词谱填写。

比较明显的区别是在语言的应用上，举例李清照的《声声慢》：

寻寻觅觅，冷冷清清，凄凄惨惨戚戚。乍暖还寒时候，最难将息。三杯两盏淡酒，怎敌他、晚来风急。雁过也，正伤心，却是旧时相识。

满地黄花堆积，憔悴损，如今有谁堪摘！守

着窗儿，独自怎生得黑！梧桐更兼细雨，到黄昏、点点滴滴。这次第，怎一个愁字了得！

这首词相当的口语化，全篇没有用一个典故，近似白话，一听就懂。虽然语言浅显，但开头连用十四个重叠字，别开生面，不论读和听，都感到新鲜自然别致。最末一句“这次第，怎一个愁字了得”，像叹口气说话一样。这在格律诗里是少见的。虽然口语化，但却为绝妙的上品词。与词相比，律诗的语言近于典雅。

总之，词比诗灵活。

十蒸

píng duì liǎo fǔ duì líng yàn yì duì yú
苹对蓼[1]，莆对菱[2]，雁弋对鱼
zēng qí wán duì lǔ qǐ shǔ jǐn duì wú líng
罾[3]。齐纨对鲁绮[4]，蜀锦对吴绫[5]。
xīng jiàn mò rì chū shēng jiǔ pìn duì sān zhēng
星渐没[6]，日初升[7]，九聘对三征[8]。
xiāo hé céng zuò lì jiǎ dǎo xī wéi sēng xián rén
萧何曾作吏[9]，贾岛昔为僧[10]。贤人
shì lǚ xún guī ju dà jiàng huī jīn jiào zhǔn shéng
视履循规矩[11]，大匠挥斤校准绳[12]。
yě dù chūnfēng rén xǐ chéngcháo yí jiǔ fǎng jiāng
野渡春风，人喜乘潮移酒舫[13]；江
tiān mù yǔ kè chóu gé àn duì yú dēng
天暮雨，客愁隔岸对渔灯[14]。

tán duì tǔ wèi duì chēng rǎn mǐn duì yán
谈对吐，谓对称，冉闵对颜
zēng hóu yíng duì bó pǐ zǔ tì duì sūn dēng
曾[15]。侯嬴对伯嚭[16]，祖逖对孙登[17]。
pāo bái zhù yàn hóng líng shèngyǒu duì liángpéng
抛白纻[18]，宴红绫[19]，胜友对良朋[20]。
zhēngmíng rú zhú lù móu lì sì qū yíng rén jié
争名如逐鹿[21]，谋利似趋蝇[22]。仁杰

yí cán zhōu bú shì　wáng líng mǔ shí hàn fāng xīng
姨惭周不仕[23]，王陵母识汉方兴[24]。
jù xiě qióng chóu　huàn huā jì jì chuángōng bù　shī
句写穷愁，浣花寄迹传工部[25]；诗
yín biàn luàn　níng bì shāng xīn tàn yòu chéng
吟变乱，凝碧伤心叹右丞[26]。

译文

浮萍对水蓼，蒲草对菱角，射雁的箭对捕鱼的网。齐地白绢对鲁地素绮，蜀地织锦对吴地绫绸。星渐沉，日初升，古代帝王用贤九聘对三征。萧何当过小吏，贾岛曾是僧人。贤人遵守礼仪视为规矩，好工匠做工以准绳认真校正。春天野外游船，人们喜欢船上载酒顺着潮水行；江天暮雨下不停，游客满脸愁容看着对岸的渔灯。

谈话对吐露，说话对称呼，冉求闵损对颜回曾参。魏国侯嬴对吴臣伯嚭，名将祖逖对隐士孙登。抛去平民服，欢宴红绫饼，胜友对高朋。争名如群雄逐鹿，谋利似苍蝇趋物。狄仁杰姨母不让儿子为武则天效力，王陵母不让儿投降项羽而伏剑自刎。杜甫曾住浣花溪，句句诗文写人民疾苦；王维曾官至右丞，诗句常为战乱而感忧。

探源 解意

①**苹、蓼**：浮苹与蓼花。水生植物。[宋] 王镃《芦门归雁》诗云："芦湾风带雁声愁，苹蓼花开水国秋。"

②**莆菱**：蒲草与菱角。**莆**：通蒲，蒲草。《楚辞·天问》云："咸播秬黍，莆雚是营。"[宋]陈岩《天池峰》诗云："雁浴鸥栖水影平，菰莆菱芡透波生。"

③**雁弋**：“弋雁”，用系绳子的箭射大雁。《诗经·郑风·女曰鸡鸣》云：“将翱将翔，弋凫（野鸭）与雁。”**鱼罾**：罾：渔网。《论衡·幸偶》云：“渔者罾江湖鱼，或存或亡。”

④**齐纨**：产于齐地的白色细绢。[汉]班婕妤《怨歌行》云：“新裂齐纨素，皎洁如霜雪。”**鲁绮**：产于鲁地的素色丝织品。织彩为文曰“锦”，织素为文曰“绮”。[元]宋褧《送诚夫大监兄代祀海神》诗云：“毳帽貂裘素绮裳，明时远致御封香。”

⑤**蜀锦**：古代丝织物的一种。蜀锦产地除蜀（四川）外，还有秦州、湖州等地，故蜀锦以各地织法源自蜀地，相沿为名，成为近代统称。《注》云：“越罗蜀锦，天下之奇纹也。”**吴绫**：古时东南吴地丝织品。《新唐书·地理志》云：“明州余姚郡……土贡吴绫。”

⑥**星渐没**：晓星渐渐沉没。[唐]李商隐《嫦娥》云：“云母屏风烛影深，长河渐落晓星沈（沉）。”

⑦**日初升**：太阳刚刚升起。[宋]赵蕃《途中杂题》云：“只疑云尚合，忽见日初升。”[唐]毛熙震《酒泉子》云：“日初升，帘半卷，对妆残。”

⑧**九聘三征**：“三征九聘”，多次征召聘用。形容古代帝王任用贤能人才的诚意。明代至清康熙年间小说集《快心编传奇》第三回载：“昔者鱼盐（指殷纣王时以贩卖鱼盐为生的胶鬲，后助武王伐纣）版筑（指商代筑墙奴隶傅说，后为高宗武丁宰相），钓渭（指商末在渭水钓鱼的姜子牙，后助文王武王兴周）耕莘（指商初耕于有莘的奴隶伊尹，后助商汤王灭夏桀），此数人者，天生圣人，间出以治世者也……设非高宗（武丁）汤（商汤王）文（周文王），卑辞枉躬，重之以三征九聘之礼，则亦终守岩壑，老死而无闻。”

⑨**萧何曾作吏**：汉初大臣萧何，沛县人，秦时曾为沛县令。秦末佐刘邦起义。汉朝建立，为汉定律令制度，著有《九章律》。汉封酂侯，位居第一。（见《汉书·萧何传》）

⑩**贾岛昔为僧**：唐代诗人贾岛，字浪仙，今河北涿州人。初落拓为僧，名“无本”，后还俗，屡举进士不第。其诗作以五律见长，注重词句锤炼，“推敲”典故即由其诗句而来。（见《唐书·贾岛传》）

⑪贤人视履循规矩：《尔雅·释言》云：“履，礼也。”《注》：“礼（礼仪规范）可以履行也。”礼仪规章要人来履行，所以贤人视履为规矩。

⑫大匠挥斤校准绳：斤：斧头。传说，楚国有獿人，善用泥涂壁。一次，一点飞泥溅其鼻尖，遂请石匠挥斧砍去其鼻上泥点。獿人深知石匠之技艺，挺立不惧。石匠运斧成风，如风驰电掣，呼呼作响，斧落泥掉，而鼻子丝毫无损。（见《庄子·徐无鬼》）

⑬野渡春风，人喜乘潮移酒舫：春天，人们爱乘船游春边饮酒。酒舫：供客人饮酒游乐的船。这是唐代元结《石鱼湖上醉歌》中“山为樽，水为沼，酒徒历历坐洲岛。长风连日作大浪，不能废人运酒舫”诗意的化用。

⑭江天暮雨，客愁隔岸对渔灯：这是宋代词人柳永所写远游旅客思归之《安公子·远岸收残雨》词意的化用。词曰：“雨残稍觉江天暮。……望几点，渔灯隐映蒹葭浦。……刚断肠、惹得离情苦。”

⑮冉闵颜曾：指孔子的学生冉求、闵损、颜回、曾参。

冉求：又名冉有，字子有，春秋鲁人。有才艺，擅长政事。孔子认为“千室之邑，百乘之家，可使为之宰也”。但又不满他帮助季孙氏发展新兴地主势力，要弟子“鸣鼓而击之”。（见《论语·先进》）

闵损：字子骞，春秋鲁人。以孝友闻名。幼年，受后母虐待，后母给亲生子穿棉衣，给闵损衣芦花。父亲知后，要休后母，闵损跪地求父，说：“[继]母在，一子（指自己）单（单寒）；母去，四子寒。”父遂不休。后母悔悟，待诸子如一。（见《史记·仲尼弟子列传》）

颜回：字子渊，春秋鲁人。好学，乐于安贫，“一箪食，一瓢饮，不改其乐。”以德行著称，后世儒家尊为“复圣”。（见《史记·仲尼弟子列传》）

曾参：字舆，春秋鲁国武城（今山东费县）人。以孝著称，提出“吾日三省吾身”的修养方法。相传《大学》是他所著。后世尊为“宗圣”。（见《史记·仲尼弟子列传》）

⑯侯嬴：亦称“侯生”，战国魏隐士。家贫，七十岁，任大梁（今河南开封）夷门的守门小吏。后被信陵君迎为上客。公元前257年，秦国围赵，魏国

派将军晋鄙救赵，鄙观望不前。侯嬴向信陵君献计，通过魏王宠妃如姬窃得兵符，并推荐勇士朱亥击杀晋鄙，夺得兵权，因而胜秦救赵。（见《史记·魏公子列传》）**伯嚭**：春秋时吴国大臣伯嚭，字子余，楚国大夫伯州犁之孙。楚王杀伯州犁，嚭逃亡吴国，深得吴王夫差信任，初为大夫，后任太宰，故称“太宰嚭”。吴破越国后，嚭受越贿，劝夫差许越求和，并屡谗言杀害伍子胥。吴被越灭，嚭又降越，勾践以嚭不忠杀之。（见《史记·吴太伯世家》）

⑰**祖逖**：东晋名将祖逖，字士稚，今河北涞水人。西晋末年，羯人首领石勒作乱，攻陷洛阳。祖逖率亲党（乡亲）数百家南迁京口（今江苏镇江）。晋元帝时，中原大乱，元帝封祖逖为奋威将军兼豫州刺史渡江北伐。渡至江心，祖逖以楫（船桨）击水发誓说：“不清中原而复济（回渡）者，有如此水。”表达了恢复中原失土的决心。（见《晋书·祖逖传》）**孙登**：三国魏人。隐居汲郡（今河南卫辉）山中，居土窟，好读《易》，善弹琴。一次，嵇康与孙登同游，登对康说：“子（指嵇康）才多识寡，难免乎于今之世。”后来，嵇康终于被司马昭等诬陷杀害。康死前作《幽愤诗》说：“昔惭柳下，今愧孙登。”（见《晋书·隐逸传》）

⑱**抛白纻**：**白纻**：白苎麻织成的平民服。清初，淮阳县叶生，文章词赋，冠绝当时。县令丁乘鹤见其科试文章，击节称叹。但放榜时，叶生却名落孙山。县令怜惜。遂聘叶生教授其子，其子乡试竟“中亚魁”。县令惋惜地对叶生说：你这样有才，朝中长期不用怎么办？叶生感谢县令对他的同情，说：“士得一人知己，可无憾，何必抛却白纻，乃谓之利市哉？”（见蒲松龄《聊斋志异·叶生》）[宋]王禹偁《寄砀山主簿朱九龄》诗云：“利市襕衫抛白纻，风流名字写红笺。”

⑲**宴红绫**：唐昭宗光化年间，放进士榜，取裴格等二十八人。昭宗以为得人，会燕（同“宴”）曲江，命御厨烧作红绫饼（御膳中精美的食饼）二十八枚赐之。（见宋叶梦得《避暑录话下》）

⑳**胜友**：有名望之朋友。[唐]王勃《滕王阁诗序》云：“十旬休暇，胜友如云；千里逢迎，高朋满座。”**良朋**：好朋友。晋陶渊明《停云》云：“良朋悠邈，搔首延宁。”

㉑**争名如逐鹿**：争名就像群雄争霸一样，难料谁胜谁负。**逐鹿**：喻相争。《史记·淮阴侯列传》载：“蒯通曰：‘秦失其鹿，天下共逐之。’”《晋书·石勒载记下》载：“朕遇光武（汉光武帝刘秀），当并驱（逐）与中原，未知鹿死谁手。”比喻争夺天下难料谁胜谁负。

㉒**谋利似趋蝇**：谋利就像苍蝇趋物一样，千忙所得无几。**趋蝇**：追求蝇头微利。[宋]苏轼《满庭芳》词云：“蜗角虚名，蝇头微利，算来着甚干忙。”

㉓**仁杰姨惭周不仕**：唐代名臣狄仁杰任武则天所建后周朝的宰相时，他想让其堂姨卢氏之子入朝当官，对姨母说：“我现为宰相，表弟到朝中喜欢干什么，我一定尽力而为。”姨母说：“我只有这一个儿子，不愿意让他去侍候女主（指武则天）。”狄仁杰大惭而归。（见[明]武震元《奇女子传》）

㉔**王陵母识汉方兴**：西汉初年大臣王陵，沛（今属江苏）人。秦末农民战争中，聚众数千人占据南阳。后王陵率师归汉（刘邦），而其母在楚（西楚），被项羽拘禁，令其向王陵招降。陵母知汉必兴，拒招，伏剑而死。（见《汉书·王陵传》）

㉕**句写穷愁，浣花寄迹传工部**：唐代诗人杜甫，在安禄山军攻陷长安后，逃往凤翔，谒见唐肃宗，曾任华州司功参军。不久弃官，家移成都，筑草堂于浣花溪上，世称“浣花草堂”。因其一度在剑南节度使严武幕中任检校工部员外郎，世称“杜工部”。杜甫深谙人民愁苦，其诗作多写对穷苦人民的同情，大胆揭露社会矛盾。如《石壕吏》：“暮投石壕村，有吏夜捉人……吏呼一何怒，妇啼一何苦……一男附书至，二男新战死……室中更无人，惟有乳下孙。有孙母未去，出入无完裙。”（见《旧唐书·杜甫传》）

㉖**诗吟变乱，凝碧伤心叹右丞**：唐代诗人王维，官至尚书右丞，故世称“王右丞”。安禄山叛乱攻陷长安，王维曾受伪职“给事中”。安禄山于唐禁苑之凝碧池宴其部属，饮酒作乐，王维闻而伤感，作《口号咏示裴迪》诗云：“万户伤心生野烟，百官何日再朝天。秋槐花落空宫里，凝碧池头奏管弦。”

蒸韵部代表字

蒸　烝　丞　丞　承　惩　澄　陵　凌　绫　菱　冰
膺　鹰　应　蝇　绳　渑　乘　升　昇　胜　兴　缯
凭　仍　兢　矜　征　称　登　灯　僧　增　曾　憎
矰　层　能　朋　鹏　肱　薨　腾　恒　棱　罾　藤
崩　滕　縢　嶒　崚　縆

蒸韵律诗例选

登飞来峰

[宋] 王安石

飞来山上千寻塔，闻说鸡鸣见日升。
不畏浮云遮望眼，自缘身在最高层。

邻　韵

所谓邻韵，就是读音相近的韵，用现在的话说，就是韵母相同或大体相同的韵，如上平声“一东”和“二冬”两个韵目，韵母同是ong，但古代不是同韵，所以是邻韵。有一些韵母，按现在的读音虽然两个韵目的韵母相同，但不算邻韵，如下平声的“八庚”、“九青”、“十蒸”三个韵目，韵母同是eng或ing，其中只有“八庚”、“九青”的韵母算邻韵。邻韵在古体诗中可以通用；在格律诗中，只能在一首诗的第一句通用。

邻韵：　1. 东—冬

2. 江—阳

3. 支—微—齐

4. 鱼—虞

5. 佳—灰

6. 真—文—元（半）（即元韵部的半数与真、文是邻韵）

7. 寒—删—先—元（半）（即元韵部的半数与寒、删、先是邻韵）

8. 萧—肴—豪

9. 庚—青—蒸

10. 覃—盐—咸

平声三十韵中唯有歌、麻、尤、侵等四个韵部没有邻韵。

比如：

清　明

［唐］杜　牧

清明时节雨纷纷，　路上行人欲断魂。
借问酒家何处有，　牧童遥指杏花村。

这首诗“魂、村”押元韵，第一句的韵脚“纷”是文韵，属邻韵。这是“元”、“文”韵通用。

今人写律诗首句用邻韵或其他的韵脚用邻韵，只要读起来和谐，都是认可的。大家都熟悉的毛主席的七律《长征》，韵脚“难、丸、寒”是寒韵，而韵脚“闲、颜”是邻韵删韵。“寒、删”韵通用。

十一 尤

róng duì rǔ xǐ duì yōu qiǎn quǎn duì chóu

荣对辱，喜对忧，缱绻对绸

móu wú wá duì yuè nǚ yě mǎ duì shā ōu

缪[1]。吴娃对越女[2]，野马对沙鸥[3]。

chá jiě kě jiǔ xiāochóu bái yǎn duì cāng tóu

茶解渴[4]，酒消愁[5]，白眼对苍头[6]。

mǎ qiān xiū shǐ jì kǒng zǐ zuò chūn qiū shēn yě

马迁修史记[7]，孔子作春秋[8]。莘野

gēng fū xián jǔ sì wèi bīn yú fū wǎn chuí gōu

耕夫闲举耜[9]，渭滨渔夫晚垂钩[10]。

lóng mǎ yóu hé xī dì yīn tú ér huà guà shén

龙马游河，羲帝因图而画卦[11]；神

guī chū luò yǔ wáng qǔ fǎ yǐ míngchóu

龟出洛，禹王取法以明畴[12]。

guān duì lǚ xì duì qiú yuàn xiǎo duì tíng

冠对履[13]，舄对裘[14]，院小对庭

yōu miànqiángduì xī dì cuò zhì duì liángchóu

幽[15]。面墙对膝地[16]，错智对良筹[17]。

gūzhàngsǒng dà jiāng liú fāng zé duì yuán qiū

孤嶂耸[18]，大江流[19]，方泽对圜丘[20]。

huā tán lái yuèchàng liǔ yǔ qǐ wú ōu yīng lǎn

花潭来越唱，柳屿起吴讴[21]。莺懒

yàn máng sān yuè yǔ qióng cuī chán tuì yì tiān qiū
燕忙三月雨[22]，蛩摧蝉退一天秋[23]。
zhōng zǐ tīng qín huāng jìng rù lín shān jì jì zhé
钟子听琴，荒径入林山寂寂[24]；谪
xiānzhuō yuè hóng tāo jiē àn shuǐ yōu yōu
仙捉月，洪涛接岸水悠悠[25]。
yú duì niǎo jí duì jiū cuì guǎn duì hóng
鱼对鸟，鹡对鸠[26]，翠馆对红
lóu qī xián duì sān yǒu ài rì duì bēi qiū
楼[27]。七贤对三友[28]，爱日对悲秋[29]。
hǔ lèi gǒu yǐ rú niú liè pì duì zhū hóu
虎类狗[30]，蚁如牛[31]，列辟对诸侯[32]。
chénchàng lín chūn yuè suí gē qīng yè yóu kōng zhōng
陈唱临春乐[33]，隋歌清夜游[34]。空中
shì yè qí lín gé dì xià wénzhāng yīng wǔ zhōu
事业麒麟阁[35]，地下文章鹦鹉洲[36]。
kuàngyě píng yuán liè shì mǎ tí qīng sì jiàn xié
旷野平原，猎士马蹄轻似箭[37]；斜
fēng xì yǔ mù tóng niú bèi wěn rú zhōu
风细雨，牧童牛背稳如舟[38]。

光荣对耻辱，喜悦对忧愁，缠绵不解对情深意长。吴地娃对越地女，野马对沙鸥。茶解渴，酒消愁，白眼斜视对青巾裹头。司马迁修史记，孔子作春

秋。商朝大臣伊尹老年耕于莘野，姜子牙初始在渭水钓鱼直钩。龙马负图出黄河，伏羲氏倚图画《易经》八卦图；神龟负书出洛水，禹王依书作《洪范九畴》治理九州。

头冠对脚履，木底鞋对狐裘衣，小院深深对清静幽幽。面壁修心对两膝着地行，晁错的智慧对张良的计谋。孤山高峻，大江东流，祭地方泽对祭天圜丘。花潭边有人唱越调，柳屿旁有人吟吴歌。莺懒燕忙迎来三月雨，蟋蟀静蝉鸣退进入凉秋。钟子期听伯牙弹琴，似与知音同在荒无人烟的寂静山林；李白酒后捉月跃入水中，诗仙不归只有洪涛拍岸江水悠悠。

鱼儿对飞鸟，鹡鸰对斑鸠，青翠馆对红朱楼。竹林七贤对孔子重视交三友，珍惜光阴对悲叹寒秋。画虎不成反类狗，蚂蚁打架误斗牛，国君对诸侯。陈叔宝不顾国难当头还在艳唱《临春乐》，隋炀帝带千名宫女自弹《清夜曲》月夜游湖。功臣画像业绩高展麒麟阁，祢衡好文章留在鹦鹉洲。旷野平原，猎人的马飞奔轻似箭；斜风细雨，牧童坐在牛背稳如舟。

探源 解意

①**缱绻**：形容男女恋情，缠绵不解。[唐]元稹《莺莺传》云：“绸缪缱绻，暂若寻常，幽会未终，惊魂已断。”**绸缪**：形容情意深长，亲密无间。[西汉]李陵《与苏武诗》云：“独有盈觞酒，与子结绸缪。”

②**吴娃、越女**：春秋时期吴国与越国的美女。亦作“吴娃越艳”、“越女吴儿”。**娃**：美女；小孩。[唐]李白《忆旧游书怀赠韦太守》诗云：“吴娃与越艳，窈窕夸铅红。”[金]元好问《后平湖曲》云：“越女颜如花，吴儿洁于玉。”

③**野马**：北方的一种良马。[汉]司马相如《上林赋》云：“被（披）豳衣（有斑纹的衣服），跨野马。”**沙鸥**：栖息于沙洲的水鸟。[唐]孟浩然《夜泊宣城界》云：“离家复水宿，相伴赖沙鸥。”

④**茶解渴**：[唐]陆羽《茶经》云：“茶性寒，最适宜修养心性、生活俭朴的人饮用。如果有发烧、口渴、郁闷、头痛、目滞、四肢躁烦、关节酸

痛等症，只要喝四五口茶，就会像饮了美酒、甘露一样爽快。”《本草·木部》云：“茗，又名苦茶，……主治瘘疮、利尿、去痰、止渴解热，使人兴奋睡眠少。”

⑤**酒消愁**：曹操有“何以解忧？惟有杜康”之名句（见《短歌行》）；陆游有“闲愁如飞雪，入酒即消融”的佳话（见《对酒》）。更妙的“酒消愁”说，是古代无名氏的《四不如酒》云：“刀不能剪心愁，锥不能解肠结，线不能穿泪珠，火不能销鬓雪；不如饮此神圣杯，万念千忧一时歇。”

⑥**白眼**：三国魏文学家、思想家阮籍，藐视礼俗，善待贤达，以白眼斜视“礼俗之士”，以青眼（黑眼珠居中直视对方）善待喜交之友。籍母丧，刺史嵇喜来吊，籍作白眼，喜不悦而归。当“竹林七贤”之首嵇康（嵇喜之弟）来祭时，阮籍大悦，以青眼相迎。（见《晋书·阮籍传》）**苍头**：用青（黑）巾裹头的士卒。秦末农民起义领袖陈胜吴广败死后，其部将吕臣在新阳组织部伍，头戴青巾，称“苍头军”。《汉书·陈胜传》云：“胜故涓人将军吕臣为苍头军，起新阳，攻陈下之，杀庄贾，复议陈为楚。”再者，《战国策·魏策》云：“今窃闻大王之卒，武力二十余万，苍头二十万。”

⑦**马迁修史记**：司马迁（公元前145—前86），字子长，西汉人。生于龙门，年轻时游历宇内，后以四十二岁之龄继承父亲司马谈为太史令，并承遗命著述。后因为汉将李陵降匈奴事进行辩护，触怒武帝下狱，受腐刑（宫刑，割掉生殖器）。后为中书令，以刑后余生完成《太史公书》（后称《史记》），上起黄帝，下讫汉武帝太初年间，共一百三十篇，五十二万余言，为纪传体之祖，亦为通史之祖。因具良史之才，所作《史记》又为正史之宗，故后世称司马迁为“史迁”。又汉书艺文志载有所著之赋八篇，今仅见《悲士不遇赋》。

⑧**孔子作春秋**：孔子（公元前551—前479），名丘，字仲尼，春秋鲁人。生有圣德，学无常师。相传曾问礼于老聃，学乐于苌弘，学琴于师襄。初仕鲁，为司寇，摄行相事，鲁国大治。后周游列国十三年，不见用，年六十八，返鲁，晚年致力整理古代经典。有弟子三千，身通六艺者七十二人，开平民教育先河，后世尊为“至圣先师”。孔子据鲁史修订的《春

秋》，是我国第一部编年体史书，其文笔曲折而意含褒贬，人称“春秋笔法”。（见《史记·孔子世家》）

⑨**莘野耕夫闲举耜**：传说商朝大臣伊尹，本为商汤妻之陪嫁奴隶，后佐汤讨伐夏桀，被尊为宰相。老年，隐耕于有莘（国名）之原野。《孟子·万章上》云：“伊尹耕于有莘之野，而乐尧舜之道焉。”

⑩**渭滨渔父晚垂钩**：指姜子牙渭水直钩钓鱼，周文王访得，封为军师，辅佐文王、武王征战，伐纣灭商。

⑪**龙马游河，羲帝因图而画卦**：相传，上古伏羲氏时，洛阳东北孟津的黄河中浮出龙马，背负“河图”，献给伏羲。伏羲以此演成八卦，后为《周易》来源。现孟津县图河故道上留有龙马负图寺。（见《尚书·顾命》）

⑫**神龟出洛，禹王取法以明畴**：相传大禹时，洛阳的洛宁县洛河中浮出神龟，背驮《洛书》献给大禹。大禹以此治水成功，遂区划天下为九州，作《洪范九畴》，制定九章大法，治理天下。（见《尚书·顾命》）

⑬**冠、履**：帽与鞋。《汉书·贾谊传》：“履虽鲜（新而华美）不加于枕（不放枕头边），冠虽敝（破旧）不以苴（垫）履。”

⑭**舄**：古代一种加木底的双层底鞋。《诗经·小雅·车攻》云：“赤芾（礼服上的蔽膝）金舄（金头鞋），会同有绎（络绎不绝）。”**裘**：皮衣。《论语·乡党》云：“羔裘玄（黑）冠不以吊。”

⑮**院小庭幽**：亦作“庭小院幽”，小巧而幽静的庭院。[唐]齐己《幽斋偶作》诗云：“幽院才容个小庭，疏篁（稀疏的竹子）低短不堪情。春来犹赖邻僧树，时引流莺送好声。”

⑯**面墙膝地**：**面墙**：本指面对墙壁而视，则一无所见。比喻不学无术。[唐]孔颖达《疏》云：“人而不学，如面向墙无所睹见，以此临事，则惟烦乱不能治理。”此处“面墙”是取“面壁”之义，指静心修养，专心学业。[宋]普济《五灯会元》记载：南北朝时期，印度名僧达摩大师来华，在嵩山少林寺面壁（墙壁）静坐九年，潜心修道。**膝地**：指两膝着地而行，表示敬重。《庄子·在宥》载：黄帝为天子时，诏令通行天下。他还去空同山向广成子请教至道的精华，以利生长五谷，养育百姓。广成子说：“你只是

一个心地狭窄的戏人，不足谈论大道。”黄帝告退，弃置朝政，筑静室，卧白茅，独居三月，再拜广成子。广成子头朝南卧着。黄帝膝地而进再求教。广成子急忙挺身而起，说：“至道的精髓，在于你要摒除一切思虑，使自己处于与自然浑而为一的境界。”[唐]黄滔《丈六金身碑》诗云：“檀信（行布施的信士）及门而膝地，童耋遍城而掌胶（合掌膜拜）。”

⑰**错智**：晁错智慧广。西汉政论家晁错，颍川（今河南禹州）人。文帝时，任太常掌故，后为太子（景帝）家令，足智多谋，深得太子信任，称其为“智囊”。景帝即位，任为御史大夫。他坚持“重本清末”政策，主张纳粟受爵，建议募民充实塞下，防御匈奴攻掠，以及逐步削夺诸侯王国的封地，这些均为景帝采纳。（见《史记·晁错传》）**良筹**：张良谋略多。汉初大臣张良，字子房，城父（今河南宝丰东）人。祖与父相继为韩国五世宰相。秦灭韩后，良交刺客在博浪沙（今河南原阳东南）狙击秦始皇未中，逃到下邳（今江苏睢宁北），遇黄石公，得《太公兵法》。后从刘邦，为重要谋士。楚汉战争中，他提出不立六国后代，联结英布、彭越，重用韩信等策略，又主张追击项羽灭楚，这些均为刘邦采纳。汉朝建立，封为留侯。（见《史记·留侯传》）

⑱**孤嶂耸**：孤立大山，高峻入云。这是宋朝陈与义《大庾岭》中“隔水丛梅疑是雪，近人孤嶂欲生云”诗句的化用。

⑲**大江流**：大江东流，势不可挡。这是诗圣杜甫《旅夜书怀》中“星垂平野阔，月涌（月随波涌）大江流”诗句的化用。

⑳**方泽、圜丘**：明朝嘉靖年间，在北京天坛内筑高台“圜丘”，亦称“圆丘”，供帝王每年冬至日祭天；在北京安定门外，掘地为贮水“方泽”，泽中筑方形坛台，故称“方泽坛”，供帝王每年夏至日祭地。《广雅·释天》云：“圆丘大坛祭天也，方泽大泽祭地也。”“圜丘方泽”，象征“天圆地方”之传说。“方泽坛”即地坛。

㉑**花潭来越唱，柳屿起吴讴**：这是唐代诗人王勃《采莲曲》中“叶屿花潭极望平，江讴（江南歌谣，指吴讴）越吹（越国的管乐之声）相思苦”诗句的化用。**越唱**：亦作“越吟”，越国之歌吟。**吴讴**：亦作“吴歌”、“吴谣”，

吴地之歌谣。战国时期，越人庄舄在楚国做官，优游富贵，但不忘故国，病中吟越歌以寄乡思。（见《史记·张仪列传》）[宋]陆游《上二府乞宫词启》云：“幽游食足，敢陈楚（楚国）些之穷；衰疾土思（思乡土），但抱越吟之苦。”[汉]王粲《登楼赋》云：“钟仪幽而楚奏兮，庄舄显而越吟。”《崇川竹枝词》中有首专写扶海洲的词：“淮南江北海西头，中有一泓扶海洲。扶海洲边是侬住，越讴不善善吴讴。”

㉒**莺懒燕忙三月雨**：这是宋朝诗人陆游《幽居》中“花过莺初懒，泥新燕正忙”诗意的化用。

㉓**蛩摧蝉退一天秋**：这是宋朝诗人陆游《闻蛩》中“蝉声未断已蛩鸣”诗意的化用。**蛩**：蟋蟀。**摧**：通“催”，催促。

㉔**钟子听琴，荒径入林山寂寂**：传说，春秋时人伯牙善于弹琴，钟子期善于听音。伯牙方鼓赞太山之音，钟子期说：“善哉乎鼓琴，巍巍乎若太山。”继而，伯牙又鼓流水之音，钟子期又说：“善哉乎鼓琴，汤汤乎若流水。”钟子期死后，伯牙破琴绝弦，终身不复鼓琴，谓“无知音也”。（见《吕氏春秋·本味》）

㉕**谪仙捉月，洪涛接岸水悠悠**：传说唐代诗人李白在当涂采石江醉酒中泛舟，俯首看到江中月影，大声呼叫：“捉住它！捉住它！”纵身跳入水中，被溺死。后人于采石矶建有“捉月台”。但宋代洪迈据唐李阳冰所作《太白草堂集序》和李华所写李白墓志纪，记述李白临终时事，认为“捉月”之说不足信。

㉖**鹡**：鹡鸰，亦作“脊令”，鸟名。人们常以“鹡鸰”比喻兄弟。《诗经·小雅·常棣》云：“脊令在原，兄弟急难。**鸠**：鸟名。传说鸠性拙，不善营巢，而居鹊所成之巢。《诗经·召南·鹊巢》云：“维鹊有巢，维鸠居之。”

㉗**翠馆红楼**：亦作“翠馆朱楼”，华丽的楼堂馆所。[明]孟称舜《娇红记》第五出：“任飘飖翠馆红楼，柳陌花街，到处曾游荡。”[宋]吴文英《花心动（柳）》：“翠馆朱楼，紫陌青门，处处燕莺晴昼。”

㉘**七贤**：三国魏末年，陈留的阮籍、谯国的嵇康、河内的山涛、河南

的向秀、阮籍之侄阮咸、琅琊的王戎、沛人刘伶相与友善，常宴集于竹林之下，饮酒弹唱取乐，时人号为“竹林七贤”。（见《世说新语·任诞》）**三友**：历代人们交友，分以人交友和以事物交友。孔子认为与人交友，要认准对自己有益和有害。他说：与正直的人、与诚实的人、与见多识广的人交友，有益处；与走邪门歪道的人、与谗媚奉迎的人、与花言巧语的人交友，有害处。（见《论语·季氏》）又以三种事物为友的很多。[唐]白居易以琴、酒、诗为三友。他在《北窗三友》诗中说：“欣然得三友，三友者为谁？琴罢辄举酒，酒罢辄吟诗。……岂独吾拙好，古人多若斯。嗜诗有渊明（陶渊明），嗜琴有启期（春秋时隐士荣启期）。嗜酒有伯伦（西晋刘伶），三人皆吾师。”清朝朱耷以梅、竹、松为三友。他在《题三友图》诗序中说：“三友，岁寒梅、竹、松也。”还有以自身与其他两种事物共为三友的。[宋]陆游《长歌行》诗云：“灶突无烟今又惯，龟蝉与我成三友。”陆游在《题庵壁》诗中又说：“身并猿鹤为三友，家托烟波作四邻。”

㉙**爱日**：珍惜时日。《大戴礼记·曾子立事》云：“君子爱日以学，及时以行。”《周书·萧圆肃传》云：“朝读百篇，乙夜难寐，爱日惜力，寸阴无弃。”**悲秋**：面对秋景而伤感。《楚辞·九辩》云：“悲哉！秋之为气也。萧瑟兮，草木摇落而变衰。”[唐]杜甫《登高》诗云：“万里悲秋常作客，百年多病独登台。”

㉚**虎类狗**：东汉伏波将军马援，重视子女教育。他给其侄儿写信说：龙伯高（东汉太守）敦厚谨慎，谦虚节俭；杜季良（东汉越骑校尉）豪侠仗义，见人都交。这二人都值得敬重。但我希望你们努力向龙伯高学习，学不成功，还可以成为谨慎谦虚的人。就是说“刻鹄（天鹅）不成，尚类鹜（鸭子）”；而不希望你们学杜季良，因为一旦学杜季良不成功，你们就成了纨绔子弟。就是说“画虎不成，反类狗”。（见《后汉书·马援传》）

㉛**蚁如牛**：东晋建武将军殷浩（荆州刺史殷仲堪之父），与权臣桓温有隙。永和九年殷浩率军北伐，战败，被桓温奏劾，废为庶人。废黜后他精神恍惚，终日手指向空中划“咄咄怪事”四字。病渐虚悸。一日，浩听到床下有蚂蚁在动，他认为是牛在互斗。（见《晋书·殷浩传》、《世说新语·纰漏》）

㉜**列辟**：君主；国君。[唐]柳宗元《柳宗直〈西汉文类〉序》云："列辟之达道，名臣之大范。"**诸侯**：古代中央政权所分的各国国君统称"诸侯"。《史记·齐太公世家》云："[周武王、姜子牙]遂至盟津。诸侯不期而会者八百诸侯。"

㉝**陈唱临春乐**：南朝陈国末代皇帝陈叔宝，字符秀，小字黄奴。在位时大建宫室，生活侈靡，日与妃嫔、文臣游宴，制作《玉树后庭花》、《临春乐》等艳词，不顾国难。后被隋兵俘虏，陈国灭亡。

㉞**隋歌清夜游**：隋炀帝弑父杀兄篡帝位，是我国历史上有名的暴君，而且奢侈荒淫。夏夜，有月趁月，无月放萤火虫照明，由几千名宫女陪同，弹奏着他自作的《清夜游曲》，载歌载舞，通宵畅游西苑。秋冬树木凋零时，就剪彩帛为花叶，挂在树枝船头充红绿，迎风招展。（见《中华帝王全传·隋炀帝艳史》）

㉟**空中事业麒麟阁**：汉宣帝为表彰霍光、赵充国、苏武等十一位西汉文武名臣的功绩，把他们的形象图画在未央宫麒麟阁内。（见《汉书·苏武传》）[唐]杜甫《投赠哥舒开府翰二十韵》云："今代麒麟阁，何人第一功？"

㊱**地下文章鹦鹉洲**：传说东汉末年，江夏（今湖北武汉）太守黄祖之长子黄射，在江夏西南江中一岛大会宾客，有人献鹦鹉，文学家祢衡作《鹦鹉赋》，抒发有才智之士生于乱世的不幸遭遇，辞气慷慨。从此，该岛名为"鹦鹉洲"。（见《后汉书·祢衡传》）

㊲**旷野平原，猎士马蹄轻似箭**：这是唐代诗人王维《观猎》中"风劲角弓鸣，将军猎渭城。草枯鹰眼疾，雪尽马蹄轻"诗意的化用。

㊳**斜风细雨，牧童牛背稳如舟**：这是宋朝诗人陆游《牧牛儿》中"童儿踏牛背，安稳如乘舟。寒雨山陂远，参差烟树晚。闻笛翁出迎，儿归牛入圈"诗意的化用。

尤韵部代表字

尤　邮　优　忧　流　旒　留　骝　刘　由　游　遊
猷　悠　攸　牛　修　脩　羞　秋　周　州　洲　舟
酬　讐　柔　俦　畴　筹　稠　邱　抽　瘳　遒　收
鸠　搜　驺　愁　休　囚　求　裘　仇　浮　谋　牟
眸　侔　矛　侯　喉　猴　讴　鸥　楼　陬　偷　头
投　钩　沟　幽　虬　樛　鞦　楸　啾　鹙　蚯　赒
踌　裯　惆　糇　揉　勾　耩　娄　琉　疣　犹　邹
兜　呦　售

题临安邸

[宋] 林　升

山外青山楼外楼，西湖歌舞几时休。
暖风熏得游人醉，直把杭州作汴州。

乐　府

乐府：

乐府是汉武帝刘彻设立的专用来搜集民间流传的诗歌的机构。把民间诗歌搜集上来后，由乐工配上乐曲，在庆典和宴会上演唱。由于乐府搜集的诗都配上了乐曲，后人就把这些诗称为乐府诗，简称乐府。唐宋以后，乐府的含义扩大了，凡能入乐的诗歌，不管是民间的还是诗人创作的，都叫乐府。对于沿用古乐府诗的题目重新写作的诗，也叫乐府。

把词称为乐府，是因为词在最初是配合乐曲演唱的，与乐府诗能唱是一样的。但不是指词来源于当年的乐府。宋代词人的词集有不少称为乐府，如苏轼的《东坡乐府》，杨万里的《诚斋乐府》等。

元人写的散曲，按曲牌填写供入乐演唱，所以当时的曲家也有的曾把自己的散曲集称作乐府。

最有代表性的乐府诗就是北朝民歌《木兰辞》和汉乐府叙事诗《孔雀东南飞》，并称乐府双璧。

另：

长律：超过八句的律诗叫长律。长律一般是五言诗。

排律：长律除尾联或首尾联以外，一律用对仗，这样的长律叫排律。

柏梁体：有一种七言古诗每句都押韵，称柏梁体。如曹丕的《燕歌行》。

十二　侵

gē duì qǔ　xiào duì yín　wǎng gǔ duì lái
歌对曲，啸对吟，往古对来
jīn　shān tóu duì shuǐmiàn　yuǎn pǔ duì yáo cén
今[1]。山头对水面，远浦对遥岑[2]。
qín sānshàng　xī cùn yīn　mào shù duì píng lín
勤三上[3]，惜寸阴[4]，茂树对平林[5]。
biàn hé sān xiàn yù　yángzhèn sì zhī jīn　qīnghuáng
卞和三献玉[6]，杨震四知金[7]。青皇
fēngnuǎn cuī fāng cǎo　bái dì chénggāo jí mù zhēn
风暖催芳草[8]，白帝城高急暮砧[9]。
xiù hǔ diāo lóng　cái zǐchuāngqián huī cǎi bǐ　miáo
绣虎雕龙，才子窗前挥彩笔[10]；描
luán cì fèng　jiā rén lián xià dù jīn zhēn
鸾刺凤，佳人帘下度金针[11]。
dēng duì tiào　shè duì lín　ruì xuě duì gān
登对眺，涉对临[12]，瑞雪对甘
lín　zhǔ huān duì mín lè　jiāo qiǎn duì yán shēn
霖[13]。主欢对民乐[14]，交浅对言深[15]。
chǐ sān zhàn　lè qī qín　gù qǔ duì zhī yīn
耻三战[16]，乐七擒[17]，顾曲对知音[18]。
dà chē xíng jiàn jiàn　sì mǎ zhòuqīn qīn　zǐ diàn
大车行槛槛[19]，驷马骤骎骎[20]。紫电

qīnghóngténg jiàn qì gāo shān liú shuǐ shí qín xīn
青虹腾剑气，[21]高山流水识琴心。[22]
qū zǐ huái jūn jí pǔ yín fēng bēi zé pàn wáng
屈子怀君，极浦吟风悲泽畔；[23]王
láng yì yǒu piānzhōu wò xuě fǎng shān yīn
郎忆友，扁舟卧雪访山阴。[24]

译文

歌对曲，喊对吟，往古对来今。山头对水面，潇湘合浦对远方山崖。欧阳修说"勤三上"，陶侃说圣人"惜寸阴"，繁茂森林对平地树林。楚人卞和三献宝玉，清官杨震不受贿，问"何谓无人知"？青帝送暖催促百花盛开，白帝城江边夕照捣石浣衣。曹植和刘勰，才子窗前挥笔之间便成好诗文；描龙绣凤，美女帘下飞针引线手巧心灵。

登高对远眺，经历对面前，瑞雪对甘霖。上欢对民乐，交情浅对言语深。鲁国三次败给齐国，诸葛亮七擒孟获，周瑜精通音律听到弹错必纠。大车行槛槛，驷马跑得快。紫电宝剑寒光闪，钟子期伯牙高山流水识琴音。屈原爱国却被流放沅湘，憔悴枯槁披发行吟怀石投江；王徽之思友戴逵，雪夜乘舟访友兴尽不进门而回。

探源　解意

①**往古来今**：亦作古往今来，从古到今。[唐]白居易《放言》云："朝真暮伪何人辨？古往今来底事（何事）无！"

②**远浦**：湖南潇水与湘江合流一带，景色迷人，有"潇湘八景"之称。"远浦归帆"是八景之一。宋朝诗人张经有一首咏《潇湘八景·远浦归帆》诗云："极浦（远浦）一帆回，招招近岸开。倚船试相问，莫是故乡

来。”**遥岑**：远处陡峭的小山崖。[唐]韩愈孟郊《城南联句》云：“遥岑出寸碧，远目增双明。”

③**勤三上**：勤学不择场合。宋朝文学家、书法家欧阳修说，他之学有成就，在于勤学。“余平生赛作文章，多在三上，乃马上、枕上、厕上也；盖惟此，尤可以属思耳。”（见欧阳修《归田录》）

④**惜寸阴**：珍惜短暂时间。《淮南子·原道》云：“圣人不贵尺之璧，而重寸之阴，时难得而易失也。”晋陶侃常对人说：“大禹圣人，乃惜寸阴，至于众人，当惜分阴。”（见《晋书·陶侃传》）

⑤**茂树**：茂密的树林。[宋]陆游《野步至村舍暮归》诗云：“新蒲漫漫藏孤艇，茂树阴阴（荫荫）失近村。”**平林**：平野上的树林。[元]徐和《平林》云：“平林山雨歇，天柱（山名）眼中明。”又指从高处远望，丛林树梢齐平。[唐]李白《菩萨蛮》词云：“平林漠漠烟如织，寒山一带伤心碧。”

⑥**卞和三献玉**：春秋时期，楚国人卞和在荆山寻得一块璞玉，献给楚厉王熊眗，厉王使玉匠检验，说是石头，以欺君之罪砍断卞和的左足。楚武王熊通即位，卞和又把璞玉献给武王，武王仍以欺君之罪砍掉卞和的右足。到楚文王熊赀继位后，卞和抱玉哭于荆山之下，文王派人问其故，卞和说：“吾非悲刖（断足）也，悲宝玉被视为石，贞士被认是诳人。”文王使工匠剖璞检验，果是一块宝玉，因此命名为“和氏璧”。（见《韩非子·和氏》）

⑦**杨震四知金**：东汉太尉杨震，字伯起，今陕西华阴人。他博学通经，时称“关西孔子杨伯起”。他为官清廉，憎恶贪侈骄横。昌邑令王密，夜间怀金十斤给杨震送礼，杨震说：“故人（杨震自称）知君（指王密），君不知故人，何也？”王密说：“暮夜无知者。”杨震说：“天知，神知，我知，子（你）知，何谓无知者？”王密羞愧地抱金回去了。（见《后汉书·杨震传》）

⑧**青皇风暖催芳草**：这是诗圣杜甫《绝句》中“迟日（春日）江山丽，春风花草香”诗意的化用。**青皇**：“青帝”，东方之神，又称“司春之神”，指春天。

⑨白帝城高急暮砧：这是引自诗圣杜甫《秋兴八首》中“寒衣处处催刀尺，白帝城高急暮砧”的诗句原文。白帝城在今四川省奉节县东白帝山。城居高山，形势险要。三国时蜀汉以此为防吴重地。刘备伐吴，为陆逊所败，退居此城，后卒于城西永安宫。

⑩绣虎雕龙，才子窗前挥彩笔：三国魏文帝曹丕，嫉妒弟弟曹植的文才，欲加害之，逼弟于七步之内作诗一首。曹植应声道：“煮豆燃豆萁，豆在釜中泣。本是同根生，相煎何太急？”竟成诗章。《玉箱杂记》云：“曹植七步成章，号‘绣虎’。比喻才思敏捷。**驺奭**“采驺衍之术（善辩）以纪文（写文章）”，文辞极美，人称“雕龙奭”。[汉]刘向《别录》云：“驺奭修衍之文，饰若雕镂龙文，故曰‘雕龙’。”比喻善于文辞。因刘勰著《文心雕龙》，后人说“雕龙”必联刘勰。

⑪描鸾刺凤，佳人帘下度金针：美女巧针刺绣。[明]陆采《明珠记·由房》云：“作赋吟诗，人人尽说蔡文姬的再世；描鸾刺凤，个个皆称薛夜来（三国魏文帝曹丕的宠姬，巧于针工，夜绣不用灯烛之光，缝制立成）的神针。”[金]元好问《论诗绝句》云：“鸳鸯绣了从教看，莫把金针度与人。”

⑫涉：面临；经历。[唐]白居易《与元微之书》诗云：“仆自到九江，已涉三年。”**临**：面对；遇到。《诗经·小雅·小旻》云：“战战兢兢，如临深渊。”

⑬瑞雪：人们认为，初春的雪预兆丰年，故称“瑞雪”。[南朝陈]张正见《玄都观春雪》诗云：“同云遥映岭，瑞雪近浮空。”**甘霖**：及时雨。[元]方回《次韵金汉臣喜雨》诗云：“甘霖三尺透，病体十分轻。”亦作甘雨。《尔雅·释天》云：“甘雨时（及时）降，万物以嘉。”

⑭主欢：[唐]李白《送窦司马贬宜春》诗云：“天马白银鞍，亲承明主欢。斗鸡金宫里，射雁碧云端。”**民乐**：亦作“民悦”。[元]蒲道源《木兰花慢·寿王国宾总管》词云：“胸襟理胜自超然。虽老未华颠。念厚禄崇资，真成大耐，何计荣迁。心期岁丰民乐，更公庭、无讼酒如川。唤取梅花为寿，看他老桧千年。”《孟子·梁惠王下》云：“孟子对曰：‘取之而燕民悦，则取之。’”

⑮**交浅、言深**：交情虽浅，言谈却是心里话。对此，世人有不同看法。《后汉书·崔骃传》云："骃闻，交浅而言深者，愚也。"[宋]苏轼《上神宗皇帝书》云："交浅言深，君子所戒。"《战国策·赵策》云："交浅而言深，是忠也。"

⑯**耻三战**：春秋时期，鲁国大将曹沫（曹刿）以勇武事鲁庄公。齐侵鲁，鲁三战三北（败北）。鲁以献遂邑之地向齐求和，齐桓公遂与鲁庄公立盟约于柯（今山东莱芜东北）。盟会间，庄公侍从曹沫执匕首劫桓公于坛上，对桓公说："齐强鲁弱，大国侵鲁，亦已甚矣。"桓公连连答应尽还侵鲁之地。（见《史记·刺客列传》）[汉]李陵《答苏武书》云："昔范蠡不殉会稽之耻，曹沫不死三败之辱，卒复勾践之仇，报鲁国之羞。"

⑰**乐七擒**：三国蜀相诸葛亮为安定后方，举兵征南夷，七次生擒南方酋长孟获，七次释放。孟获心悦诚服地说："公（诸葛亮），天威也，南人不复反矣。"（见《三国志·蜀·诸葛亮传》）

⑱**顾曲**：三国吴都督周瑜，字公瑾，少年时即精意于音乐，虽酒过三杯，听到别人奏曲有误，必能辨知，知之必顾，时人谣曰："曲有误，周郎顾。"（见《三国志·吴·周瑜传》）后遂以"顾曲"为欣赏音乐、戏曲之典。**知音**：传说，春秋时人伯牙善于弹琴，钟子期善于听音。伯牙方鼓赞太山之琴，钟子期说："善哉乎鼓琴，巍巍乎若太山。"继而，伯牙又鼓流水之音，钟子期又说："善哉乎鼓琴，汤汤乎若流水。"钟子期死后，伯牙觉无知音，破琴绝弦，终身不复鼓琴。（见《吕氏春秋·本味》）

⑲**大车行槛槛**：本句出自《诗经·王风·大车》中"大车槛槛（车行声）"诗句。

⑳**驷马骤骎骎**：本句出自《诗经·小雅·四牡》中"驾彼四骆（四匹公马），载骤骎骎（马奔驰状）"诗句。

㉑**紫电青虹腾剑气**：**紫电**：宝剑名。**青虹**：宝剑闪亮如虹。[唐]王勃《滕王阁序》云："紫电青霜（剑刃锋利，青莹若霜雪），王将军之武库。"

㉒**高山流水识琴心**：指钟子期善辨伯牙琴音。（参见本韵注⑱）

㉓**屈子怀君，极浦吟风悲泽畔**：战国末期，楚国贵族、伟大诗人屈

原，名平，字原。学识渊博。初辅佐怀王，任左徒、三闾大夫。他主张彰明法度，举贤授能，东联齐国，西抗强秦，深得怀王信任。后楚怀王听信贵族子兰、靳尚等人的谗言而去职。屈原怨恨怀王耳不聪，目不明，听信谗谄、邪曲，不容刚正不阿，因而“忧愁幽思而作《离骚》”。顷襄王时又被放逐，长期流浪于沅湘流域。他的政治主张不被采纳，自感自己无力挽救楚国的危亡，楚都郢城被秦军攻破后，屈原“至于江滨，被（披）发行吟泽畔；颜色憔悴，形容枯槁”，怀石沉汨罗江而死。（见《史记·屈原贾生列传》）

㉔**王郎忆友，扁舟卧雪访山阴**：晋代书法家王羲之之子王徽之，字子猷，性格豪爽洒脱，放荡不羁。官至黄门侍郎。居山阴时，忽然想念故友戴逵（字安道）。当时戴逵居于剡地（今浙江嵊县西），便乘小舟雪夜造访，一夜方至，舍舟登陆。至戴之门而不入，竟乘舟而返。人问其故，王曰：“吾本乘兴而来，兴尽而返，何必见安道？”（见《世说新语·任诞》）

侵韵部代表字

侵　今　襟　金　音　岑　簪　阴　壬　任　歆　森
禁　骎　祲　嵚　参　琛　寻　浔　临　林　霖　针
箴　斟　沉　砧　深　淫　心　琴　禽　擒　钦　衾
吟　涔

宿新市徐公店

[宋]杨万里

篱落疏疏一径深，树头新绿未成阴。
儿童急走追黄蝶，飞入菜花无处寻。

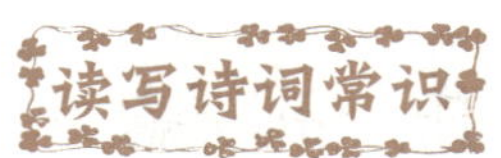

炼　句

炼句是诗人们很讲究的修辞问题，把一个句子炼好了，全诗生辉。

炼句，实际就是炼句中的重要字，这个重要字就是谓语的中心词（称“谓词”）。把这个中心词炼好了，那么就达到“一字千金”，诗句就变得生动、形象、极妙了。诗人贾岛请教韩愈“鸟宿池边树，僧敲月下门”中的“敲”，用“推”还是用“敲”呢？韩愈说用“敲”，这个“敲”字便是谓语中心词。在夜深人静中，噔噔的敲门声比咿呀的推门声好听、文雅、生动多了。这个“推敲”故事就是“炼句”。

谓语中心词，常常由动词充当。炼字往往就是炼动词。下面举例说明。

毛主席的《菩萨蛮·黄鹤楼》第三四两句：“烟雨莽苍苍，龟蛇锁大江”，“锁”是炼字。把长江两岸的龟山蛇山的重要位置显示出来了，而且非常形象。

毛主席的《沁园春·雪》第八九两句：“山舞银蛇，原驰蜡象”，“舞”和“驰”是炼字。用银蛇形容雪后的山，蜡象形容雪后的高原，这都是静态的，用上“舞”和“驰”，山和高原都动起来了，十分壮观的大好河山在盼着“风流人物”的到来。

形容词和名词，当被用来作动词的时候，也往往是炼字。

王维的《观猎》第三四两句：“草枯鹰眼疾，雪尽马蹄轻”，其中“枯、疾、尽、轻”都是谓语。“枯、尽”是平常谓语，而“疾、轻”是炼字。草枯以后，鹰的眼睛看得更清楚了，诗人不用“清楚”，用比“快”还快的“疾”；雪尽后，马蹄走得更快了，诗人不用“快”，而用“轻”，“轻”比“快”要更形象。

炼句是修辞问题，也有语法问题。如二者得兼，炼句便会得心应手。

十三 覃

宫对阙①，座对龛②，水北对天南。蜃楼对蚁郡③，伟论对高谈④。遴杞梓⑤，树楩楠⑥，得一对函三⑦。八宝珊瑚枕⑧，双珠玳瑁簪⑨。萧王待士心惟赤⑩，卢相欺君面独蓝⑪。贾岛诗狂，手拟敲门行处想⑫；张颠草圣，头能濡墨写时酣⑬。

闻对见，解对谙⑭，三橘对双柑⑮。黄童对白叟⑯，静女对奇男⑰。秋七七⑱，径三三⑲，海色对山岚⑳。鸾声何哕哕㉑，虎视正眈眈㉒。仪封

jiāng lì zhī ní fù hán gǔ guān rén shí lǎo dān
疆吏知尼父[23]，函谷关人识老聃[24]。
jiāng xiàng guī chí zhǐ shuǐ zì méng zhēn shì zhǐ wú
江相归池，止水自盟真是止[25]；吴
gōng zuò zǎi tān quán suī yǐn yì hé tān
公作宰，贪泉虽饮亦何贪[26]？

译文

金殿对宫阙，神座对佛龛，水北对天南。海市蜃楼对南柯蚁郡，阔论对高谈。杞梓木，楩楠树，“老子本义”得一对函三。八宝珊瑚枕，双珠玳瑁簪。萧王刘秀对待投降之人心地诚善，蓝面鬼卢子良心狠专权陷害忠良。贾岛诗狂，手作“推敲”边走边想；张旭草圣，醉后以头沾墨癫狂大叫草书酣畅。

听到对看见，了解对熟悉，陆绩怀三橘对春游带双柑。黄毛儿童对白发老人，娴静之女对出众奇男。道士秋七七，隐士径三三，海景对山岚。铃声如莺鸣，虎视正眈眈。鲁哀公悼念孔子称尼父，函谷关令尹喜随老子出关。宋朝江万里罢官回乡凿止水，元军破城他身投止水决不投敌；晋朝宰相吴隐之，饮“贪泉”水仍不贪永葆清廉。

探源 解意

①**宫、阙**：古时帝王所居宫门前立双阙，故称宫殿为宫阙。《史记·高祖纪》云：“萧（萧何）丞相营作未央宫，立东阙、北阙……高祖还，见宫阙壮甚。”

②**座、龛**：供奉神佛或祖先牌位的石室或柜子。[唐]杜甫《石龛》诗云：“驱车石龛下，仲冬见虹霓。”[宋]陆游《禹迹寺南有沈氏小园》诗云：“年来妄念消除尽，回向神龛一炷香。”

③**蜃楼**：大气中由于光的折射作用而形成的一种自然现象，谓之“蜃气”。光经过不同密度的空气层，发生显著折射或全反射时，把远处景物显示在空中或地面的奇异幻景，此为“海市蜃楼”。常发生在海边和沙漠地区。[宋]沈括《梦溪笔谈·异事》云：“登州海中，时有云气如宫室、台观、城堞、人物、车马、冠盖，历历可见，谓之“海市”。”古人认为它是由海里一种叫“蜃”（蛤蜊）的贝类动物吐气而成的。《本草纲目·鳞部》云：“[蜃]能吁（吐）气成楼台城廓之状，将雨即见，名蜃楼，亦曰海市。”**蚁郡**：传说，古时有个叫淳于棼的人，做梦到了槐安国，娶了公主，当了南柯太守，荣华富贵。后率师出征战败，公主也死了，遭到国王疑忌，被遣归里。忽然梦醒，在庭前槐树下寻得一个蚁穴，即梦中的槐安国都。南柯郡乃是槐树南枝下另一蚁穴。故事比喻富贵得失无常。（见[唐]李公佐《南柯梦》）

④**伟论、高谈**：亦作“高谈阔论”。大声发表宏论；亦指空谈不实。[金]董解元《西厢》云：“高谈阔论晓今古，一个是一方长老，一个是一代名儒，俗谈没半句。”

⑤**遴杞梓**：**遴**：选拔。杞梓本是两种优质木材。后以“杞梓”比喻人才优秀。《左传·襄公二十六年》云：“晋卿不如楚，其（指楚国）大夫则贤，皆卿材也。如杞梓、皮革，自楚往也。虽楚有材，晋实用之。”

⑥**树楩楠**：**楩楠**：两种优质木材。《战国策·宋》云：“荆有长松文梓，楩楠豫章。”

⑦**得一、函三**：这是《汉书·律历志》中“太极元气，函三为一”文意的化用。**得一**：是纯正之意。**函三**：是包含一切之意。一为数之始，又为物之极。一可包含所有，能容纳万物。《老子·本义》云：“昔之得一者，天得一以清，地得一以宁，人得一以贞……侯王得一天下为正。”

⑧**八宝珊瑚枕**：饰有珍宝的珊瑚枕头。[唐]李绅《长门怨》云：“珊瑚枕上千行泪，不是思君是恨君。”

⑨**双珠玳瑁簪**：饰有双珠的玳瑁发簪。[南朝宋]鲍照《拟行路难》云：“还君金钗玳瑁簪，不忍见之益愁思。”

⑩**萧王待士心惟赤**：更始二年刘玄封刘秀为萧王到河北治乱，刘秀对

来臣服（投降）之人，皆以赤诚之心相待，降者相语说："萧王推赤心置人腹中，安得不投死乎!"（见《后汉书·光武纪》）

⑪**卢相欺君面独蓝**：唐代大臣卢杞，字子良，今河南滑县西南人。其貌丑泛蓝且心险，人称"蓝面鬼"。德宗时为相，专权自恣，陷害忠良。藩镇叛乱时，以筹军资为名，征收杂税，聚敛财货，怨声满天下。朔方节度使李怀光上疏斥其罪恶，卢被贬职，死于沣州。（见新旧《唐书·奸臣传》）

⑫**贾岛诗狂，手拟敲门行处想**：唐代诗人贾岛进京参加科举考试，在驴背上想出两句诗："鸟宿池边树，僧敲月下门。"起初想用"推"字，又觉"敲"字较好，并聚精会神地不断作"推"和"敲"的手势斟酌，拿不定主意。到京后，请教京兆尹韩愈，韩愈说："作'敲'字佳矣。"后人们以"推敲"作为斟酌研究问题的代称。（见《刘公嘉话》）

⑬**张颠草圣，头能濡墨写时酣**：唐代著名书法家张旭，字伯高，今江苏苏州人。他草书最为知名，人称"草圣"。他与李白歌诗、裴旻剑舞，时称"三绝"。相传他常在大醉后呼喊狂走，挥洒落笔，甚至以头濡墨而书，故人称"张颠（颠，指'头'）"。

⑭**解**：理解；懂得。《庄子·天地》云："大惑者终身不解。"**谙**：熟悉；了解。[唐]王建《新嫁娘》云："未谙姑食性，先遣小姑尝。"

⑮**三橘**：三国吴郁林太守陆绩，通天文、历算。六岁时到袁术家做客，袁术给他吃橘子，绩偷装三枚于怀中。拜别时，橘子掉落地上，袁术说："你来做客，还偷装橘子？"陆绩下跪说："我想拿回去给母亲吃。"袁术听了，更加器重陆绩。后以"怀橘"为孝亲之典。（见《三国志·吴书·陆绩传》）**双柑**："双柑斗酒"略语，两只蜜柑一斗酒，是春游时所备之饮食。[唐]冯贽《俗耳针砭诗肠鼓吹》云："戴颙春携双柑斗酒，人问何之（去哪里）？戴曰：'往听黄鹂声，此俗耳针砭，诗肠鼓吹，汝（你）知之乎？'"

⑯**黄童、白叟**：黄毛儿童和白发老人。[唐]韩愈《元和圣德》云："卿士庶人，黄童白叟，踊跃欢呀，失喜噎呕（喉塞作呕）。"

⑰**静女**：闲雅之女。[唐]孟郊《静女吟》诗云："艳女皆妒色，静女独检踪。"**奇男**："奇士"，才能出众的男子。[清]陈端生《再生缘》云：

“奇男侠女心相爱，海誓山盟义并深。”《史记·陈丞相世家》云：“项王不能信人，其所任爱，非诸项即妻之昆弟，虽有奇士，不能用。”

⑱**秋七七**：唐代道士殷文祥，又名道荃，自称“七七”。传说，他在浙西鹤林寺，秋日能使杜鹃花开。[宋]苏轼《后十余日复至[吉祥寺]》诗云：“安得道人殷七七，不论时节把花开。”（见《云笈七笺·续仙传》）

⑲**径三三**：西汉末，王莽专权，兖州刺史蒋诩告病辞官，隐居乡里，在院中辟三径（小路），不与世交，唯与求仲、羊仲二人来往。（见[晋]赵岐《三辅决策·逃名》）后常用“三径”比喻家园。[晋]陶渊明《归去来兮辞》云：“三径就荒，松竹犹存。”

⑳**海色**：海上的景色。[唐]祖咏《江南旅情》诗云：“海色晴看雨，江声夜听潮。”**山岚**：山林中的雾气。[唐]顾非熊《陈情上郑主司》诗云：“茅屋山岚入，柴门海浪连。”

㉑**鸾声何哕哕**：铃声如鸾鸣。这是唐代诗人王维《送李睢阳》中“鸾声哕哕鲁侯旗”诗句的化用。

㉒**虎视正眈眈**：如虎之雄视。这是《周易·颐卦》中“虎视眈眈，其欲逐逐”诗意的化用。

㉓**仪封疆吏知尼父**：**仪**：此指孔子葬礼仪式。**封疆吏**：特指鲁哀公。**尼父**：对孔子的尊称。孔子于鲁哀公十六年四月去世，享年七十三岁。鲁哀公致悼词说：“上天不保佑这位国老，以让他保护我久居君位，我悲伤欲绝。呜呼哀哉，尼父啊尼父!”(见《史记·孔子世家》)

㉔**函谷关人识老聃**：春秋时期，思想家老子欲出函谷关隐居，函谷关令尹喜说：“子将隐矣，强为我著书。”老子遂著书上下篇，言道德之意五千言，此即《道德经》。最后，尹喜也随老子出关西去。（见《史记·老子列传》）

㉕**江相归池，止水自盟真是止**：宋朝江万里，字子远，江西都昌人。度宗时任相。性刚直，敢斥弊政。罢相后还乡。元军攻占襄樊，他于芝山凿池开圃，建亭曰“止水”，人问其意，他说：“大势不可支，余虽不在位，当与国为存亡。”及饶州（上饶）城破，万里乃投止水而死。（见《宋史·江万里

传》）

㉖**吴公作宰，贪泉虽饮亦何贪**：晋朝吴隐之，性廉洁。桓玄欲革岭南之弊，任吴隐之为广州刺史。离广州二十里的石门有泉水，人称“贪泉”，传说饮此泉水者其心无厌（贪得无厌）。隐之便到泉上，酌而饮之，终不改清廉本色。并作《贪泉歌》云：“石门有贪泉，一歃（用嘴吸取）重千金；试使夷齐（伯夷叔齐）饮，终当不易心。”（见《晋书·吴隐之传》）

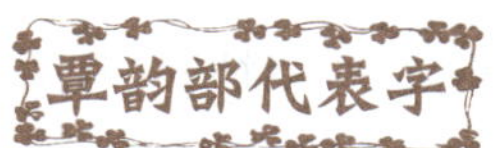

覃　潭　参　骖　南　枏　男　谙　庵　含　涵　函
岚　蚕　探　贪　耽　龛　堪　谈　甘　三　酣　柑
惭　蓝　担　簪

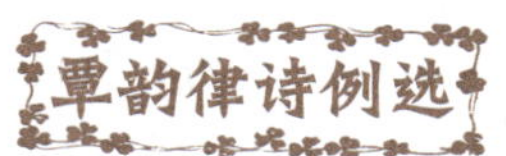

寓　言

[唐] 杜　牧

暖风迟日柳初含，顾影看身又自惭。
何事明朝独惆怅，杏花时节在江南。

对 联

对联：

雅称楹联，俗称对子。基本定义是：由上下两句词语对偶对仗，声调对立，意义相联的文字组成而又可以独立使用的一种精致的文体。对联只有两句，可以说是一种特殊形式的律诗。对联种类很多，有春联、喜联、寿联、挽联、庆典联、楼阁联、古刹联、文史联等等。

对联始创于五代后蜀，后蜀主孟昶在桃符板上写“新年纳余庆？嘉节号长春”，这是我国的第一副春联。宋朝是对联的初步发展阶段。从明代开始，朱元璋提倡以红纸代替桃板，家家岁末贴红纸对联，从此，年年写“春联”贴春联得以普及和流传。从清代一直到今，创作对联渗透到各家各业，成为对联这种文体发展的鼎盛时期。现在，楹联习俗也光荣成为我国的非物质文化遗产。

写对联要掌握以下几个要点：

1. 字句对等。上下联的字数句数相同，如果是多分句联，分句的字数句数也必须对等。

2. 词性对品。即上下联句里处于相同位置的词，词的属性是相同的，即：实词中的名词对名词，动词对动词，形容词对形容词，代词对代词，量词对量词，虚词中介词对介词，连词对连词，象声词对象声词等等。

3. 结构对应。即上下联句中的句式结构或词语结构是一致的，不管句中是偏正结构、联合结构、主谓结构、动宾结构、动补结构，一定是对应的。

4. 节奏对拍。即上下联句的语句节奏保持一致，对于节奏点要具体情况具体分析，常见语意的自然停顿处为节奏点，读时语流顺畅，节奏明快。

5. 平仄对立。即本句中相临音节点平仄交替；上下句对应音节点平仄对立；多分句联中分句尾字的平仄声调作有规律的对换。

6. 形对意联。即服务一个中心，上下联所表达的意思有关联。

写对联需重视：

1. 不能有重复字出现。

2. 上联尾字多为仄声，下联尾字应为平声。

3. 对仗是对联艺术的精髓，在出句和对句的相同位置上，一定要有对仗句出现。

4. 贴对联面对门右手方为上联，面左手方为下联。横批自左起。

《声律启蒙》和《笠翁对韵》是各种类型“对子”的集大成，读者可以联系诗律、联律细心对比分析学习，并可模仿练习。

十四 盐

kuān duì měng lěng duì yán qīng zhí duì zūn
宽对猛①，冷对炎，清直对尊

yán yún tóu duì yǔ jiǎo hè fà duì lóng rán
严②。云头对雨脚③，鹤发对龙髯④。

fēng tái jiàn sù táng lián bǎo tài duì míng qiān
风台谏⑤，肃堂廉⑥，保泰对鸣谦⑦。

wǔ hú guī fàn lǐ sān jìng yǐn táo qián yí jiàn
五湖归范蠡⑧，三径隐陶潜⑨。一剑

chéng gōng kān pèi yìn bǎi qián mǎn guà biàn chuí lián
成功堪佩印⑩，百钱满卦便垂帘⑪。

zhuó jiǔ tíng bēi róng wǒ bàn hān chóu jì yǐn hǎo
浊酒停杯，容我半酣愁际饮⑫；好

huā bàng zuò kàn tā wēi xiào wù shí niān
花傍座，看他微笑悟时拈⑬。

lián duì duàn jiǎn duì tiān dàn bó duì ān
连对断，减对添，淡泊对安

tián huí tóu duì jí mù shuǐ dǐ duì shān jiān
恬⑭。回头对极目⑮，水底对山尖⑯。

yāo niǎo niǎo shǒu xiān xiān fèng bǔ duì luán zhān
腰袅袅⑰，手纤纤⑱，凤卜对鸾占⑲。

kāi tián duō zhòng sù zhǔ hǎi jìn chéng yán jū tóng
开田多种粟⑳，煮海尽成盐㉑。居同

jiǔ shì zhānggōng yì ēn jǐ qiān rén fàn zhòng yān

九世张公艺[22]，恩给千人范仲淹[23]。

xiāonòng fèng lái qín nǚ yǒu yuán néng kuà yǔ dǐng

箫弄凤来，秦女有缘能跨羽[24]；鼎

chéng lóng qù xuānchén wú jì dé pān rán

成龙去，轩臣无计得攀髯[25]。

rén duì jǐ ài duì xián jǔ zhǐ duì guān

人对己，爱对嫌，举止对观

zhān sì zhī duì sān yǔ yì zhèng duì cí yán

瞻[26]。四知对三语[27]，义正对辞严[28]。

qín xuě àn kè fēng yán lòu jiàn duì shū jiān

勤雪案[29]，课风檐[30]，漏箭对书笺[31]。

wén fán guī tǎ jì tǐ yàn bié xiānglián zuó yè

文繁归獭祭[32]，体艳别香奁[33]。昨夜

tí shī gēng yí zì zǎo chūn lái yàn juǎn chóng lián

题诗更一字[34]，早春来燕卷重帘[35]。

shī yǐ shǐ míng chóu lǐ bēi gē huái dù fǔ bǐ

诗以史名，愁里悲歌怀杜甫[36]；笔

jīng rén suǒ mèng zhōng xiǎn huì lǎo jiāng yān

经人索，梦中显晦老江淹[37]。

宽容对严厉，寒冷对炎热，清正对尊严。云端对雨脚，银发对龙须。谏官规劝，众官肃听，保国安泰对勉励诚谦。范蠡功成隐五湖，三径垦荒陶渊

明。苏秦负剑游说六国合纵抗秦，严遵算卦收得百钱闭店关门。杜甫无钱喝酒，只求一杯浊酒醉卧解忧愁；释迦牟尼拈花讲法，只有摩诃迦叶面露微笑心领神悟。

连接对中断，减少对加添，淡泊对安闲。回头看对极目望，水底对山尖。腰肢细，手嫩软，凤女对鸾男。开田多种稻，海水煮成盐。九代同堂张公艺，恩惠千家范仲淹。玉箫声声引凤来，萧史弄玉有缘跨凤升天；黄帝铸鼎成功乘龙去，小臣拽根龙须想飞天却枉然。

人对己，爱对嫌，举止对观看。“四知”就是知，佛道“差不多”，义正对辞严。严寒冬雪勤功课，场屋不蔽风雨照样学，光阴似箭对书海文山。文人列典堆鳞如同“獭祭鱼”，唐人韩偓留下香奁体诗《香奁集》。郑谷秒改诗句堪称“一字师”，早春燕子飞来卷起重帘。杜甫关心百姓疾苦忧愁悲歌，读杜诗如读历史后人怀念；南朝江淹诗文曾名扬天下，笔被索走从此“江郎才尽”佳句断。

探源 解意

①**宽猛**：既宽容又严厉。春秋郑国大夫子产，主张以宽容与严厉并用政策治理国家，该宽时宽，该严时严。《左传·昭公二十年》云：“郑子产有疾（病重），谓子大叔（游吉）曰：‘我死，子必为政。唯有德者能以宽（宽容）服民，其次莫如猛（严厉）。’”

②**清直**：清廉而正直。[唐]白居易《故巩县令白府君事状》云：“自鹿邑至巩县，皆以清直静理闻于一时。”《韩非子·奸劫弑臣》云：“我不以清廉方正（正直）奉法，乃以贪污之心，枉法以取私利，是犹（这就如同）上高陵之巅，堕峻谷之下而求生，必不几矣。”**尊严**：庄重而有威严。《荀子·致士》云：“尊严而惮，可以为师。”

③**云头**：云端；高空。[元]无名氏《马陵道》曲云：“庞涓也，则教你有翼翅飞不上云头，有指爪劈不开地面。”[晋]陶渊明《四时》云：“春水满四泽，夏云多奇峰。”**雨脚**：雨落在地上。[唐]杜甫《茅屋为秋风所破

歌》云："床头屋漏无干处，雨脚如麻未断绝。"

④**鹤发**：鹤羽白，比喻老人之白发。[北周]庾信《竹杖赋》云："及命引进，乃曰：'噫，子老矣！鹤发鸡皮，蓬头历齿。'"**龙髯**：龙的胡须。传说黄帝铸鼎于荆山下，鼎成，有龙下迎帝升天，群臣后宫从帝登龙身者七十余人，余小臣不得上龙身，乃持龙髯，髯断落地，并堕黄帝之弓。百姓抱弓视龙髯而哭。后以"龙髯"为悼念皇帝去世之典。（见《史记·封禅书》）

⑤**风台谏**：御史尽责于纠劾官邪。**风**：通"讽"，训教。**台谏**：官名。唐宋时，台指御史官，专主纠劾官邪；谏指谏议官，掌对侍从规谏。明代，给事中兼前代谏议之职，因此通称御史为"台谏"，给事中称"给谏"。（见《历代职官表·都察院》）

⑥**肃堂廉**：众卿肃立在殿堂之侧。堂廉，亦作"堂隅"，堂基的四周称"堂廉"。《礼记·丧大记》云："卿大夫即位于堂廉楹（厅堂的前柱）西。"[宋]王安石《和平甫舟中望九华山》云："毅然如九宫，罗立在堂廉。"

⑦**保泰**：**泰**：《周易》六十四卦之第十一卦。**保泰**：保守安定兴盛的局面。圣明君王要勤政爱民，指导百姓顺应寒暑知变化，利用天时地利，夺取五谷丰登，保佑万众富庶安康。**谦**：《周易》六十四卦之第十五卦。**鸣谦**：勉励君子要永远保持谦虚的名声。"鸣谦者，谓声名也。处正得中（中心纯正），行谦广远，故曰鸣谦。"

⑧**五湖归范蠡**：春秋越国大夫范蠡，字少伯，楚国宛人。越国败于吴国后，蠡寻得美女西施献给吴王夫差求和。随后，蠡辅佐越王勾践卧薪尝胆，刻苦图强，终灭吴国，西施归范蠡。蠡知"勾践为人可与同患难，不能共安乐"，遂携西施云游五湖。入齐，更名"鸱夷子皮"。入陶，改名"陶朱公"，经商致富。（见《史记·货殖列传》）

⑨**三径隐陶潜**：东晋陶潜，又名陶渊明，他不为五斗米而折腰，辞去彭泽令归隐故里。"瞻衡宇（看到简陋的旧居），载欣载奔（高兴地趋近）。僮仆欢迎，稚子候门。三径就荒，松竹犹存。"（见陶渊明《归去来兮辞》）

⑩**一剑成功堪佩印**：战国时期，洛阳人苏秦说服赵、楚、齐、魏、

韩、燕六国“合纵”抗秦，六国君王于洹水歃血结盟，“封苏秦为‘纵约长’，兼佩六国相印、金牌宝剑，总辖六国臣民。”（见《东周列国志九十回》）

⑪**百钱满卦便垂帘**：汉代蜀郡人严遵，字君平。是成都摆摊算命先生。凡一天收得百钱，就觉得足以自养糊口了，便闭店垂帘读老子。扬雄少时曾跟严遵受教，称为“逸民”。一生不做官，终年九十余岁。（见《汉书·王吉传·序》）

⑫**浊酒停杯，容我半酣愁际饮**：**浊酒**：用糯米、黄米等酿制的酒，比较混浊。**半酣**：酒兴浓厚半醉之时。诗圣杜甫本爱饮酒，但因家境困难和多病，想喝又很少喝。他在《九日》诗中说：“重阳独酌杯中酒，抱病起登江上台。竹叶（酒名）与人（指自己）既无分，菊花（酒名）从此不须开（不喝了）。”他在《登高》一诗中还说：“艰难苦恨繁霜鬓，潦倒新停浊酒杯。”

⑬**好花傍座，看他微笑悟时拈**：传说，释迦牟尼在灵山会上讲法时，手拈鲜花示众，然众人皆面无表情，不解禅意，只有摩诃迦叶面露微笑，释迦牟尼世尊遂将心法传于迦叶。（见《五灯会元卷1·释迦牟尼佛》）后世以“拈花微笑”比喻会心悟理。

⑭**淡泊**：恬淡，不求名利。[三国]诸葛亮《诫子书》云：“非淡泊无以明志，非宁静无以致远。”《抱朴子·广譬》云：“短唱不足以致弘丽之和，势利不足移（动摇）淡泊之心。”**安恬**：安静，安逸恬适。[明]张居正《答楚按院雷信庵》云：“楚民咸（全）获安恬之利，公之造福于楚人，所宜世世而俎豆（祭祀礼品）之者也。”

⑮**回头**：亦作回首。[唐]元稹《离思》诗云：“取次花丛懒回头，半缘修道半缘君。”[宋]辛弃疾《青玉案·元夕》词云：“众里寻他千百度，蓦然回首，那人却在灯火阑珊处。”**极目**：尽目力所及远望。[三国魏]王粲《登楼赋》云：“平原远而极目兮，蔽荆山之高岑。”

⑯**水底山尖**：**水底**：水的至深处，又称“水府”，传说是水神和龙王的处所。**山尖**：山巅。[明]王守仁《传习录》云：“若要去葭（初生芦苇）灰黍粒中求元声，却如水底捞月。”[唐]姚合《庄居野行》诗云：“采玉上山

巅，探珠（探骊得珠）入水底。”

⑰**腰袅袅**：细腰扭动。[唐]李贺《恼公》诗云：“陂陀梳碧凤，腰袅带金虫。”

⑱**手纤纤**：细手柔美。《古诗十九首》诗云：“娥娥红粉妆，纤纤出素手。”

⑲**凤卜、鸾占**：人们视鸾凤为吉祥鸟，常把占卜佳偶称作“凤卜”、“鸾占”。《左传·庄公二十二年》云：“初，懿氏卜妻（嫁女给）敬仲。其妻卜之，曰：吉。是谓‘凤凰于飞，和鸣锵锵’。”后世称占卜佳偶为“凤卜”。

⑳**开田多种粟**：开农田多种粮。这是宋朝诗人黄庭坚《次韵师厚病间十首》中“开田种白玉，饱牛事耕犁”和宋朝诗人孔武仲《种粟行》中“大儿肩锄出茅屋，小儿倾盘糁新粟”诗句的化用。

㉑**煮海尽成盐**：煮海水以为盐。西汉初，藩镇割据，诸侯王国占据着广大地区，跨州连郡，据山铸钱，煮海成盐，富甲天下，骄奢抗上。汉景帝采纳晁错的建议，采取削藩措施。吴王刘濞以“请诛晁错，以清君侧”为名，背叛中央，发动吴楚七国之乱。大将周亚夫奉命平定了叛乱。（见《汉书·晁错传》）

㉒**居同九世张公艺**：唐郓州寿张人张公艺，九代同居。麟德年间，唐高宗祭祀泰山，路过郓州，去公艺家访，问何以能九代同居。张公艺请纸笔，在纸上连写百余“忍”字。意为举家和睦忍让。（见《旧唐书·张公艺传》）

㉓**恩给千人范仲淹**：北宋政治家、文学家范仲淹，字希文，今江苏苏州人。大中祥符进士。少时贫困好学，当官后以敢言出名。主张建立严密的任官制度，注重农桑，整顿武备，推行法制，减轻徭役。他在苏州城郊购田千亩，给乡里施义粜以养宗亲。他在《岳阳楼记》一文中提出“先天下之忧而忧，后天下之乐而乐”，传诵古今。（见《宋史·范仲淹传》）

㉔**箫弄凤来，秦女有缘能跨羽**：萧史弄玉在凤台吹箫作凤鸣音，引来真凤止其屋，后二人乘龙跨凤升天而去。（参见上卷“一东”韵注㊱）

㉕**鼎成龙去，轩臣无计得攀髯**：黄帝铸鼎成功，有龙下迎，黄帝及重

臣乘龙升天，小臣欲持龙须上天，将龙须拔落，堕黄帝之弓。（参见本韵注④）

㉖**举止**：行动。《后汉书·冯异传》云："独有刘将军所到不虏掠。观其言语举止，非庸人也，可以归身。"[唐]孟郊《酒德》诗云："醉见异举止，醉闻异声音。"**观瞻**：观看。[明]罗贯中《三国演义》云："孔明缓步登坛，观瞻方位已定，焚香于炉，注水于盂，仰天暗祝。"

㉗**四知**：东汉太尉杨震，字伯起，今陕西华阴人。他博学通经，时称"关西孔子杨伯起"。他为官清廉，憎恶贪侈骄横。昌邑令王密，夜间怀金十斤向杨震送礼，杨震说："故人（杨震自称）知君（指王密），君不知故人，何也？"王密说："暮夜无知者。"杨震说："天知，神知，我知，子（你）知，何谓无知者？"王密羞愧地抱金回去了。（见《后汉书·杨震传》）**三语**：晋朝王衍问阮修：儒家提倡名教，老子庄子宣扬自然，两者究竟有何差别？阮修说："将无同（大约差不多吧）。"王衍听后很欣赏，就聘阮修为属员。时人更称阮修为"三语（三字）掾（官署属员通称掾）"。（见《世说新语·文学》）

㉘**义正、辞严**：理由正当充足，措词严正有力。[宋]张孝祥《明守赵敷文》云："欧公书岂惟翰墨之妙，而辞严义正，千载之下，见者兴起，某何足以辱公此赐也哉。"

㉙**勤雪案**：传说晋朝孙康家贫无烛，严冬常映雪读书，文人常以"雪案"比喻勤学。[明]高则诚《琵琶记》云："我相公虽居凤阁鸾台，常在萤窗雪案。退朝之暇，手不停批；闲居之际，口不绝吟。"

㉚**课风檐**：**风檐**：不蔽风雨之场屋。明朝解元郑维诚，科举考场应试时，破题用两句成语冠场，张公批曰："我以半月精神思之不得，此子于风檐寸晷（日影移动一寸的时间）中得之，殆神助哉！"[宋]文天祥《正气歌》云："风檐展书读，古道照颜色。"

㉛**漏箭**：古时用漏壶计时间。上放播水壶，靠底部一侧凿滴水孔，播水壶下置受水壶，壶中放浮漂，漂扎有刻度的箭，受水壶慢慢积水，浮漂则慢慢上浮，箭则从受水壶慢慢显露，刻度数字则由上而下逐一增大，以此计

时。受水壶中带刻度的浮漂就叫“漏箭”，亦作“更箭”。**书笺**：悬在卷轴一端的书名牙签，或书册封面上的书名签条。[唐]杜甫《题柏大兄弟山居屋壁》云：“笔架沾窗雨，书笺映隙曛。”[唐]韩愈《送诸葛觉往随州读书》云：“邺侯家多书，插架三万轴。一一悬牙签，新若手未触。”

㉜**文繁归獭祭**：水獭捕到鱼，就摆在岸边，如同作祭祀，故称“獭祭鱼”。《礼记·月令》：“孟春之月，……鱼上冰，獭祭鱼。”后把文人罗列典故、堆砌成文，也称为“獭祭鱼”。[宋]吴炯《五总志》云：“唐李商隐为文，多检阅书史，鳞次堆积左右，时谓为‘獭祭鱼’。”

㉝**体艳别香奁**：唐代诗人韩偓，字致尧，今陕西西安人。官至兵部侍郎、翰林承旨。其早年诗作多写艳情，以妇女身边琐事为题材，词藻华丽，故有“香奁体”之称，留有《香奁集》。晚年诗作多写唐末政治变乱及个人遭际，感时伤怀，风格慷慨悲凉，有《韩内翰别集》。（见[宋]严羽《沧浪诗话·诗体》）

㉞**昨夜题诗更一字**：唐末江陵龙兴寺僧人齐己，从小就爱佛学，喜欢诗文，其《早梅》诗作有“前村深雪里，昨夜数枝开”句，诗人郑谷改“数枝”为“一枝”，时人因称郑谷为“一字师”。（见《五代史补·齐己》）

㉟**早春来燕卷重帘**：[元]萬易之《京城燕》诗云：“主家帘幕重重垂，衔芹（燕子衔芹菜地的软泥以筑巢）却旁（旁，通‘傍’，靠近）檐间飞。”[宋]贺铸《海陵西楼寓目》诗云：“扫地可怜花更落，卷帘无奈燕还来。”

㊱**诗以史名，愁里悲歌怀杜甫**：唐代诗人杜甫，字子美，自幼好学，知识渊博，有政治抱负。善诗好赋，其诗歌创作对历代文人产生巨大影响，宋代以后被尊为“诗圣”。他的许多优秀诗作显示了唐朝从开元盛世，转向分裂衰微的历史过程，因此被称作“诗史”。《新唐书·杜甫传赞》云：“甫（杜甫）又善陈时事，律切精深，至千言不少衰，世号诗史。”

㊲**笔经人索，梦中显晦老江淹**：南朝梁江淹，字文通，历任宋、齐、梁三代大臣，官至梁金紫光禄大夫。其诗文曾扬名天下。一日，他梦见一个叫郭璞的对他说：“我有笔在你处已经多年，应该还我了。”江淹探怀取五色笔授之。从此，江淹作诗绝无佳句。这就是“江郎才尽”典故的由来。

（见《南史·江淹传》）

盐韵部代表字

盐 檐 廉 严 占 谦 帘 嫌 髯 奁 纤 签
瞻 蟾 炎 添 兼 缣 沾 尖 潜 阎 镰 幨
粘 淹 箝 甜 恬 拈 砭 铦 詹 蒹 歼 黔
钤

盐韵律诗例选

漫 兴

[唐] 杜 甫

舍西柔桑叶可拈，江畔细麦复纤纤。
人生几何春已夏，不放香醪如蜜甜。

声韵、口语、散文

日常生活中，有人讲话像山间流水一样，哗啦啦的, 很动听。有的人出口就是顺口溜，好听好记。特别是好的电视台主持人， 讲话抑扬顿挫, 优美动听, 一套一套的, 让人听不烦。好的散文作家写出来的散文就是长短句兼有的一首长诗，不仅内容好意境美, 而且念起来上口, 念的遍数多了, 不由得照文哼唱起来。可是有的人讲话疙里疙瘩的, 不顺耳, 别扭。这是什么原因呢？这与文化素养有关，特别是与语言的抑扬顿挫有关。

口语也好，书面语也好，如果音调平仄相间，自然会抑扬呼应。在诵读中，能够把握文中的思想感情，念字句又注意轻重急缓，那么感动人的艺术效果一下子便出来了。好的发言稿，好的散文和散文诗，都是有韵律的，虽然不像律诗那样规范，但是有一种自然的押韵出现。有的人将稿子写好后，首先自己一遍遍地念，不顺口就改，这就是“炼句”。主持人台上说得很风光，殊不知台下的苦练绝不是一日之功。

《声律启蒙》和《笠翁对韵》自清朝以来，是韵书中最好听好记、最易普及的读本，所以从孩提时代就要背诵。实践证明，这对于一个人的一生的说与写都是有好处的。本书将《笠翁对韵》的内涵典故、诗文全部展开，读者在细细品味之中，就算是初识韵律，也会在口语和散文的写作中有所进步。

十五 咸

zāi duì zhí tì duì shān èr bó duì sān
栽对植，薙对芟[①]，二伯对三
jiān cháochén duì guó lǎo zhí shì duì guān xián
监[②]。朝臣对国老[③]，职事对官衔[④]。
lù yǔ yǔ tù chánchán qǐ dú duì kāi jiān
鹿麌麌[⑤]，兔毚毚[⑥]，启牍对开缄[⑦]。
lǜ yáng yīng xiànhuǎn hóngxìng yàn ní nán bàn lí
绿杨莺睍睆[⑧]，红杏燕呢喃[⑨]。半篱
bái jiǔ yú táo lìng yì zhěnhuángliáng dù lǚ yán
白酒娱陶令[⑩]，一枕黄粱度吕岩[⑪]。
jiǔ xià yán biāo cháng rì fēng tíng liú kè jì sān
九夏炎飙，长日风亭留客骑[⑫]；三
dōnghán liè màn tiān xuě làng zhù zhēng fān
冬寒冽，漫天雪浪驻征帆[⑬]。

wú duì qǐ bǎi duì shān xià hù duì sháo
梧对杞，柏对杉，夏濩对韶
xián jiàn chán duì zhēn wěi gǒng luò duì xiáo hán
咸[⑭]。涧瀍对溱洧[⑮]，巩洛对崤函[⑯]。
cáng shū dòng bì zhào yán tuō sú duì chāo fán
藏书洞[⑰]，避诏岩[⑱]，脱俗对超凡[⑲]。
xián rén xiū xiàn mèi zhèng shì jí gōng chán bà yuè
贤人羞献媚[⑳]，正士嫉工谗[㉑]。霸越

móuchén tuī shào bó　zuǒ táng fān jiàng zhòng hún jiān
谋臣推少伯[22]，佐唐藩将重浑瑊[23]。

yè xià kuángshēng　jié gǔ sān zhuā xiū jǐn ǎo　jiāng
邺下狂生，羯鼓三挝羞锦袄[24]；江

zhōu sī mǎ　pí pa yì qǔ shī qīngshān
州司马，琵琶一曲湿青衫[25]。

páo duì hù　lǚ duì shān　pǐ mǎ duì gū
袍对笏[26]，履对衫，匹马对孤

fān　zhuó mó duì diāo lòu　kè huà duì juānchán
帆[27]。琢磨对雕镂[28]，刻划对镌镵[29]。

xīng běi gǒng　rì xī xián　zhī lòu duì dǐng chán
星北拱[30]，日西衔[31]，卮漏对鼎馋[32]。

jiāngbiānshēng dù ruò　hǎi wài shù dōu xián　dàn dé
江边生杜若[33]，海外树都咸[34]。但得

huī huī cún lì rèn　hé xū duō duō dá kōng hán
恢恢存利刃[35]，何须咄咄达空函[36]。

cǎi fèng zhī yīn　yuè diǎn hòu kuí xū jiǔ zòu　jīn
彩凤知音，乐典后夔须九奏[37]；金

rén shǒu kǒu　shèng rú ní fù yì sān jiān
人守口，圣如尼父亦三缄[38]。

种对培，除对割，成王二位伯父对武王三个弟兄。当朝大臣对退休重臣，官员职责对官位高低。群鹿聚集，大兔狡猾，翻开书籍对打开信函。绿杨树上

黄莺鸣叫，红杏林里燕子呢喃。半篱白酒，陶渊明自得其乐，一枕黄粱，吕洞宾渡卢岩看透人生。九夏天长炎热，路边风亭供过客纳凉；三冬严寒，漫天飞雪驻停征帆。

梧桐对杞树，柏树对杉树，夏乐对韶乐。涧瀍河对溱洧水，巩洛对崤函。藏书洞，避诏岩，脱俗对超凡。德才之人羞于低三下四，正派之人不会谗言诬陷好人。范蠡辅佐越王勾践卧薪尝胆终灭吴，藩将浑瑊平叛保唐功高谥号“忠武”。临沂人祢衡性刚傲，赤身慷慨击鼓奏《渔阳三挝》骂曹操；江州司马白居易，著《琵琶行》抒解情怀泪湿青衫。

锦袍对玉笏，靴履对长衫，匹马对孤帆。琢磨对凿刻，镂空对雕饰。众星拱北斗，太阳日西斜，喝不完的酒对饮不完的茶。南方水边长杜若，边远之地长都咸。庖丁解牛游刃有余，殷浩兵败不找原因却傻写“咄咄怪事”。凤凰懂音律，要等后夔的韶乐九成才出来共舞；太庙前铸的金人不会张口，如孔子教诲三缄其口谨言慎行。

探源 解意

①**薙芟**：除草。［唐］李涪《李涪刊误》：“春则扫除枯朽，秋则芟薙繁芜。”

②**二伯**：周武王死后，年幼的成王继位，由周公旦与召公奭共同辅政，“分天下以为左右，曰二伯”（见《礼记·王制》），“自陕以东，周公主之；自陕以西，召公主之。”（见《春秋传》）**三监**：周武王灭商后，封殷纣王的儿子武庚为商朝故都朝歌之方伯（诸侯之长），并以朝歌以东为卫诸侯国，由武王之弟管叔监之；朝歌以西为墉诸侯国，由武王之弟蔡叔监之；朝歌以北为邶诸侯国，由武王之弟霍叔监之，合称“三监”。武王死后，管、蔡、霍三叔（三监）反而伙同武庚谋反，背叛周朝，周公旦出师平叛，处死管蔡。（见《礼记·王制》）

③**朝臣**：当朝重臣。《韩非子·三守》云：“国无臣者，岂郎中虚而朝臣少哉？”**国老**：古代退休的卿大夫称为“国老”。《礼记·王制》云：

“有虞氏养国老于上庠，扬养庶老于下庠。”

④**职事**：身任之职所应尽的事务。《管子·法禁》云：“身无职事，家无常姓。”[三国蜀]诸葛亮《出师表》云：“今南方已定，兵甲已足，当奖率三军，北定中原，……此臣所以报先帝，而忠陛下之职分也。”**官衔**：旧时官吏的封号、品级和历任官职，统称为“官衔”。[唐]封演《官衔》云：“当时选曹补受，须存资历，闻奏之时，先具旧官名品于前，次书拟官于后，使新旧相衔不断，故曰官衔。”

⑤**鹿麌麌**：鹿群聚集。**麌麌**：众多。语出《诗经·小雅·吉日》：“兽之所同，麀（母鹿）鹿麌麌。”

⑥**兔毚毚**：狡猾的大兔。语出《诗经·小雅·巧言》：“跃跃毚兔，遇犬获之。”

⑦**启牍**：翻开书籍。**牍**：古时无纸，书写用狭长的木片。《后汉书·刘隆传》云：“帝见陈留吏牍上有书（字），视之。”通常把牍视为书籍。《后汉书·荀悦传》云：“所见篇牍，一览多能诵记。”**开缄**：打开信函。[宋]王禹偁《回襄阳周奉礼同年因题纸尾》云：“武关西畔路巉岩，两月劳君寄两函。”

⑧**绿杨莺睍睆**：黄莺叫声清脆圆润。[明]周清源《吹凤箫女诱东墙》词云：“黄莺睍睆，紫燕呢喃，柳枝头，湖草岸，奏数部管弦。”

⑨**红杏燕呢喃**：燕子的叫声。[唐]刘兼《春燕》云：“多时窗外燕呢喃，只要佳人卷绣帘。”

⑩**半篱白酒娱陶令**：东晋彭泽令陶渊明不为五斗米而折腰，毅然辞去县令归乡隐居，过清贫安闲的生活。他生性好酒而不能常得。九月九日重阳节是饮菊花酒的佳节，陶潜无酒，无聊中便到宅边东篱下菊丛中摘一大把菊花，坐于其侧凝思。未几，受江州刺史王弘指使的白衣差役送来了美酒，即便就饮，至醉而归。（见[南朝宋]檀道鸾《续晋阳秋》）[明]高明《二郎神·秋怀》曲云：“满城风云还重九，白衣人送酒，乌纱帽恋头。”

⑪**一枕黄粱度吕岩**：唐代卢生在邯郸客店自叹穷困，道士吕翁（后人说成是唐末道士吕岩，即吕洞宾）从囊中取出一个枕头给卢生。卢生入睡后，做梦娶

了美丽而富有的崔氏为妻，又中了进士，为相十年，有五子十孙，皆婚姻美满，官运亨通，成了世间一大望族。卢生享尽荣华富贵，年逾八十，临终时惊醒了。睡梦时间竟不及店家煮一顿黄粱饭的工夫，故有“黄粱梦”之典故。（见《枕中记》）

⑫**九夏炎飙，长日风亭留客骑**：**九夏**：夏季。夏季共九十天，故称。**长日**：漫长的白天。**风亭**：长亭。供过客停歇避风雨的亭子。**客骑**：骑客，骑马出行的人。这是元朝戏曲家王实甫《西厢记·长亭送别》中“恨相见得迟，怨归去得疾”曲意的化用。

⑬**三冬寒冽，漫天雪浪驻征帆**：**三冬**：冬季。冬季有三个月，故称。**雪浪**：大雪飞腾。**征帆**：远行之船。唐代诗人柳宗元有一篇著名诗作《江雪》，诗云：“千山鸟飞绝，万径人踪灭。孤舟蓑笠翁，独钓寒江雪。”

⑭**夏濩韶咸**：指尧、舜、禹、汤时期的四种古乐名。《庄子·天下》云：“黄帝有咸池，尧有大章（也叫‘咸池’，增修黄帝之乐沿用，也称‘大咸’），舜有大韶（也叫‘大磬’、‘九韶’），禹有大夏，汤有大镬（通‘濩’）。”《周礼·春官·大司乐》云：“乃奏大簇，歌应钟，舞《咸池》，以祭地祈；乃奏姑洗，歌南吕，舞《大韶》，以祀四望；乃奏蕤宾，歌函钟，舞《大夏》，以祭山川；乃奏夷则，歌小吕，舞《大镬》，以享先妣。”

⑮**涧瀍**：涧水与瀍水。涧水，源出河南渑池东北白石山，东流入洛河。瀍水，即瀍河，源出河南洛阳西北谷城山，南流入洛水。《书经·洛诰》云：“我乃卜涧水东，瀍水西，惟洛食。”**溱洧**：溱水与洧水。溱水，源出河南密县东北，东南会洧水。洧水，即洧河，源出河南登封东阳城山，东流会溱水为双洎河。《孟子·离娄下》云：“子产听郑国之政，以其乘舆济人于溱洧。”

⑯**巩洛**：处于洛水之间、四面环山的巩县。《史记·苏秦列传》云：“说韩宜惠王，韩北有巩洛成皋之固，西有宜阳商贩之塞。”**崤函**：指崤山、函谷关。[东汉]张衡《二京赋》云：“左有崤函重险，桃林之塞。”

⑰**藏书洞**：湖南沅陵县西北有大酉二酉二山。传说在小酉山上石洞中有书千卷，相传是秦代人读书于此而留之。后称藏书多的地方为“二酉”。

（见《太平御览·荆州记》）

⑱**避诏岩**：名士躲避皇帝征诏隐居之地。华山南峰南天门西北有一避诏岩，**岩**：山上居处。相传宋代隐士陈抟曾于此隐居避诏，“避诏岩”乃陈抟手书。

⑲**脱俗**：超脱世俗。《抱朴子·登涉》云：“近才庸夫，自许脱俗。”《绘图宝鉴三》云：“[宋]夏奕，不知何许人。公羽毛，画鸂鶒作对而皆雄，盖求脱俗也。”**超凡**：超越平凡。《景德传灯录·神晏国师》云：“定祛邪行归真见，必得超凡入圣乡。”

⑳**贤人羞献媚**：有德有才之人，羞于低三下四讨好别人。屈原《楚辞·九章·惜诵》云：“忘儇媚（巧佞谄媚）以背众兮，待明君其知之。”

㉑**正士嫉工谗**：耿直正派之人，憎恨谗言诬陷伤害好人。[唐]骆宾王《为徐敬业讨吴曌檄》云：“[武则天]掩袂（用衣袖拭泪）工（善于）谗，狐媚偏能惑主。”

㉒**霸越谋臣推少伯**：春秋末年越国大夫范蠡，字少伯，楚国宛（今河南南阳）人。越国被吴国打败后，范蠡随越王勾践赴吴国当人质三年。回越后，助越王刻苦图强，灭了吴国，使越称霸。后范蠡离越游齐，改名陶朱公，以经商致富。（见《史记·货殖列传》）

㉓**佐唐藩将重浑瑊**：北方铁勒族浑部人浑瑊，十一岁入朔方军，从郭子仪平定安史之乱，防御吐蕃回纥，战功卓著。建中四年，朱泚叛乱，唐德宗奔至奉天（今沈阳），瑊与李晟马燧并力平叛，授兵马副元帅，封咸宁郡王。后又以平定李怀光有功，加检校司徒兼中书令。死后谥号“忠武”。（见《旧唐书·浑瑊传》）

㉔**邺下狂生，羯鼓三挝羞锦袄**：**邺下**：指魏公曹操定都邺地（今河北河南交界的安阳一带）。东汉祢衡，字正平，今山东临沂人。少有才辩，性刚傲物。与孔融交好，融荐于曹操。操任为鼓吏，令其穿鼓吏之装欲辱之，衡便在操前裸身击鼓骂曹，奏曲《渔阳三挝》，音节曼妙慷慨，有金石声，四座闻之，无不震惊动容。操想借刘表之手杀害祢衡，遂将衡送与刘表，表又将其送给江夏太守黄祖，黄祖忌其才，而杀之。（见《后汉书·祢衡传》）

锦袄：指曹操。

㉕**江州司马，琵琶一曲湿青衫**：唐代诗人白居易，字乐天，今陕西渭南人。原在朝中任官，因得罪权贵，被贬为江州司马，在其名作《琵琶行》中有“座中泣下谁最多？江州司马青衫湿”抒怀名句。（见《唐书·白居易传》）

㉖**袍笏**：古时，大臣朝见君主，皆穿袍（朝服）执笏。袍、笏按地位高低而异。笏，也称“手板”，用玉、象牙或竹片制成，用来比画意思或在板上记事。《礼记·玉藻》云：“凡有指画于君前，用笏；造受命于君前，则书于笏。”

㉗**匹马**：一匹马。[五代]汪遵《乌江》诗云：“兵散弓残挫虎威，单枪匹马突重围。”**孤帆**：一只船。[唐]李白《黄鹤楼送孟浩然之广陵》诗云：“孤帆远影碧空尽，唯见长江天际流。”

㉘**琢磨**：雕玉为琢，刻石为磨。常用来比喻研讨义理，修饰诗文。《荀子·大略》云：“人之於文学也，犹玉之於琢磨也。”**雕镂**：雕刻纹饰。《三国志·魏书·栈潜传》云：“今宫观崇侈，雕镂极妙，忘有虞之总期（古帝虞舜用草盖的宫房），思殷辛之琼室（殷纣王用玉石造的帝宫）。”常用来比喻精心修饰文辞。[五代]齐己《览延栖上人卷》诗云：“今体雕镂妙，古风研考精。”

㉙**刻划**：雕刻；刻印。[唐]韩愈《游青龙寺赠崔大补阙》诗云：“南山逼冬转清瘦，刻划圭角出崖窾。”**镌镵**：雕凿；刻画。[宋]宋汴《采异记·铭记》云：“后列数树如前者，其镌镵之工，妙绝于世。”

㉚**星北拱**：众星环卫北斗星。[唐]罗邺《春晚渡河有怀》诗：“万里山河星拱北，百年人事水归东。”[唐]戴叔伦《赠徐山人》诗云：“针自指南天窅窅，星犹拱北夜漫漫。”比喻人间四方归顺。《论语·为政》云：“为政以德，譬如北辰（北极星），居其所，而众星共（拱）之。”

㉛**日西衔**：亦作“日西斜”，太阳偏西。《易经·丰》云：“日中（正午）则昃（日偏西），月盈（圆满）则食（通‘蚀’，亏缺）。”唐代诗人韦庄在《李氏小池亭十二韵》中有“访僧舟北渡，贳（赊买）酒日西衔”诗句；他

在《送人归上国》中又有“送君江上日西斜”的提法。

㉜**卮漏**：渗漏的酒器永远盛不满酒。**卮漏**：渗漏的酒器。比喻饮酒人酒量大。[北魏]杨炫之《洛阳伽蓝记》云：“京师士子，道肃一饮一斗，号为‘漏卮’。”**鼎馋**：“馋鼎”，谓制茶中茶叶不易出汁的鼎具。**馋**：贪食；**鼎**：制茶器具。这种器具吸食水分过多。[明]谢肇淛《五杂俎·物部三》云：“今造团（茶团）之法皆不传，而建茶之品亦远出吴会诸品之下。其武夷、清源二种虽与上国争衡，而所产不多，十九馋鼎，故遂令声价靡不复振。”

㉝**江边生杜若**：南方水边长杜若。**杜若**：香草名，亦称“杜衡”。似葵而香，根入药。屈原《楚辞·九歌·湘君》云：“采芳洲（芳草丛生的小洲）兮杜若，将以遗兮下女（侍女）。”

㉞**海外树都咸**：边远地区植都咸。**海外**：四海之外，泛指边远地区。古代中州人把“荒边侧境山区海聚之间，蛮夷（指边远少数民族）异域之处，或燕、荆、越、蜀海外万里”，称为“海外”。（见[宋]曾巩《送江任序》）**都咸**：也叫“都咸子”，果树名。生于广南山谷，树如李，皮叶可作饮料，润肺祛痰。（见《本草纲目·都咸子》）

㉟**但得恢恢存利刃**：传说战国时期，解牛高手庖丁为梁惠王解牛，刀在牛之骨络间随意滑动，似有更宽的余地。惠王赞他技艺纯熟。庖丁说：“牛骨节间有隙，而我的刀刃很薄，薄刃入间隙，恢恢（宽广）乎，游刃有余。”（见《庄子·养生主》）

㊱**何须咄咄达空函**：东晋殷浩，负有名望。大司马桓温权威日盛，简文帝任命殷浩为建武将军，以抗衡桓温。后，殷浩率军北征，败给后秦姚襄，遂被桓温废免。殷浩故作镇定，谈笑如常，但一天到晚用手比画在空中写“咄咄怪事”四字。（见《晋书·殷浩传》）

㊲**彩凤知音，乐典后夔须九奏**：传说古帝虞舜作箫韶，后夔是舜的乐官，众鸟兽听到韶音皆来起舞，但至九奏，仪表非凡的凤凰才来共舞。《尚书·益稷》云：“箫韶九成，凤凰来仪。”《传》曰：“备乐九奏而致凤凰，则余鸟兽不待九而率舞。”

㊳**金人守口，圣如尼父亦三缄：三缄**：封了三张条子。[汉]刘向《说苑·敬慎》云：“孔子之（到）周，观于太庙，右陛之前有金人焉，三缄其口，而铭其背曰：‘古之慎言人也。戒之哉，戒之哉！无多言，多言多败’。”

咸韵部代表字

咸　鹹　函　缄　岩　馋　衔　帆　衫　杉　监　凡　谗　芟　搀　巉　镵　啣

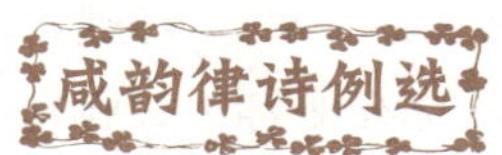

隋宫

[唐]李商隐

乘兴南游不戒严，九重谁省谏书函？
春风举国裁宫锦，半作障泥半作帆。

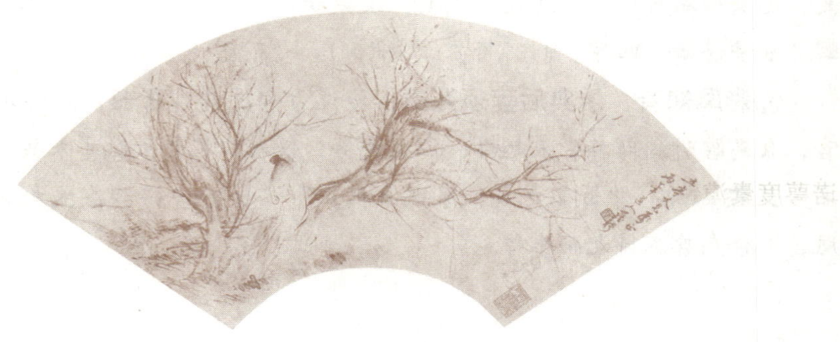

入声字表

【一屋】屋木竹目服福禄毂熟谷肉族鹿漉腹菊路轴逐苜蓿牧宿（住宿）夙读（读书）犊牍渎黩毂復粥肃碌骕鬻育六缩哭幅斛戮僕畜菽蓄叔淑俶倏独卜馥沐速祝麓辘恧镞簇蹙筑穆睦秃縠覆（翻也）辐瀑曝（暴）郁舳踘掬蹴踢茯複蝮鸱鹏髑

【二沃】沃俗玉足曲粟烛属录辱隅绿毒局欲束鹄梏告（音梏，忠告）蜀促触续欲酷蹰褥旭欲笃督赎斸顼蓐渌騄

【三觉】觉（知觉）角桷榷嶽（岳）乐（礼乐）促朔数（频数）卓斫啄（啅）琢剥驳雹璞朴壳确浊濯擢渥幄学榷涿

【四质】质（性质）日笔出室实疾術一乙壹吉秩密律逸（佚）史漆栗毕恤（衈）蜜橘溢瑟膝匹述慄黜跸弼七叱卒（终也）悉戍嫉帅（动词） 蒺姪轾踬怵蟋蟀筚篥必宓秫栉飋窸

【五物】物佛拂屈鬱乞掘讫吃（口吃）绂黻弗髴勿绋不迄

【六月】月骨发阙越谒没伐罚卒竭窟芴钺歇发突忽袜鹘厥蕨蹶曰阀筏暍殁掘橛榾搰蠍勃纥龁孛渤揭碣

【七曷】曷达末扩活钵脱夺褐割沫拔葛闼渴拨豁括抹遏挞跋撮泼斡秣掇妲怛聒獭剌

【八黠】黠拔鹘八察杀刹轧嘎瞎刮刷滑辖捋猾铩獭

【九屑】屑节雪绝列烈结穴说血舌洁别缺裂热决铁灭折拙切悦辙诀泄洩咽噎杰彻澈哲鳖设啮劣掣玦截窃孽浙孑桔颉拮揭撷缬撷羯挈抉亵薛拽爇洌蘖臬瞥撇迭跌阅辍掇

【十药】药薄恶作乐落阁鹤爵弱约脚雀幕洛壑索郭错跃若酌托削铎凿却鹊诺萼度橐漠钥著虐掠穫泊搏籥锷藿嚼勺谑廓绰霍镬莫箨各略缚貉濩骆寞膜鄂博昨拓柝

【十一陌】　陌石客白泽伯迹宅席策册碧籍（典籍）格役帛戟壁驿麦额柏魄积（积聚）脉夕液尺隙逆画（同划）百辟虢赤易（变易）革屐脊获翮适帻戹（厄）隔益窄核覈舄掷责坼惜癖辟僻掖腋释译择摘峄奕迫疫昔赫瘠谪亦硕貊跖鹡绤隻炙（动词）踯斥吓晳穸淅骼鬲舶珀

【十二锡】　锡壁历枥击绩笛敌滴镝檄激寂觌析溺觅荻狄幂鹢戚慼的涤喫沥霹雳剔惕砾翟籴倜

【十三职】　职国德食蚀色力翼墨极息直得北黑侧贼饰刻则塞式轼域植殖敕饬棘惑默织匿仪臆特勒劾仄昃稷识逼克即弋拭陟测翊恻洫穑鲫克嶷抑或

【十四缉】　缉辑戢立集邑急入泣涩习给十拾袭及级涩粒楫汁蛰笠执隰汲縶其浥挹岌悒熠

【十五合】　合塔答纳榻阖杂腊蜡匝阖蛤衲沓榼鸽踏飒拉塌遝盍

【十六叶】　地贴帖牒接猎妾蝶叠箧惬涉捷颊楫摄蹑协侠荚魇睫浃慑蹀挟铗燮折詟馌蹅辄婕聂镊渫谍堞

【十七洽】　洽狭峡法甲业邺匣压鸭乏怯劫胁插锸歃押狎夹恰蛱硖